성령충만,
실패한 이들을 위한 은혜

성령충만, 실패한 이들을 위한 은혜

초판 1쇄 발행 2008년 5월 13일
개정 18쇄 발행 2022년 5월 27일
2판 1쇄 인쇄 2023년 7월 13일
2판 2쇄 발행 2024년 12월 1일

지은이 박영돈
펴낸이 허태영
펴낸곳 에스에프씨(SFC)출판사
주소 (06593) 서울특별시 서초구 고무래로 10-5 2층 에스에프씨(SFC)출판사
Tel (02)596-8493
Fax (02)537-9389
홈페이지 www.sfcbooks.com
이메일 sfcbooks@sfcbooks.com
기획·편집 편집부
디자인편집 최건호
ISBN 979-11-87942-86-3 (03230)
값 19,000원

성경충만, 실패한 이들을 위한 은혜

박영돈 지음

SFC

목차

추천의 글

이 시대의 교회를 보면 메마른 우물을 보는 것 같습니다. 저는 이 책에서 그러한 메마른 신앙을 꼬집어 내고 그에 대해 가슴 시려하는 저자의 마음을 읽을 수 있었습니다. 그리고 그 메마름을 끝이라 생각하지 않고 실패의 정점이 은혜의 정점이 될 수 있다는 저자의 희망도 읽을 수 있었습니다.

독자들을 주께서 허락하신 부요한 은혜의 장(場)으로 초청하며 그 장으로 가는 여정을 딱딱하지 않게 표현해주고 있기에 침체에 빠져 있는 신자들에게 큰 도움이 되리라 생각합니다. 본인이 가 본 길이 아니면 표현할 수 없었을 것입니다. 하나님께서 이 책을 통해서 침륜 가운데 있는 자들을 일으켜 세워 복음의 자리로 돌아가게 하실 것이라 믿습니다.

김남준(열린교회 담임목사)

이 책은 성령충만과 성화에 대한 가르침을 신학적으로 잘 설명할 뿐 아니라 신자의 신앙 현실에도 큰 도움이 됩니다. 어려운 신학적 주제를 쉽고 분명하게 진술하는 한편, 오해하기 쉬운 성도들의 신앙현실을 분석하고 위로하는 교정과 인도가 담겨 있습니다.

이 책은 우리의 연약함과 실패를 보게 하되 그것을 좌절과 자기 학대의 계기가 아니라 성령의 은혜가 임하는 길목으로 인식하게 하고 용기를 불러일으키는 성령의 은혜와 위로를 가르칩니다. 하나님의 백성된 모든 성도들의 신앙 현실에서 겪을 수밖에 없는 신앙의 갈등과 절망에 대해 하나님께서 위로하시는 은혜의 말씀으로 이 책을 권합니다.

박영선(남포교회 담임목사, 합동신학대학원대학교 설교학 교수)

이 책은 저자의 깊은 영성과 오랜 신학적 탐구 끝에 우리 삶 속에 살아 있는 성령충만의 진정한 의미를 통찰력 있게 파헤쳐주고 있습니다. 영원히 목마르지 않는 생수의 은혜와 회복의 메시지를 경험하고 싶은 모든 한국교회 성도들에게 필독서로 권하고 싶습니다.

이찬수(분당우리교회 담임목사)

독자 서평

참으로 놀라운 책이었다. 이처럼 성령론과 성화론에 대해 균형 잡힌 시각을 가지고 있는 국내 저자가 있다는 사실에 참으로 감사하게 생각한다. 기존의 율법주의적인 성화론 때문에 적잖이 혼란이 있었는데, 명쾌하게 정리할 수 있었다.

성령충만은 개인의 노력에 의해 이루어지는 것이 아니며, 성화도 하나님의 은혜에 의해 가능하다고 하는 견해는 현 시점에서 매우 적절한 지적이라고 생각한다. 마치 가렵기는 하나 긁지 못하고 있었는데, 거기를 시원하게 긁어준 기분이 든다.

박민영(초등학교 교사)

돌쟁이를 갓 지난 아기의 엄마로서 아기를 키우면서 영적 생활을 잘 한다는 게 쉽지가 않다. 자꾸 영적으로 다운되고 지쳐가고 우울하고 무기력하고……. 그처럼 영적으로 어두운 밤을 지나는 것 같은 바닥을 치는 중에 이 책이 눈에 들어왔다. 일상생활에서 하나님과의 만남을 추구하게 한다는 점이 가슴에 와 닿았다.

그러면서도 가볍지 않고 탄탄한 신학 위에 서서 균형 잡힌 시각으로 성령충만을 접근한 것이 좋았다. 과연 우리가 그렇게 원하는 성령충만이 무엇인가에 대한 진단과 처방을 시원스럽게 얘기해주는 책이 아닐까 싶다. 신학이 없는 책들이 홍수같이 쏟아지는 이 시대에 목회자와 신학생 그리고 일반 성도들까지 다 읽으면 좋을 것 같다.

신성혜(주부)

나는 오랫동안 영적 기쁨 없이 지내고 있었다. 결심과 실패의 반복은 나를 지치게 만들었으며, 자아중심의 우상은 온갖 죄악으로 영적 공허함을 채우도록 만들었다. 그런데 "성령충만은 우선적으로 인간의 행함이 아니라 주님의 행하심에 근거"하며 오직 믿음으로 구원받듯이 오직 믿음으로 성령충만을 받는다는 책의 내용을 읽으면서 내 안에 은혜가 풍성해지는 것을 경험했다. 책을 읽으면서 성령님의 임재를 생각했고, 세탁기를 돌리는 동안에도 성령님을 생각했으며, 점심을 먹으러 가는 길에서도 성령님에 대해서 생각했다. 이 책은 나를 기도하게 만들었다.

이태환(목사)

그동안 기독교 관련 책들은 대개 두 가지 종류의 성격을 띠고 있었다. 하나는 전문학자가 쓴 신학전문서적이다. 내용이 전문적일 뿐만 아니라, 너무 추상적이어서 일반독자들이 이해하기 어려운 데다가 신앙적으로도 별반 도움을 주지 못한 경우가 많았다. 반면에 비전문가가 쓴 경건서적의 경우에는, 대개가 개인의 간증이나 체험의 수준을 넘지 못한 경우가 많았다. 그래서 일시적으로는 감동을 주기도 하지만, 그것을 그대로 여과 없이 일반적으로 삶에 적용하기에는 다소 무리가 있는 부분도 있었다.

그러나 이 책은 제목이 시사하듯이 일반신자들이나 목회자들에게 가장 실제적이고 체험적인 주제를 다루고 있으면서도, 그 내용에 있어서는 매우 분석적이고 신학적이다. 단순한 학자의 탁상공론이 아니라 신자의 일상의 삶에서 야기될 수 있는 실제적 문제를 다루고 있기에 매우 실천적이고 생생한 느낌으로 와 닿았다.

이성재(목사)

서문

성령충만과 실패한 이들, 아무리 보아도 서로 어울리지 않는 짝인 것 같다. 그러나 달리 생각해 보면 이보다 더 절묘한 매치는 없을 것이다. 성령으로 충만하기에 가장 적격인 사람은 바로 그와 정반대의 영적인 상태에 있는 이, 즉 실패한 사람이 아니겠는가?

이 책은 그와 같이 실패한 이가 쓴 책이다. 그는 자신이 성령충만과 가장 거리가 멀다는 것을 절감했기에 그만큼 더 이 은혜를 사모하게 되었다. 30년 전 미국의 칼빈 신학교에서 성령충만에 대하여 석사학위논문을 쓴 후 계속 이 은혜를 추구해 왔다. 오랜 탐구 끝에 발견한 사실은 성령충만은 자신과 같이 영적으로 처절하게 실패한 이들을 위한 은혜라는 점이다. 이 책에서 이 발견을 독자들과 나누고 싶다.

성령충만은 실패한 이들을 위한 하나님의 은혜로운 조치라는 메시지야말로 영적인 침체의 늪지에서 헤어 나오지 못하는 한국교회에 큰 희망을 안겨주는 기쁜 소식이 아닐 수 없다. 하나님의 은혜는 종종 침체와 타락의 심연에 찾아와 우리의 상태를 반전시킨다. 실패한 자에게 성령의 충만한 은혜가 주어질 때 그 은혜의 풍성함과 영광은 더 밝히 드러난다. 인간의 모든 공로와 자랑은 배제되고 오직 하나님께만 영광이 돌아간다.

그러나 자신의 영적인 빈곤과 실패를 인정하지 않는 이들에게 성령충만의 은혜는 요원하다. 자신의 영적인 상태에 대한 그릇된 만족은 이 은혜를 원천에서 차단해 버린다. 자신의 무력함과 가난함을 보지 못하는 영적인 무지와 교만이 성령충만에 이르는 첩경을 복잡하고 험난한 미로로 바꾼다.

이 책에서 성령충만으로 돌이키는 길을 탐사해 보았다. 더불어 성령충만을 회복한 신자의 삶과 교회의 모습은 어떤 것인지를 스케치했다. 신학적인 개념을 되도록이면 쉽게 풀어 써 신학서적의 진부함과 딱딱함을 조금이라도 완화시켜 보려했으나 그리 성공적이지는 못한 것 같아 아쉬움이 많이 남는다. 신학서적뿐만이 아니라 경건서적들도 많이 참고하고 인용하여 이론과 실천, 학문과 경건, 신학과 목회를 조금이라도 접목시켜 보려는 작은 노력을 기울여 보았다. 모든 것이 미흡하기 짝이 없고 선뜻 내놓기가 부끄러운 책으로서, 이 역시 실패한 자의 미완성작품인 셈이다. 그럼에도 성령충만을 간절히 사모하는 실패한 이들에게는 작으나마 도움이 되리라는 희망을 가져본다.

이 책의 내용 중 일부는 2004년도 『목회와 신학』에 연재한 글을 수정보완 한 것이다. 이 책의 어떤 부분은 신학적 지식이 없는 분들에게는 좀 난해할 수 있는데 그런 부분은 건너 뛰어가며 읽으시기를 권하고 싶다.

이 책이 출간된 지 15년이 지났는데 꾸준히 찾는 분들이 있어 이번에 제2판을 내게 되었다. 책의 기본 틀을 유지하면서도 순서를 바꾸고 전체적으로 내용을 다듬었다. 복잡한 신학적인 논의를 줄이고 글의 흐름을 막는 부분을 쳐내서 좀 더 매끄럽게 이어지게 하였다. 이 책의 저술을 위해 기도해 주신 분들과 초판 교정을 도와준 김종필 목사와 제2판 수정을 위해 수고한 황환승 목사, 책의 편집과 출판을 맡아준 SFC 출판부에게 감사한다. 그리고 곁에서 항상 힘이 되어주며 충실한 비서 역할까지 담당해주는 아내에게 고마운 마음을 전한다.

성령충만,
실패한 이들을
위한 은혜

제1부

성령충만이란 무엇인가?

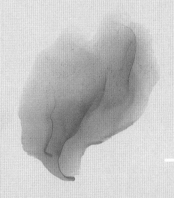

우리는 최근 교회에서 "성령으로 충만해야 한다."라는 말을 자주 듣는다. 성령충만이라는 말이 기도나 설교에서 마치 유행어처럼 빈번하게 사용되고 있다. 많은 사람들이 성령충만이 풍성한 삶의 비밀이요 교회부흥의 열쇠라고 말한다. 이재철 목사는 "한국교회만큼 성령충만함의 중요성을 자주 이야기하고, 한국 그리스도인들만큼 성령충만해지기를 원하는 이들도 드물 것"이라고 했다.[1] 이렇게 성령충만을 사모하고 추구하는 것은 귀한 일이다. 하지만 그 관심만큼 혼란과 문제도 많다. 성령충만이라는 말이 그 의미에 대한 분명한 이해 없이 사용될 때 여러 가지 오해와 혼돈이 야기될 수 있다. 각 사람마다 성령충만을 이해하는 관점과 판단하는 기준이 달라질 수 있기 때문이다. 어떤 이는 성령충만하면 신령한 체험을 하고 방언이나 신유의 은사를 받을 것으로 생각하기도 한다. 감정적인 면으로 치우치는 신자는 얼마나 뜨겁고 열정적으로 기도하며 설교하느냐에 따라 성령충만의 정도를 진단하려 할 것이다. 반면에 성령충만의 증거를 우선적으로 윤리적이고 인격적인 면에서 찾으려고 하는 이들도 있을 것이다. 이와 같이 성령충만의 구체적인 의미와 내용이 분명히 제시되지 않은 채 이 용어만이 사용될 때, 자칫 잘못하면 성령충만이 임의로 해석되고 이해되어 많은 혼란이 초래될 수 있다. 이런 문제를 극복하기 위해 성령충만이 무엇인지에 대한 정확한 정의가 필요하다.

1. 성령충만의 의미

누가의 관점: 성령 충만은 선교를 위한 능력부여

성령충만이라는 말이 요즘 자주 사용되고 있는 데 비해, 신약성경에는 이 용어가 그다지 많이 등장하지 않는다. 누가복음과 사도행전을 제외한 신약성경에서 이 용어는 단 한번 사용되었을 뿐이다(엡5:18). '성령충만'이란 말이 신약성경에 도합 열다섯 번 등장하는데, 그중 열네 번이 누가의 글(사도행전 열 번, 누가복음 네 번)에 나타난다.[2] 따라서 '성령충만'이라는 표현은 주로 누가가 사용한 용어이다.

이 말의 의미를 파악하기 위해서는 먼저 이 용어 사용에 대한 구약적 배경을 간략하게 살펴볼 필요가 있다. 일반적으로 '충만케 함'을 뜻하는 히브리어 '마레(אלמ)'가 칠십인역(LXX)에서 신약에서와 같이 '핌플레미($\pi\acute{\iota}\mu\pi\lambda\eta\mu\iota$)', '플레로오($\pi\lambda\eta\rho\acute{o}\omega$)', '플레레스($\pi\lambda\acute{\eta}\rho\eta\varsigma$)'로 번역되었다. 이 구절들을 연구해 보면, 충만이라는 표현은 우선적으로 성전과 깊은 연관성이 있다는 사실을 발견할 수 있다. 구약의 성막과 성전에 하나님의 영광이 충만했다, 또는 하나님의 임재를 상징하는 구름이 가득했다는

말이 자주 나온다.[3]

하나님의 영광으로 충만한 성전의 이미지가 에베소서에서 바울 사도가 제시한 교회의 청사진을 형성하는 데 중대한 기여를 했다고 볼 수 있다. 바울 사도는 교회를 삼위 하나님의 영광스러운 임재가 충만한(엡 1:23; 3:19; 5:18) 성전, 하나님의 거처(엡2:21-22)로 보았고, 더 나아가 이 교회를 통하여 만물 안에 하나님의 영광이 충만한 종말론적 비전을 전망하였다.

또한 구약에서 성령이 임하거나 충만케 하는 개념은 특별한 임무 수행과 밀접한 관계가 있다. 하나님께서 특정한 사람을 하나님의 신으로 충만케 하셔서 성전을 건축하거나 백성들을 인도하고 선지자적 사명을 감당하는 데 필요한 지혜와 능력과 영감을 주셨다.[4] 그러므로 구약에서의 성령충만은 특별한 임무수행을 위한 능력부여라고 볼 수 있다. 누가복음과 사도행전에서 누가는 이러한 구약적 성령 이해의 맥을 따라 성령충만을 우선적으로 하나님 나라의 증거를 위한 능력부여로 이해하였다(행1:8).

누가는 이런 관점에서 오순절 전후의 성령사역을 연결시키는 동시에 구별했다. 누가는 구약의 선지자들이 예언의 영에 사로잡혀 앞으로 임할 종말론적 왕국을 선포했듯이, 제자들도 동일하게 이 성령으로 충만하여 이미 임한 하나님의 나라를 증거했다는 점을 부각시켰다. 그래서 구약의 예언의 영이 마지막으로 임박한 메시아 왕국을 증거한 엘리사벳, 사가랴, 그리고 세례요한에게 임한 것을 '성령충만했다'라고 표현하므로,[5] 오순절 후에 제자들이 복음을 전할 때 성령충만한 것과 평행을 이루도록 묘사했다.

서신서와는 달리 사도행전에서 성령충만이라는 표현이 자주 사용된 것은 이런 목적과 의도 때문이라고 볼 수 있다. 누가는 사도행전에서 1장 8절의 내용을 따라 제자들이 성령의 능력에 사로잡혀 땅 끝까지 복음의 증인이 되므로 하나님의 나라가 점진적으로 확장되어 가는 과정을 기술하였다.[6] 그는 예루살렘과 유다에서 시작된 복음의 불길이 성령의 역사로 오랜 인종 간의 반목의 담을 넘어 사마리아에까지, 그리고 더 나아가 이방인에게까지 확산되는 다이내믹한 과정을 밝히기 위해 그 결정적인 전이 단계마다 성령의 개입을 언급하였다.

이렇게 복음이 확산되는 중요한 단계마다, 또한 교회와 하나님의 나라가 점진적으로 발전하는 과정의 새로운 전환점마다, 성령충만이나 성령의 사역이 언급된 것은 성령이 어떻게 제자들과 교회를 이끌어가는 주도적인 역할을 했는가를 보여주기 위함이다. 그래서 그는 성령이 전적으로 주관했다는 의미로 성령으로 충만했다는 말을 자주 사용한 것으로 보인다. 따라서 성령충만과 관련된 언급들은 우선적으로 누가가 보았던 구원 역사의 틀 속에서 이해해야 한다. 누가는 성령충만을 우선적으로 선교론적이고 구원 역사적인 맥락에서 이해했다.

바울의 관점: 성령으로 충만한 성전

바울 역시 성령충만이라는 개념을 선교론적 교회론이라는 큰 틀 속에서 이해했다. 에베소서에서 그는 교회의 존재 목적과 본질적인 사명을 만물이 그리스도 안에서 통일되게 하는 것으로 보았다.[7] 바울은 이런 시각에서 교회는 그리스도의 몸이요 성전이라는 그의 가르침을 발전시켰다. "그리스도의 몸", "성전"이라는 교회의 이미지를 "충만"이란 단어와 연관시켜 새롭게 표현함으로써 교회의 우주적 사역의 특성을 부각시켰다. 그래서 그리스도의 몸인 교회는 "만물 안에서 만물을 충만케 하시는 이의 충만"이라고 묘사한 것이다(엡1:23).

바울에 의하면, 그리스도는 이제 만물을 충만케 하는 분이시다. 하나님은 만물을 충만케 하시려고 만물을 그리스도 아래 복종케 하셨고 그를 만물 위에 교회의 머리로 주셨다(엡1:22). 교회가 만물을 충만케 하시는 그리스도로 충만할 때 만물을 새롭게 하고 회복하는 우주적 사명을 감당할 수 있다. '만물을 충만케 한다'라는 말은 온 세상에 하나님의 영광과 능력과 그분을 아는 지식이 충만케 된다는 구약적 개념과[8] 깊은 연관성이 있다. 곧 이 말은 그리스도께서 교회를 통하여 세상 속에 하나님을 아는 지식을 가득히 채우시고 만물을 그분의 권능과 영광으로 통치하신다는 것을 의미한다.

바울은 이어서 교회는 성전이라는 관점을 통해 그의 논지를 발전시킨다. 교회는 그리스도로 충만할 뿐 아니라 하나님으로 충만한 성전이다. 그래서 그는 교회가 하나님의 모든 충만으로 충만해지기를 기도했다(엡3:19). 이런 맥락에서 에베소서 5장 18절의 성령으로 충만하라는 말씀을 이해해야 한다. 여기서 바울은 구약성경의 용례를 따라 "충만"이란 단어를 사용했다. 앞에서도 밝힌 바와 같이 구약성전에 하나님의 영광이 충만했다는 개념이 바울의 성령충만에 대한 가르침의 기본 바탕과 자료를 제공했다고 볼 수 있다.

이 본문에서 바울은 교회는 새로운 성전으로서 과거 구약성전에 하나님의 영광이 충만했던 것처럼 성령으로 충만해야 한다는 점을 강조한 것이다. 교회가 성령으로 충만해야만 바울이 앞에서 소원한 그리스도로 충만함과 하나님으로 충만함이 구체적으로 실현된다. 그러므로 교회는 성령 안에서 삼위 하나님께서 거하시는 공동체이며 삼위 하나님의 우주적 통합의 경륜을 이루어가는 새 언약의 백성들이다.

바울에 의하면, 교회 안에 거하시는 성령은 곧 우주적 통합의 원동력이며 만물을 새롭게 하는 영이시다. 만물이 회복되는 종말론적 사역은 먼저 교회 안에서 시작된다. 죄로 인해 파괴된 연합과 화목과 조화가 성령 안에서 회복되며 분쟁과 갈등이 치유되어야 한다. 그래서 바울은 에베소서 2장에서 이방인과 유대인이 그리스도 안에서 하나 됨을 논하였다. 또한 4장에서는 성령 안에서 하나된 것을 굳게 지켜야 한다고 강조하였다. 그는 "우리가 다 하나님의 아들을 믿는 것과 아는 일에 하나가 되어 온전한 사람을 이루어 그리스도의 장성한 분량이 충만한 데까지"(4:13) 자라야 한다고 했다.

교회가 이렇게 성장케 하기 위해 성령께서는 교회에 여러 가지 성령의 은사를 주시고(4:7-10), 교회 안에서 부활의 권세로 강력하게 역사하신다(1:19-22). 그러므로 교회는 그들 안에 거하시고 충만한 은혜와 능력으로 역사하시는 성령을 거역하면 안 된다. 교회가 죄악으로 인해 성령을 근심시킬 때 이 모든 성령의 충만한 역사가 헛되게 되며, 결국 교회를 통해 만물을 새롭게 하시려는 주님의 뜻이 이루어지지 못하게 된다. 그래서 바울은 "성령을 근심하게 하지 말라"고 경고했다(4:30). 여기서 바울은 과거 이스라엘 민족들이 그들 가운데 거하신 "주의 성령을 근심하게" 하므로 그들을 통하여 온 세상을 축복하시려는 하나님의 경륜이 좌절되었다는 것을 상기시키는 이사야의 말을 인용했다(사63:10).

하나님 나라를 위한 성령충만

바울과 누가에게서 발견할 수 있는 근본적인 공통점은 둘 다 성령 충만을 하나님 나라의 확장과 연결시켜 이해했다는 점이다. 결국 성령 충만은 땅 끝까지 복음이 전파되어(누가의 관점), 온 땅 위에 하나님을 아는 지식과 영광이 충만한(바울의 관점) 하나님 나라의 비전을 실현한다. 이런 선교론적 관점의 큰 틀 속에는 성령충만에 대한 교회론적이면서 성화론적인 이해가 내포되어 있다. 에베소서 5장 18절의 근접문맥에서 성령으로 충만하라는 말씀은 성화에 대한 권면과 관련되어 있다(엡4:17-5:18).

또한 바울은 성령충만의 구체적인 모습과 결과가 공동체의 교제와 예배와 삶에서 어떻게 나타나는가를 보여주었다(엡5:19-21). 마찬가지로 누가도 성령충만이 복음전파뿐만이 아니라 개별 신자와 공동체의 성장에 미친 파급효과가 무엇인지를 묘사했다(행2:4-27; 4:32-37; 5:12-16; 13:52). 성령충만의 실체는 기쁨으로 하나님께 예배하며 한마음과 한뜻으로 연합하여 성도의 교제를 나누며 재물을 관대하게 나누어 서로의 필요를 채우는 사랑의 공동체의 모습에서 잘 드러났다. 그 결과 온 백성에게 칭송을 받으며(행2:47), 믿는 자의 수가 증가하는 양적 성장이 이루어졌다.

또한 누가는 일곱 직분자들과 바나바처럼 믿음과 지혜와 선함이 가득한 사람을 성령충만했다고 묘사함으로써 성령충만을 개인의 신앙과 성품과 성화와 연결시켰다. 따라서 바울은 성령에 구원론적이며 성화론적인 기능을 부여한 신학자인 반면 누가는 그런 측면을 무시한 이로 단순 대조하는 것은 잘못이다.

비록 누가와 바울이 성령충만이란 말을 사용하는 빈도에 있어서 큰 차이를 보이고 있고 이 용어를 쓰는 맥락을 달리하지만, 성령충만의 근본의미를 이해함에 있어서는 서로 일치한다. 성령충만에 대한 누가의 증거와 바울의 가르침은 상호 보완적이며 서로 합하여 성령충만을 온전히 이해할 수 있는 통전적인 시각을 제공한다. 따라서 성령충만을 누가(사도행전)와 바울(에베소서) 중 누구의 개념으로 이해할 것인가를 묻는 것은 적절한 질문이라고 할 수 없다.

성령충만의 정의

신약성경에는 성령충만이란 말이 세 가지 헬라어 단어로 표현되었다. '핌플레미(πίμπλημι)'라는 동사가 여덟 번, '플레로오(πληρόω)'라는 동사가 두 번, '플레레스(πλήρης)'라는 형용사가 다섯 번 쓰였다. 이 세 단어는 같은 근원적인 의미를 내포하고 있는데, 문자적으로는 무엇으로 '가득함', '가득 채워짐'을 뜻한다. 여기서 채워지는 내용(source)은 물질적인 것(술이나 물)일 수도 있고 정신적인 것(기쁨, 지혜, 믿음, 은혜, 능력, 성령)일 수도 있다.[9]

성령으로 충만함을 컵에 물이 가득하다는 식으로 단순히 공간적인 개념으로만 이해하는 것은 곤란하다. 그것은 성령이 물과 같이 그릇에 가득 채울 수 있는 부피를 가진 물체가 아닐 뿐만이 아니라 공간적인 제약을 초월하는 분이시기 때문이다. 따라서 충만하다는 표현을 물질계에 적용할 때는 뜻이 명확하나, 이 단어로 영적세계의 실체를 묘사할 때는 그 문자적 의미가 한계에 봉착한다.

그럼에도 불구하고 우리는 문자적 의미를 완전히 무시할 수 없다. 왜냐하면 성령이 비록 물질과 같이 보이는 형태와 질량을 갖지는 않았지만 분명히 신자 안에 내재하는 영적 실체이기 때문이다. 성령은 공간을 초월하면서도 공간 안에 내재하신다. 그러므로 문자적인 의미에서 성령충만이란 성령이 개인과 교회 안에 그분의 영적 임재와 능력, 영향력을 풍성히 채워주심을 뜻한다.

그러나 이런 문자적 의미로만 성령충만의 뜻을 온전히 파악하기는 힘들다. 사도행전에서 누가는 성령충만이란 표현을 복음 전파를 위한 능력부여라는 의미뿐만이 아니라 복음의 확산 과정에서 성령이 제자들과 상황을 전적으로 주관했다는 의미를 부각시키기 위해서 사용한 것으로 보인다. 마찬가지로 바울도 에베소서 5장 18절에서 성령충만이란 말을 구약성전에 영광이 가득했듯이 교회에 성령이 가득해야 한다는 개념뿐만이 아니라 성령에 의해 주관된다는 의미로도 사용했다. 성령충만을 술 취함과 비교한 데서 이런 비유적 의미가 분명하게 드러난다. 술에 취하면 술의 영향과 지배를 받는 것처럼, 성령으로 충만하면 성령의 강력한 영향력에 압도되는 것을 의미한다. 또한 술을 마시면 술기운이 온몸에 퍼지듯이, 성령의 새 술도 우리 안에 확산되어 우리의 전인에 영향을 미친다. 그러므로 문자적 의미와 비유적인 의미를 종합해 볼 때, 성령충만이란 "우리(개인이나 공동체)의 전 존재와 삶이 성령의 임재와 영향력에 의해 침투되어서 성령에 의해 지배되고 인도되는 것"을 뜻한다.[10]

바울은 그의 서신서에서 성령의 인도함과 지배를 받는 삶을 다양하게 표현했다. "성령을 따라 행하라"(갈5:16), "성령의 인도함을 받으라"(롬 8:14; 갈5:18), "성령으로 살라"(갈5:25), "성령으로 행하라"(갈5:25)는 표현을 성령으로 충만하다는 것과 비슷한 의미로 사용했다. 고든 피(Gordon D. Fee)가 지적했듯이, 성령충만이란 말은 이런 용어들이 의미하는 바를 효과적으로 부각하는 더 강력한 은유적 표현이라고 볼 수 있다.[11]

성령이 우리를 인도하실 때 그 충만한 은혜와 능력으로 인도하신다는 것은 너무도 자명한 일이다. 성령충만이라는 용어는 특별히 우리를 향한 성령의 능력과 은혜의 풍성함을 부각시킨다. 바울은 성령충만이라는 단어와 함께 좀 더 뜻이 선명하게 전달되는 다른 표현들을 잘 배합하여 사용함으로써 '충만'이란 단어가 안고 있는 장점을 잘 살리면서도 그 뜻이 모호하게 잘못 해석될 수 있는 위험을 피했다.

성령충만이라는 말이 그 의미에 대한 바른 이해 없이 남용될 때 여러 가지 혼란을 초래할 수 있으나 이 용어가 바른 의미로 사용될 때는 많은 유익이 있다. 이 말은 영적으로 침체되고 무력해진 현대교회에, 교회는 근본적으로 성령의 강력한 능력에 사로잡혀 세상 속에 하나님 나라를 확장시키며 만물을 새롭게 하는 영광스러운 공동체라는 점을 새롭게 일깨워줌으로써, 성령충만의 은혜를 추구하게 하는 자극과 도전을 안겨 줄 수 있는 용어이다.

성령충만은 단회적인가 아니면 연속적인가?

오순절교회는 오순절에 나타난 성령세례/성령충만의 역사는 지금도 반복되며 중생 후 받아야 할 이차은혜라고 주장한다. 이에 반하여 전통교회에서는 오순절의 성령세례/성령충만은 다시 되풀이되지 않는 단회적인 사건으로 보며 모든 그리스도인들은 믿을 때 성령으로 세례를 받기에 더 이상 성령세례를 추구할 필요가 없다고 가르친다. 이런 전통적 견해에 의하면, 새로운 성령의 부으심의 의미로서 부흥을 기대하고 추구하는 것은 심각한 오류이다. 이안 머레이가 말했듯이, "성령으로 충만케 하시는 '부으심(outpouring)' 혹은 '세례(baptism)'가 오직 회심 때만 일어난다고 하는 견해는 그리스도인 안에서 계속하여 역사하시는 성령의 활동을 축소시킨다."[12] 동시에 교인들을 새로운 성령의 은혜에 대한 별 기대나 갈망 없이 은혜 없는 상태에 안주하게 한다.

그래서 전통적인 견해에 대해 많은 반론이 제기된다. 과연 모든 그리스도인들이 중생과 동시에 성령으로 충만케 된다고 볼 수 있는가? "우리는 중생할 때 성령의 모든 것을 받았다고 주장할 수 있지만, 우리의 구체적인 그리스도인의 삶에서는 성령의 풍성함을 거의 보여 주지 못하고 있다."라고 지적한 버나드 램(Bernard Ramm)의 말이 더 일리가 있지 않은가?[13] 사실 많은 교인들이 거듭났지만 그들의 모습은 사도행전이 증거하는 성령충만한 성도들과는 거리가 멀다. 그들은 성령으로 충만하기보다는 오히려 성령을 근심케 하는 삶을 살고 있다. 이런 상황에서, 믿을 때 성령을 받았으니 새롭게 성령충만을 추구할 필요가 없다는 가르침은 교인들을 거짓된 안위감에 빠지게 할 수 있다.

이에 반해 오순절교회의 성령세례 교리는 최소한 교인들 안에 새로운 성령의 부으심에 대한 갈망을 자극하고, 중생 그 이상의 성령체험을 추구하게 한다.[14] 이 점에서 중생과 함께 성령의 모든 것이 주어졌다는 것을 강조하므로 새로운 성령의 은혜에 대한 추구와 갈망을 위축시키는 전통적 입장의 약점을 어느 정도 보완한다고 볼 수 있다. 그럼에도 불구하고 이 견해가 올바른 성령신학의 기초가 될 수 없는 것은 성령충만의 역사에 대한 오순절의 이해에 심각한 결함이 있기 때문이다. 먼저 이 교리의 문제는 오순절 성령강림은 구속사적 관점에서 더 이상 반복해서 일어날 수 없는 유일무이한 사건이라는 사실을 간과한다는 점이다.

오순절 성령강림의 단회성

오순절 성령강림은 하나님께서 마지막 때에 성령을 부어 주사 이스라엘을 회복하고 부흥케 하시리라는 구약의 종말론적 소망이 실현된 것이다. 그래서 사도행전에서 베드로는 오순절 성령강림을 요엘 선지자가 말한 종말론적 성령의 약속이 성취된 것으로 보았다(행2:16-21). 이 약속은 새 언약의 중보자이신 예수 그리스도의 구속 사역이 종료되어야만 실현될 수 있었다. 이사야서에 예언된 대로[15] 예수 그리스도가 종말의 영에 사로잡혀 이스라엘을 회복할 메시아 사역을 완료하신 후에야 아버지께로부터 성령을 선물로 받아 제자들에게 보내시는 성령의 수여자 역할을 하실 수 있었다. 그러기에 구속 사역을 완성하기까지는 그 누구에게도 성령의 선물을 수여하실 수 없었다.

그래서 공관복음에는 그 누구도 성령의 선물을 받았다는 언급이 없다.[16] 공관복음 저자들은 성령의 사역을 언급함에 있어 각별한 주의를 기울였다. 사도행전에서처럼 제자들의 행적을 성령론적 관점에서 묘사하지 않았다. 복음서에서는 오직 예수 그리스도만이 온전한 의미에서 성령의 소유자(the bearer of the Spirit)요 성령충만한 사람인 반면, 사도행전에서는 많은 제자들이 성령충만한 이들로 묘사되었다. 한 성령충만한 이(One Spirit-filled man)의 사역으로 말미암아 많은 성령충만한 이들(many Spirit-filled men)이 탄생한 것이다. 한 알의 밀이 땅에 떨어져 죽어야 많은 열매가 맺히듯이, 유일한 성령충만한 이가 십자가에서 죽어야 많은 성령충만한 사람들이 태어날 수 있었던 것이다. 따라서 예수 그리스도의 구속 사역이 완료된 후에야 오순절에 제자들이 성령으로 충만할 수 있었다.

공관복음서가 이 사실을 암묵적으로 다루었다면, 요한복음은 좀 더 명시적으로 진술했다. 요한은 "예수께서 아직 영광을 받지 않으셨으므로 성령이 아직 그들에게 계시지 아니하시더라"고 했다(요7:39). 여기서 '영광을 받는다'라는 표현은 예수 그리스도의 구속 사역의 정점에 이르는 사건, 즉 죽으심과 부활과 승천을 의미한다. 곧 예수의 죽으심과 부활로 완성되는 대속사역이 아직 종료되지 않았기에 성령이 저희에게 임하시지 않았다는 말이다.

요한복음 14장부터 16장까지에는 이런 의미가 더 확실하게 드러난다. 고별 메시지에서 예수님은 "내가 아버지께 가면" 보혜사 성령을 보내실 것이요, "내가 떠나가지 아니하면 보혜사가 너희에게로 오시지 아니할 것"이라고 하셨다(요16:7). 이는 '예수님의 떠나심', 즉 '아버지께 가심'이 성령이 오시는 데 선취되어야 할 필수조건이란 말이다. 동일하게 사도행전에서도 성령의 강림은 예수님의 아버지께로 가심, 즉 승천에 뒤따른 사건으로 보았다(행2:33). 다르게 표현해서, 성령은 예수님의 구속 사역이 완료됨으로 인해 주어질 수 있는 선물이라는 것이다(행2:39).

이러한 개념은 바울의 가르침에도 뚜렷이 나타난다. 바울은 하나님께서 예수 그리스도의 구속 사역으로 말미암아 성령을 우리에게 풍성히 부어주셨다고 했다(딛3:6). 그리하여 우리를 하나님이 거하시는 성전으로 삼으셨고(고전3:16; 6:19; 엡2:10), 이 새로운 성전을 성령으로 충만케 하신다(엡5:18)고 하였다. 이는 하나님께서 말세에 손으로 만든 장막이나 성전을 통해서가 아니라 친히 성령으로 우리 가운데 거하시겠다는 새 언약의 성취이다(고후6:16-18; 렘31:33; 겔11:19-20; 36:26-28). 교회 안에 성령이 충만하심은 하나님의 영광으로 충만하고 생명수의 강이 흘러넘치는 성전의 회복을 대망하는 구약적 모티브의 실현이다(겔10:3-5; 43:1-5; 47:1-12).

새 시대의 성령체험

따라서 오순절 성령강림은 구약의 종말론적 소망과 언약이 예수 그리스도의 중보사역으로 인해 성취된 것이다. 이는 새 시대의 도래와 새로운 성전으로서 교회시대의 개막을 알리는 특별한 구속사적 의의를 띤다. 이런 의미에서 오순절 성령강림은 다시 되풀이될 수 없는 단번에(once-and-for-all) 이루어진 결정적인 사건이다. 우리는 더 이상 오순절 이전의 구시대로 돌아가 성령의 오심을 기다릴 필요가 없다. 우리는 이미 성령이 와 계신 새 시대 속에 살고 있다. 우리 가운데 계신 성령은 계속 우리를 인도하며 충만케 하신다. 그러나 지금도 우리를 충만케 하시는 성령의 역사는 오순절에 단회적 성령강림의 성격을 띤 성령충만의 사건과는 구별되어야 한다.

사도행전 1장 5절의 말씀에 비추어 볼 때, 오순절에 제자들이 체험한 것은 '성령세례'라고 할 수 있다. 누가는 성령세례에 대한 세례요한과 주님의 약속(마3:11; 막1:8; 눅3:16; 요1:33; 행1:5)이 오순절 날에 구체적으로 성령충만으로 실현된 것으로 기록하였다(행2:1-4). 오순절교회에서는 이 성령세례로서의 성령충만이 지금도 계속 반복되며 중생 후 받아야 할 이차은혜라고 주장한다. 모든 그리스도인들은 과거 제자들과 같이 중생 후 성령세례를 받아야 한다는 것이다. 그러나 제자들의 경험을 오늘날 성령체험의 모델로 삼을 수는 없다. 그들이 중생 후 성령을 받은 것은 그들이 처한 특수한 시대적 상황 때문이었다. 그들은 성령의 구시대에서부터 새 시대로 넘어가는 과도기적 상황에 서 있었다. 그들은 육신을 입은 예수님을 통해 역사하시는 성령으로 거듭났지만, 예수님의 지상사역이 완료되기까지는 부활하여 영광을 받으신 예수님이 보내시는 성령의 선물은 받지 못했다.

오순절 전후 성령사역의 근본 차이는 오순절에 임한 성령은 부활하신 그리스도의 영이란 점이다. 오순절 전까지는 아직 예수님이 구속 사역을 완료하고 영광을 받지 못하셨기에 부활하시고 영광을 받으신 그리스도가 함께하시는 성령이 임하지 못하였다. 이런 의미에서 오순절 성령강림은 부활하신 주님께서 영적으로 다시 오심이다. 그래서 주님께서 "내가 너희를 고아와 같이 버려두지 아니하고 너희에게로 오리라 조금 있으면 세상은 다시 나를 보지 못할 터이로되 너희는 나를 보리니 이는 내가 살아 있고 너희도 살아 있겠음이라 그 날에는 내가 아버지 안에, 너희가 내 안에, 내가 너희 안에 있는 것을 너희가 알리라"(요14:18-20)고 하신 것이었다.

제자들의 성령체험이 규범이 될 수 없다

따라서 부활하신 주님의 새로운 존재 방식인 영적 임재는 그분의 육신적 존재 방식이 끝나야만 가능했다. 제자들이 부활하신 그리스도의 영적 임재를 체험하기 위해서는 육신의 예수님이 아버지께로 떠날 때까지 기다려야만 했다. 오순절 성령충만은 제자들을 새로운 그리스도의 임재 속에 들어가게 했다. 그들을 부활하신 그리스도가 성령을 통하여 충만히 임재하시는 교회에 편입시켰다. 그때에야 비로소 제자들은 만물 안에서 만물을 충만케 하시는 그리스도의 몸(엡1:23)인 동시에 성령으로 충만한 성전(엡2:20; 5:18)으로서의 교회에 속하게 된 것이다. 그러므로 제자들의 성령체험은 그들을 새 시대인 교회시대로 진입시킨 "시대전이적 사건"이었다.[17] 이런 점에서 제자들의 경험은 오순절 후에 살아가는 우리에게 더 이상 성령체험의 정상적인 규범이 되지 못한다.

오순절주의자들은 제자들뿐 아니라 오순절 후에 사마리아인들(행8장)과 고넬료(행10장), 그리고 에베소에 있는 제자들(행19장)도 중생 후 성령세례를 받았다고 주장한다. 그러나 이 부분에서도 누가의 일차적인 관심은 중생 후 성령을 받느냐의 문제에 있지 않다. 오히려 그가 본문에서 의도하는 바는 사도행전 1장 8절의 말씀을 따라 어떻게 유다와 예루살렘에서 시작된 복음의 불길이 성령의 역사하심으로 인종과 문화의 장벽을 넘어 사마리아와 땅 끝까지 확산되어 가는가를 밝히는 것이다.

사마리아와 고넬료에게 성령의 임하심은 유대인들의 배타적 의식을 깨고 사마리아와 이방인들을 합법적인 하나님의 백성으로, 신약교회의 정식 멤버로 받아들였다는 것을 확증하는 하나님의 인침(stamp)이다.[18] 에베소의 제자들에게 성령의 임하심은, 새 시대가 이미 임했음에도 불구하고 아직 그리스도 안에 완성된 구속의 은혜와 성령의 오심을 알지 못한 채 옛 것(세례요한의 가르침)을 따르던 남은 무리들에게 세례요한이 증거한 새 시대의 축복이 임했다는 것을 확증시켜주며 그들을 신약교회로 편입시키는 사건이라고 볼 수 있다. 그러므로 이러한 본문의 의도에 착안하지 않고 이 구절들을 자신들의 교리적 입장을 뒷받침하는 증거

본문으로 삼아서는 안 된다.

오순절교회 입장의 실제적 문제

오순절교회의 성령세례 교리는 성경적인 근거가 희박할 뿐 아니라 여러 가지 실제적인 문제를 야기한다.[19] 중생 후 성령세례라는 구도 속에 모든 신자들의 체험을 획일화하는 것은 성령체험의 다양성을 간과하는 우를 범하는 것이다. 신자들 중에는 중생 후 획기적인 은혜체험 없이 점진적으로 성숙해 가는 이들이 있는 반면, 이차은혜뿐 아니라 수차례 획기적인 은혜체험을 하는 이들도 있다. 대개 신자의 삶 속에는 다양한 형태의 극적인 은혜체험들과 점진적인 성숙과정이 공존하기 마련이다.

오순절 교리의 또 다른 문제점은 한번 성령세례/성령충만을 받으면 높은 수준의 영적인 상태가 항상 보장될 것이라는 잘못된 기대감에 빠지게 할 수 있다는 점이다. 그러나 한번 획기적으로 성령으로 충만했다고 해서 항상 성령으로 충만하게 되는 것은 아니다. 그 어떤 성령체험도 다시는 미끄러져 떨어질 수 없는 영적 고봉에 계속 머무르게 하지 못한다. 사실, 오순절교회의 가르침을 따라 획기적인 성령체험을 한 이들 중에 더 깊은 죄와 침체의 수렁에 빠진 사람들도 있다.

더 나아가 이 교리는 성령세례/성령충만을 받기 위해서 여러 조건들을 요구하는 율법주의적 오류를 드러낸다. 동시에 성령의 세례를 받았다는 것을 확신할 수 있는 표증으로서 방언이나 센세이션한 증거를 추구하는 우를 범하게 한다. 마지막으로 한번 성령의 세례를 받으면 모든 죄와 약함과 갈등의 문제가 일격에 해결되리라는 완전주의적 기대와 영적인 충만함을 단번에 획득하려는 영적 요행심을 조장한다.

계속되는 성령충만

올바른 성령론의 정립을 위해서는 오순절 성령충만의 단회성과 연속성에 대한 적절한 이해가 필요하다. 오순절 성령강림은 다시 되풀이 될 수 없는 단회적인 사건이다. 그러나 오순절에 임한 성령은 과거 제자들을 충만케 하셨듯이 지금도 우리를 충만케 하신다. 우리 안에 거하시는 성령은 우리를 항상 충만한 은혜로 인도하려 하신다. "성령으로 충만하라"(엡5:18)는 바울의 권면(imperative)은 '너희 가운데 성령이 거하시고 충만케 하신다'라는 복된 사실(indicative)을 전제한다. 그러므로 너희 가운데 계신 성령을 슬프게 하지 말고(엡4:30), 그 인도하심에 순종함으로써 성령이 너희를 항상 충만케 하시도록 하라는 말씀이다.

따라서 성령충만은 중생 후에 받는 이차적인 은혜가 아니라 예수님을 믿을 때부터 누릴 수 있는 은혜이다.[20] 모든 신자들은 예수님을 믿을 때 성령을 받고 그 성령으로 계속 인도하심을 받는 특권을 부여받았다.[21] 그래서 그리스도인이 된다는 것은 성령의 인도하심을 받는 이, 다시 말하면 성령으로 충만한 이가 된다는 것을 의미한다. 프레드릭 브루너(Frederick Bruner)가 말했듯이, "그리스도인들은 그리스도와 연합할 때 성령의 지속적인 충만을 받을 수 있는 특권과 함께 모든 신령한 축복들이 주어졌기에 성령으로 지금 충만할 수 있는 것"[22]이다. 따라서 개혁주의 성령론의 관점에서 보는 신자의 삶은 개종시의 단일 은혜체험에만 안주하는 삶이 아니라 신앙생활의 전 과정이 성령의 다이내믹한 역사에 의해 진행되는 삶이다. 성령충만은 이차은혜가 아니라 매일 새롭게 체험해야 할 은혜이다.

현대교회의 문제는 성경이 제시한 이 신앙생활의 정도에서 탈선한 것이다. 성령충만은 그리스도인의 특권이지만 많은 교인들이 이 특권을 누리기보다는 오히려 사장시키고 있다. 예수님을 믿을 때부터 성령의 인도하심을 받는 삶을 살아야 하는데 육신에게 져서 육신의 소욕을 따라 살므로 성령을 슬프게 하는 삶을 살고 있는 것이다. 따라서 현대교회에 시급한 것은 성령세례나 충만을 이차은혜로 받는 것이 아니라 이미 우리 안에 와 계신 성령의 충만한 은혜와 역사하심을 계속 거스르고 소멸하는 삶에서 돌이키는 것이다.

이렇게 성령충만을 이차은혜가 아니라 긴급히 회복해야 할 은혜로 보는 것은 오순절교회의 입장이 안고 있는 많은 문제를 극복할 수 있을 뿐 아니라 교인들을 영적으로 각성케 하는 데 더 효과적인 메시지가 될 수 있다. 만약 오순절교회에서 주장하듯이, 믿은 후 나중에 가서야 성령으로 충만하게 되는 것이 정상이라면 그 전까지 거룩하게 살지 못한 우리의 책임은 어느 정도 완화될 수 있다. 성령충만이 임할 때까지 열매 없이 무력하게 사는 것은 어쩔 수 없는 일이기 때문이다. 그에 대한 책임은 우리에게 있는 것이 아니라 그런 식으로 우리를 충만케 하시는 성령께 있는 셈이 된다.

그러나 문제는 성령이 아니라 우리에게 있다. 우리는 더 이상 성령의 오심을 기다릴 필요가 없다. 성령이 오히려 우리를 애타게 기다리시며 우리를 충만한 은혜로 인도하고 주관하기를 간절히 원하신다. 우리의 불신앙과 완고함으로 그분의 뜻을 이루지 못하기에 심히 안타까워

하시며 말할 수 없는 탄식으로 슬퍼하신다. 그러기에 이 시대의 교회가 절실하게 필요로 하는 메시지는, 성령으로 충만해야 하는 엄중한 책임이 있음에도 불구하고 그 은혜를 오랫동안 헛되게 하고 성령을 한없이 근심하게 해 온 심각한 죄악을 회개해야 함을 일깨워 주는 메시지이다.

2. 어떻게 성령으로 충만할 수 있는가?

하나님의 주권과 인간의 책임

성령충만은 하나님의 주권적 은혜인 동시에 인간의 책임이다. 이 둘은 긴밀히 연결되어 있다. 신약성경은 세 가지 헬라어 단어로 성령충만을 표현하였다. '핌플레미($\pi i\mu\pi\lambda\eta\mu\iota$)' 동사로 묘사된 성령충만은 성령이 충만케 하시는 행위(the acts of filling)를 부각시키는 데 반해, 형용사 '플레레스($\pi\lambda\eta\rho\eta s$)'와 동사 '플레로오($\pi\lambda\eta\rho\acute{o}\omega$)'로 표현된 성령충만은 충만의 지속성과 상태(the state of fullness)를 좀 더 강조한다고 볼 수 있다. 충만케 하는 성령의 행위는 주권적이며 항상 선재한다. 이 성령의 주권적인 역사가 신자에게 임하게 하기 위해 인간의 어떤 책임이나 조건이 요구된다고 볼 수 없다. 그러나 성령충만의 상태(state)를 유지하는 데는 신자의 책임이 따른다. 그러기 위해서는 성령을 따라 행해야 한다. 죄를 버리고 거룩한 길로 행해야 한다.

성령충만을 받기 위한 조건?

요즘 유행하는 성령충만에 관한 가르침에 따르면, 성령의 충만을 받기 위해서는 여러 가지 조건들을 충족해야 한다. ① 먼저 자신을 온전히 비워야 하고, ② 자신이 알고 있는 모든 죄를 청산해야 하며, ③ 자신의 모든 것을 주님께 양도해야 하고, ④ 주님께 전적으로 순종해야 한다. 그런 후에 하나님의 약속을 믿어야 한다. 여기서 믿음은 항상 마지막 단계로 제시되며, 다른 전제 조건을 다 이룬 후에야 그 효력을 발휘하게 된다.[1]

이런 가르침을 따라 성령충만을 추구할 때 실제 부딪히는 문제는 무엇인가? 먼저, 위에 열거한 조건들을 다 이룬 후에야 성령으로 충만할 수 있다면 도대체 어느 정도 자신을 비우고 양도해야 성령으로 충만할 수 있는지 의문이다. 그 기준은 사람들의 주관적인 판단에 따라 임의로 결정될 수 있다. 신앙 양심이 그다지 청결하지 못한 사람은 자기 안에 분명한 죄가 있음에도 불구하고 죄를 모두 청산했다고 생각하는 자기기만에 빠지기 쉽다. 반면에 양심이 예민한 신자는 죄에 대한 인식이 점점 깊어지기 때문에 자신이 알고 있는 모든 죄를 다 처리했다고 생각한 바로 다음 순간에도 자신에게 또 다른 죄의 요소가 있다는 것을 자각하게 될 것이다. 그렇게 되면 자신의 심리 내부를 끊임없이 헤집어 파는 내적 성찰의 악순환에서 헤어나지 못한다. 더욱이 신자 안에 잔존하는 옛 성품은 이 땅 위에 사는 동안 완전히 없어지지 않기 때문에, 옛 자아를 충분히 부인했다고 믿었을 때에도 옛 자아의 상당 부분이 아직 처리되지 않았다는 것을 발견하게 된다. 그 결과 끊임없이 애쓰고 수고해도 항상 목표에 미치지 못하는 데서 오는 좌절과 고뇌만 깊어진다.

만일 이런 조건들을 완전히 만족시킨 후에야 성령으로 충만할 수 있다면, 아마도 대부분의 신자들은 죽을 때까지 성령충만을 받지 못할 것이다. 또한 죄를 다 청산하고 자아를 철저히 비우고 주님께 전적으로 순종하게 되었다면 성령의 은혜가 무슨 필요가 있겠는가? 이러한 가르침이 교인들에게 실제 미칠 수 있는 폐해는 매우 심각하다. 제임스 패커(J. I. Packer)는 이런 메시지로 인해 자신이 겪었던 쓰라린 체험을 그의 책『성령을 아는 지식(Keep in Step with the Spirit)』에서 생생하게 묘사하였다. 그의 고백을 필자의 말로 요약하여 여기에 옮겨 본다.

그들의 가르침에 의하면, 성령충만하여 승리하는 삶을 살기 위해서는 자기를 비우고 성결케 하며 양도해야 한다. 이런 가르침을 따라 자기를 비우고 성결케 하려는 수년에 걸친 처절한 몸부림에도 불구하고 그들이 소위 누리고 있다고 주장하는 승리와 기쁨으로 가득한 삶이란 점점 더 내가 도달할 수 없는 요원한 것이라는 것만을 절감하게 될 뿐이었다. 그들의 주장에 의하면, 그런 행복한 삶에 들어가지 못하는 것은 입장료를 지불하기를 꺼려하기 때문이라는 것이다. 곧 자신을 온전히 양도하지 못하기 때문이라는 말이다. 그래서 나는 자신을 성결케 하기 위한 노력을 되풀이했다. 내 안에 아직도 양도되지 않은 부분이 무엇이며, 축복을 방해하는 요소가 무엇인지를 밝혀내기 위해 끊임없이 자신의 심리 내부를 찢고 상하게 해서 아플 때까지 파헤쳤다. 그러나 계속해서 버스를 놓쳐버리는 것 같은 안타까움과 왜 놓치는지를 알지 못하는 답답함 때문에 더 이상 살기가 고통스럽게 되고, 신앙생활이 마치 구두 속에 돌멩이가 들어가서 걸을 때마다 아파서 절뚝거리는 삶과 같았다.[2]

마치 과거 루터가 경험했던 영적 고뇌가 재현된 듯하다. 루터가 의롭다고 칭함을 받는 문제에 있어서 율법주의의 덫에 걸려 신음했다면, 이제는 교인들이 성령을 받고 성령으로 충만해지는 데 있어서 똑같은 고초를 겪고 있다. 구원론적 율법주의 대신에 성령론적 율법주의가 출현한 셈이다. 구원뿐 아니라 성령충만을 받는 문제에 있어서도 성결이 그 열매가 아니라 조건으로 제시될 때 율법주의의 함정에 빠지게 된다. 물론 성령충만한 삶에는 옛 자아와 죄를 죽이고 하나님께 전적으로 순종해야 하는 신자의 책임이 따른다.

그러나 이것은 성령의 은혜를 통해서만 가능한 성령의 열매이지 성령충만을 받기 전에 선취해야 할 조건이 아니다. 자기를 다 비우고 죄를 완전히 청산한 뒤에야 성령의 충만을 받는 것이 아니라, 성령의 능력을 힘입어야 죄를 죽이고 성결하게 살 수 있는 것이다. 하나님의 은혜가 항상 인간의 책임보다 앞선다(Divine grace prior to human responsibility). 성령충만을 받는 문제에 있어서도 이 복음의 핵심 진리가 조금이라도 흐려져서는 안 된다.

성령충만은 특권

신약성경에는 성령충만을 받기 위해 신자가 선취해야 할 전제조건이 제시되어 있지 않다. 사도행전에서 누가가 암시하고 있는 유일한 전제조건은 예수님의 구속 사역이 완료되는 것이다. 이 점은 그가 성령의 강림과 예수님의 승천을 긴밀히 연결시키고 있다는 사실을 통해 알 수 있다(행1:6-11; 2:33). 베드로는 오순절 성령강림에 대해 설교하면서 성령의 부어주심은 예수님의 승천에 뒤따른 사건이었다고 했다(행2:33). 이 말에는 요한복음 7장 39절의 요한의 진술과 같이 예수님이 영광을 받으셔야만 성령이 임할 수 있다는 의미가 함축되어 있다. 곧 죽음과 부활과 승천으로 이어지는 결정적인 구속사적 사건이 종료된 후에야 성령이 교회에 주어진다는 것이다.

비록 누가는 예수님의 구속 사역 성취가 약속의 성령이 주어질 수 있는 유일한 공로적 근거라는 것을 교리적으로 다루지는 않았지만, 그가 그런 확신을 가지고 사도행전을 기록했음은 의심할 여지가 없다. 이러한 사실은 특별히 그가 성령을 '선물', '하나님의 약속'으로 보며(행2:33, 39), 요엘 예언(욜2:28-29)의 성취로 이해한다는 점에서 충분히 추론할 수 있다. 사도행전 2장에서는 '성령의 선물을 받는 것', 즉 '성령을 받는 것'을 성령으로 충만해지는 것과 동일시하였다. 요엘의 예언과 성령의 세례와 선물에 대한 약속이 구체적으로 성령충만으로 실현된 것으로 보았다. 이러한 증거들을 통해 우리가 알 수 있는 것은, 성령충만은 모든 믿는 자에게 주어지는 하나님의 주권적인 은혜라는 사실이다. 이것은 예수님의 완성된 속죄사역의 근거 위에 우리에게 주어지는 선물이다.

모든 믿는 자에게 성령의 선물이 주어졌다는 사실은 바울의 가르침에서 더욱 선명하게 나타난다. 바울에게 있어서 그리스도인이 된다는 것은 '성령의 사람', '성령의 인도함을 받는 이', 즉 '성령충만한 이'가 되는 것을 의미한다(롬8:9; 갈5:16, 25; 엡5:18). 성령충만을 받을 수 있는 모든 전제 조건을 주님께서 십자가와 부활 사건을 통해 모두 충족시키셨기에 성령을 우리에게 풍성히 부어 주신 것이다(딛3:6). 그러므로 율법의 행위가 아니라 오직 믿음으로 구원받듯이, 그와 똑같은 원리로 성령을 받는다(갈3:2-5). 모든 그리스도인들은 처음 믿을 때 받은 성령으로 계속

충만할 수 있는 영광스러운 특권을 부여받았다.

성령충만은 책임

성령충만의 특권은 책임과 함께 맞물려 있다. 성령은 항상 우리를 충만케 하고 주관하려 하시므로, 이 성령의 역사를 거스르지 말고 잘 순종해야 할 책임이 우리에게 있다. 이런 관점에서 볼 때 성령충만은 직설과 명령(indicative와 imperative)의 구도 속에서 이해해야 한다. "성령으로 충만하라"는 명령은 '너희 가운데 성령이 충만히 거하신다'라는 복된 사실에 기초한다. 그러므로 너희 가운데 계시는 성령을 슬프게 하지 말고(엡4:30), 그 인도하심에 순종함으로써 성령이 너희를 항상 충만(주관)하게 하라는 말씀이다.

신자에게는 성령을 따라 죄를 대적하며 옛 자아를 부인하고 거룩하게 살아야 할 책임이 있다. 하지만 이 책임을 앞에서 살펴본 바와 같이 성령충만을 받기 위한 전제조건으로 혼동해서는 안 된다. 이 책임을 다 완수함으로써 성령충만을 받는 것이 아니라 성령충만의 은혜가 그 책임을 가능케 한다. 성령으로 충만해야 죄에서 자유로울 수 있는 능력이 주어지며, 하나님의 사랑이 우리 마음에 부은 바 되어 그 사랑이 우리의 마음과 삶을 사로잡고 지배하는 강력한 영향력으로 작용한다. 이렇게 하나님의 사랑에 포로가 될 때 하나님의 뜻을 기쁨으로 따르는 삶을 살 수 있다.

이 은혜의 부요함을 먼저 밝히 제시해 주지 않고 여러 가지 조건을 요구하는 것은 성령충만으로 가는 길목을 원천에서 봉쇄해 버리는 오류를 범하는 것이다. 자기를 비움, 성결, 양도와 순종은 성령충만의 은혜를 '향한' 전제조건이 아니라 성령충만의 은혜로 '인한' 책임으로 보아야 한다. 이 책임은 반드시 그것을 가능하게 하는 은혜의 바탕 위에서 강조되어야 한다.

오늘날 교인들의 문제는 성령충만의 특권과 축복을 알지 못하고 그것을 원치 않는다는 것이다. 과거 이스라엘 민족과 같이 생수의 근원을 거부하는 것이다. 이스라엘 민족이 그들 가운데 계신 성령을 근심케 하므로(사63:10) 영적 황폐함과 혹독한 징계가 임하는 재앙을 불러왔듯이, 이 시대의 교회도 우리 가운데 계신 영광의 영을 슬프게 하므로 영적인 어두움과 피폐함을 맛보고 있다.

성령의 뜻보다 육신의 소욕을 따라 사는 데 길들여져 죄와 세상의 포로가 된 교회를 돌이키는 것은 오직 하나님의 주권적인 은혜로만 가능하다. 타락한 교회를 징계하고 회복하는 것은 모두 하나님의 주권적인 역사이다. 이 시대의 교회를 향한 하나님의 징계의 손길이 언제나 멈추고 대대적인 회복의 역사가 임할지 우리는 알 수 없다. 그럼에도 우리에게 희망이 있는 것은 하나님의 회복의 은혜는 인간적으로 회복이 불가능해 보이는 절망적인 상황 속에 임하기 때문이다. 가장 영적으로 암울한 시기에 회복의 여명이 밝아온다. 성령은 우리가 떨어진 타락의 심연에까지 우리를 찾아오신다. 그래서 우리의 상황을 극적으로 반전시키신다.

여러 종류의 성령충만?

통상적으로 성령충만을 특별한 충만과 일반적인 충만으로 나눈다.[3] '핌플레미(πίμπλημι)' 동사는 여덟 번 가운데 일곱 번이 과거의 즉각적, 단회적인 동작이나 사건을 의미하는 아오리스트 시제로 사용되었다. 한 번은 미래 수동의 시제로 쓰였으나, 이 또한 즉각적인 사건을 의미한다.[4] 그래서 이 동사로 묘사된 성령충만은 특별한 능력부여를 위해 순간적으로 주어진 충만이라고 본다. 그 예로 베드로가 오순절에 복음을 전할 때, 그리고 그가 산헤드린 공회 앞에서 복음을 변호할 때 임한 성령충만을 들 수 있다(행2:4; 4:8). 이에 반하여 '플레로오(πληρόω)'라는 동사는 두 번 사용되었는데(한 번은 현재 시제로, 다른 한 번은 미완료 시제로 쓰임), 모두 지속성의 의미를 전달하고 있다.[5] 이 동사는 보통 상황 속에 계속 주어지는 충만, 일상의 삶 속에서 지속적으로 누려야 하는 성령충만을 묘사하기 위해 사용되었다고 본다. 더불어 충만한 상태를 의미하는 형용사 '플레레스(πλήρης)'는 성령의 은혜가 많은 사람의 특성을 묘사하는 데 사용되었다고 본다. 그 예로 예수님과 스데반을 포함한 일곱 직분자들, 그리고 바나바를 성령으로 충만한 이들이었다고 표현한 경우를 들 수 있다.[6]

이렇게 성령충만을 분류해서 이해하는 것은 나름대로 설득력이 있고 어느 정도 성경적인 근거도 있어 보인다. 그러나 세 가지 헬라어 단어가 쓰인 용법에 따라 성령충만을 이같이 두 종류로 나누는 것은 무리가 있다. '핌플레미(πίμπλημι)' 동사로 묘사된 것은 항상 일반적인 충만과 구별되는 특별한 성령충만을 의미한다고 볼 수 없다. 하워드 마샬(I. Howard Marshall)이 지적했듯이, '핌플레미(πίμπλημι)' 동사는 아오리스트 시제로 사용되었을 때도 꼭 순간적인 행위나 동작만이 아니라, 영구적이고 계속적인 충만을 묘사한다.[7] 계속적으로 주어지고 있는 성령충만이라 할지라도 성령충만이 주어지는 어떤 한순간, 특별히 처음 주어지는 순간을 찰나적으로 포착하여 묘사할 때는 즉각적인 의미를 전달하는 아오리스트 시제의 '핌플레미(πίμπλημι)' 동사를 사용할 수 있다.[8]

아오리스트 시제의 동사를 기용함에 있어서 누가의 관심은 충만의 시간적 길이(the duration of the filling)보다 충만의 사건 또는 행위(the act or event of the filling)에 집중되어 있다고 본다. 여기서 누가의 의도는 하나님 나라가 확장되는 과정의 중요한 상황마다 성령의 주권적인 역사가 개입했다는 것을 부각시키는 데 있었다. 그러므로 세 가지 헬라어 사용에 근거해서 성령충만을 무리하게 분류하는 것은 적절치 못하다.

따라서 성령충만을 특별한 충만과 일반적인 충만, 또는 내적 충만과 외적 충만, 성화를 위한 충만과 사역을 위한 충만 등으로 나누는 것은 바람직하지 못하다. 이는 일반적인 충만을 평가절하하며 성화와 사역의 연결성을 와해하고 윤리와 은사의 괴리를 야기하는 결과를 초래할수 있다. 이러한 오류를 피하기 위해 단일한 성령충만이 우리가 살아가면서 직면하는 수없이 다변하는 상황들과 일들에 따라 다양하게 나타난다고 보는 것이 지혜롭다.

성령이 우리를 항상 인도하고 충만케 하셔서 우리 삶의 모든 영역에서 이런저런 형태로 우리를 돕고 강건케 하신다. 우리에게 특별한 사역과 임무가 주어졌을 때는 그것을 잘 감당할 수 있는 능력으로 함께하시고, 고난과 핍박받는 상황 속에 처했을 때는 그 어려움을 잘 견디고 극복할 수 있는 은혜로 같이 하신다. 우리가 기도할 때는 기도의 영으로, 상담할 때는 지혜의 영으로, 그리고 설교할 때는 큰 확신과 감동으로 역사하신다.

성령충만의 점진성

따라서 성령충만을 획기적인[9] 축복으로만 이해해서는 안 된다. 성령으로 충만한 삶이란 계속해서 새롭게 충만함을 받는 삶이다. 사도행전에서 성령충만이 '핌플레미(πίμπλημι)' 동사 아오리스트 시제로 묘사되었다고 해서 성령충만이 꼭 즉각적이고 단회적인 체험이라고 볼 수 없다. 누가가 자주 사용한 '핌플레미(πίμπλημι)' 동사는 이미 충만해진 사람에게 새로운 충만이 주어진다는 의미로도 사용되었다.[10] 여기서 충만이란 표현은 상대적인 의미로 사용되었다. 충만의 양은 그 받는 그릇에 따라 결정된다. 믿음의 분량, 영적인 수용량에 따라 성령충만의 정도가 달라진다.

성령충만이 점진적으로 증가한다는 말은 성령을 받는 것이 양적으로 증가한다는 것을 의미하지 않는다. 성령은 인격이시니 부분적으로 분리되어 주어질 수 없다. 신자들 안에 전 인격적으로 내주하시는 성령께서 그들의 믿음과 순종이 더 온전해짐에 따라 그들을 주관하고 다스리시는 영역이 점점 더 확장되어 간다. 그러므로 성령의 충만을 받는다는 것은 성령을 더 많이 받는 것을 의미하는 것이 아니라 성령이 우리를 더 온전히 주장하시며, 우리 안에서 더 자유롭고 강력하게 역사하시는 것을 뜻한다.

성령충만은 우리가 성령을 더 많이 소유하는 것이 아니라 성령이 우리를 더 많이 소유하시는 것이다.[11] 우리가 내주해 계신 성령께 온전히 사로잡힐 때 우리 삶 속에 새로운 영적인 영향력이 밀려들어온다. 이것이 전에는 내 안에서 경험하지 못했던 것이기에 우리 밖에서 성령이 더 많이 주어진 것처럼 생각할 수 있으나, 실은 우리 안에 내주해 계신 성령이 모든 은혜의 원천이시다. 그래서 주님께서는 믿는 자 안에는 생수의 강이 흐른다고 말씀하셨다(요7:38).

이와 같이 성령의 내재의 관점에서는 성령의 모든 것이 우리 안에 거한다고 말할 수 있다. 그러나 성령은 무한한 인격이시며 공간에 내재하면서도 초월하는 분이시기에 우리 안에만 꼭 갇혀 계신 존재로 이해하는 것은 곤란하다. 공간적 제약을 초월하시는 성령의 존재와 사역을 시공간적 개념으로 이해하고 표현하는 데는 한계가 있다는 점을 인정해야 한다.

보통 성령의 역사하심을 묘사하는 데 두 가지 전치사, 우리 '안에(in)' 뿐만이 아니라 간혹 우리 '위에(on)'라는 표현을 사용한다. 성령은 우리 안에 항상 거하나 특별한 경우에 성령이 우리 위에 임한다고 말한다. 공간적 개념에 익숙한 우리는 이 두 가지 표현을 조화롭게 이해하기가 힘들다. 복음서는 예수님 안에 성령이 거했음에도 세례 시 그분에게 성령이 임했다고 했다. 이러한 표현은 그때에야 성령이 예수님에게 주어졌다기보다 예수님의 공적 사역을 위한 능력부여를 의미한다고 볼 수 있다. 마찬가지로 특별한 사역을 위한 능력부여를 위해 성령이 우리 위에 임한다고 표현할 수 있을 것이다. 막스 터너(Max Turner)는 사도행전에서 '성령을 받다', '성령이 임하다'는 말은 성령의 새로운 역사를 의미하는 비유적 표현(figure of Speech)이라고 했다.[12]

이미 성령을 받은 신자에게 성령이 임한다는 표현은 성령의 새로운 사역의 역동성을 드라마틱하게 묘사하는 장점을 안고 있다. 그래서 성령의 다이내믹한 사역에 대한 교인들의 기대와 추구를 자극하는 실제적인 유익이 있을 수 있다. 이런 이유 때문에 성령이 새로운 능력으로 임한다는 개념이 빠진 성령론은 부흥의 신학으로 적합하지 않다고 주장하는 이들이 많다.[13] 개혁신학자 싱클레어 퍼거슨(Sinclair B. Fergurson)도 "오순절 자체는 반복되지 않지만, 성령이 능력으로 임하기를 기도하게 하지 않는 성령론은 루아흐의 신학이 될 수 없다."[14]라고 했다.

그러나 이런 표현을 사용할 때 야기될 수 있는 혼란에 잘 대처해야 한다. 이 말은 성령강림의 반복을 의미하지 않는다는 점을 분명히 해야 한다. 동시에 성령이 신자 안에 부재하거나 혹은 부분적으로 내재하기에 더 충만한 분량의 성령을 이차적으로 받아야 한다는 것을 뜻하지 않음을 부언설명할 필요가 있다.

결론적으로 교회를 부흥케 하는 성령의 충만한 사역은 인간이 주관할 수 없는 하나님의 주권적인 은혜이다. 인간이 어떤 조건을 갖춤으로 끌어내릴 수 없는 것이다. 일련의 전제조건(자기 비움, 회개, 성결, 순종)을 다 충족시킴으로 받을 수 있는 이차 은혜가 아니라 오직 예수 그리스도의 공로에 근거하여 교회에 주어지는 축복이다. 교회에 성령이 충만하심은 하나님의 영광으로 충만하고 생명수의 강이 흘러넘치는 성전에 대한 구약의 소망이 그리스도 안에서 실현된 것이다. 따라서 성령의 강림으로 도래한 새 시대, 즉 말세에 존재하는 교회의 근본적인 특징은 성령의 충만함이다. 교회 안에 성령의 충만한 역사는 주님이 다시 오실 때까지 계속되어야 한다. 그러므로 성령충만은 단회적이고 일시적인 현상이 아니라 말세의 교회에 계속되어야 할 성령의 사역이다. 오늘날 교회는 우리 가운데 계신 영광의 영을 슬프게 하므로 삼위 하나님의 충만한 임재를 누리지 못하고 세상을 변혁하며 만물을 새롭게 하는 우주적 갱신의 다이내믹을 상실한 채 영적으로 한없이 무기력해졌다.

성령으로 충만한 교회로의 회복을 위해 시급한 것은 성령을 오랫동안 근심케 해온 죄악을 회개하는 것이다. 개인적일 뿐 아니라 교회적 차원의 갱신이 있어야 한다. 성령의 자유롭고 충만한 역사를 방해하는 죄악과 우상숭배를 척결하고, 제도적 부조리를 개혁해야 한다. 이러한 돌이킴과 회복마저도 하나님의 은혜로 가능하다. 그러나 이 은혜를 기다리고만 있어서는 안 된다. 오히려 하나님께서 우리의 회개를 오랫동안 기다리고 계셨다. 그러므로 우리는 "우리를 주께로 돌이키소서 그리하시면 우리가 주께로 돌아가겠나이다"(애5:21)라고 기도한 예레미야처럼, 회복의 은혜를 간절히 구하면서 동시에 철저히 회개하려고 노력해야 한다.

성령충만,
실패한 이들을
위한 은혜

제2부

성령충만으로 돌아가는 길

최근 성령충만에 관한 관심이 고조되고 있다. 오순절 교회만이 아니라 범교단적으로 이에 대한 관심이 무르익고 있다. 개혁신학자 후크마(Anthony A. Hoekema)같은 이도 "오늘날 교회에 그 무엇보다 더 필요한 것은 성령으로 충만해지는 것"[1]이라고 했다. 이 충만함이 풍성한 삶의 비밀이요 교회부흥의 열쇠라는 것이다. 앤드류 머레이(Andrew Murray)는 오늘날 교회에 가장 절박하게 요구되는 것은 오순절 성령충만으로 돌이키는 것이라고 역설했다.[2]

현대교회는 마치 탕자처럼 이 풍성한 축복이 있는 아버지 집으로부터 멀리 떠나왔다. 그러기에 '집으로' 향하는 먼 길을 다시 떠나야 한다. 어떻게 성령충만을 회복할 수 있을까? 많은 책들이 성령충만을 받는 비법을 제시한다. 그러나 이에 대한 단순한 비결은 없다. 성령충만으로 가는 지름길은 없다. 많은 경우 그 길은 죄에 집착하는 우리 육신의 완고함을 깨뜨리는 충격으로 점철되어 있다. 이런 복잡한 영적 현실을 무시한 채 성령충만을 받는 문제를 지나치게 단순화해서는 안 될 것이다. 여기서 미력하나마 성령충만으로 돌아가는 길을 추적해 보려한다.

3. 시들게 하는 성령의 사역

한동안 우리 사회에 '역풍'이니 '후폭풍'이니 하는 말이 유행어처럼 사용되었다. 탄핵 역풍이 정계를 강타해서 정치 판도를 뒤집어 놓았다. 그런가 하면 영적 세계에도 심상치 않은 난기류가 감지된다. 한국교회에 성령의 후폭풍이 휘몰아치고 있다.

교회가 성령의 잔잔한 순풍에 순응하지 않으면 성령의 거센 역풍을 만난다. 성령의 뜻을 따라 살면 '풍성케 하는' 성령의 은혜를 맛보지만, 성령을 거스르는 육체의 소욕을 따라 살면 '시들게 하는' 성령의 사역을 체험하게 된다. 현재 한국교회는 전자보다 후자를 더 많이 실감하고 있는 듯하다. 실제로 많은 교인들이 성령의 후폭풍 속에서 호된 징계와 연단을 받고 있다. 그럼에도 그들은 이 신비로운 바람의 정체와 의도를 알지 못하기에 매우 당혹스러워 한다. 이는 교인들이 '풍성하게 하는' 성령의 사역에 대해서는 많이 들어왔지만, '시들게 하는' 성령의 사역에 대해서는 좀처럼 들어보지 못했기 때문이다.

성령의 후폭풍?

여기서 이 이상한 성령의 사역을 '성령의 후폭풍'이라는 메타포를 빌려 설명해 보려한다. '성령의 후폭풍'이라는 말은 물론 성경에 나오지 않는다. 독자의 이해를 돕기 위해 편의상 도입한 은유적 표현일 뿐이다. 필자는 군에 있을 때 106mm 무반동총 소대에 소속되어 있었다. 106mm 무반동총은 지프 위에 싣고 다니는 기다란 포와 같은 것인데, 대포와는 달리 발사될 때 반동이 없는 대신에 포 뒷면으로 불과 후폭풍을 뿜어낸다. 그러면 그 후폭풍에 맞아 들판의 풀들이 말라 버린다. 포 앞으로는 포탄이 날아가고 뒤로는 후폭풍이 나가는 모습이 마치 성령의 소욕을 따르는 방향으로는 '풍성케 하는' 성령의 다이내믹이 분출되지만, 그 반대 방향, 즉 육신의 소욕을 따르는 쪽으로는 '시들게 하는' 성령의 후폭풍이 부는 것과 같다는 착상을 떠올리게 한다.

이런 아이디어에 대한 성경적인 근거가 전혀 없지는 않다. 성경에서 성령은 자주 바람으로 비유되었을 뿐 아니라, 특별히 이사야서에서는 성령의 역사가 시들게 하는 바람으로 묘사되었다. "모든 육체는 풀이요 그의 모든 아름다움은 들의 꽃과 같으니 풀은 마르고 꽃이 시듦은 여호와의 기운이 그 위에 붊이라 이 백성은 실로 풀이로다"(사40:6-7). 이 말씀에서 여호와의 기운은 성령의 호흡, 바람을 의미한다. 칼빈(Calvin)은 이 대목을 주해하면서 "하나님께서 자기 백성을 영적으로 새롭게 하실 때 하나님을 대적해서 높아진 육신의 모든 영광과 아름다움을 시들게 하고 쇠퇴케 한다."라고 했다.[3]

세기의 설교자 스펄전은 이 말씀을 본문으로 "시들게 하는 성령의 사역(The Withering Work of the Spirit)"이라는 유명한 설교를 했다.[4] 이 설교에서 스펄전은 오래 대망하던 구원과 회복의 역사가 이스라엘에 임하기 전에 육신에 속한 모든 것들을 시들게 하는 성령의 사역이 있다는 본문의 메시지에 근거하여, 지금도 성령은 우리를 영적으로 풍성케 하기 전에 육적으로 쇠퇴하게 한다고 설파했다. 이 설교는 특별히 지금까지 신학적으로도 제대로 연구되지 못한 성령사역의 신비로우면서도 감추어진 측면을 실천적이고 목회적인 안목에서 예리하게 통찰했다는 점에서 그 창의성이 돋보인다.

육적인 그리스도인들

이사야가 말한 "육신을 시들게 하는 성령의 바람"은 교회가 이스라엘처럼 성령을 거스르는 육적인 삶의 방식에 안주할 때 세차게 휘몰아친다. 여기서 육신(flesh)이란 부패한 성품의 총체, '거듭나지 않는 인성(unregenerate humanity)'을 의미한다.[5] 티슬턴(A. C. Thiselton)이 지적한대로, '육'은 하나님과 독립하여 자아 중심적인 시각과 목적을 가지고 자아만족을 추구하는 것을 의미한다.[6] 육적인 사람은 거듭나지 않은 마음의 성향, 즉 세속적인 마음과 욕망에 사로잡혀있는 사람이다.

이런 성경적인 개념에 의하면, 그리스도인은 더 이상 육신에 속한 이가 아니라 성령에 속한 사람이다. 거듭난 신자는 비록 미성숙할지라도 원칙적으로 영적인 사람이며 더 이상 육적인 사람이 아니다. 다만 그가 변화된 실제와 본분대로 살지 않고 아직도 육신에 속한 사람'처럼' 살고 있을 뿐이다. 이런 의미에서 바울 사도는 고린도교회의 교인들을 향하여 "너희가 아직도 육신에 속한 자로다"라고 책망하였다(고전

3:1-3). 이 말에는 '너희가 이제 성령에 속한 사람들인데 어찌하여 아직도 육신에 속한 자처럼 사느냐'라는 의미가 함축되어 있다. 여기서 바울 사도의 의도는 그리스도인들을 본질적인 면에서 두 부류, 즉 육적인 신자와 영적인 신자로 나누는 것이 아니다. 다만 고린도교회의 문제를 일깨워주기 위해 부득불 '육신적'이라는 표현을 사용한 것이다.

그러므로 이러한 바울의 언급에 근거하여 모든 신자를 육적 그리스도인과 영적 그리스도인으로 분류하는 것은 온당치 못하다. 이런 구분은 특별히 케직 사경회(Keswick Movement)의 가르침과, 앤드류 머레이 (Andrew Murray), 심슨(A. B. Simpson), 마이어(F. B. Meyer) 등이 쓴 경건서적들을 통해 대중화되어 우리에게 익숙한 개념이 되었다.[7] 그러나 위에서 살펴본 바와 같이, '육적이다'라는 말은 고린도교회와 같이 신자들이 성령을 따라 살아야 하는 본분을 망각하고 육신을 따라 사는 증거들이 확연히 나타나는 특별한 상황에 국한해서만 한시적으로 적용될 수 있는 표현이다.

오늘날 한국교회의 모습이 과거 고린도교회와 유사한 양상을 많이 띠고 있다는 점에서 한국교회도 육신적이지 않은지 돌아보게 된다. 김남준 목사는 한국교회에는 오랜 시간이 지나도 자라지 않고 병적인 유아 상태에서 벗어나지 못하는 육적 그리스도인들이 가득하다고 지적했다.[8]

그렇다면 한국교회가 고린도교회처럼 성령보다 육신의 소욕을 좇고 있다는 두드러진 증거는 무엇인가? 바울의 관점에서 육적이라는 것은 우선적으로 마음의 근본적인 지향성, 추구, 애착, 끌림과 관련된다. 육적인 그리스도인들이 '육신에 속한' 세상 사람들과 다른 점은 그들 안에는 성령이 거하고 새로운 마음과 성향이 심어졌기에 성령의 소욕, 영적 갈망이 전혀 없지는 않다는 것이다. 문제는 그들이 세상과 죄의 유혹에 미혹되어 성령의 일보다 육신의 일에 더 강한 끌림과 애착과 갈망을 가지고 있다는 점이다. 즉 그들의 마음이 성령과 육신의 양극 사이에서 갈등하며 분열하여 육신 쪽으로 더 강하게 이끌리고 있다는 것이다. 이같이 마음이 둘로 나뉘면 대개 약한 영적 소욕은 더 강한 육적 소욕이 추구하는 바를 성취하는 방편으로 봉사한다. 하나님에 대한 신앙과 열심마저도 세속적 욕망을 충족하기 위한 도구가 되어 버린다.

고린도교회 교인들에게서 볼 수 있듯이, 영적인 것에 대한 열심과 은사 추구가 자기중심적인 욕망에 의해 자극된다. 바울 사도가 고린도전서 13장 서두에서 절묘한 시적 표현을 통해 암시했듯이, 주를 위한 위대한 사역도, 자기 몸을 불타게 내어 주는 순교와 같은 숭고한 신앙 행위마저도 자기 영광에 대한 목마름에서 자극될 수 있으며, 자신에게 있는 모든 것으로 구제하는 자기희생적 봉사도 공명심과 자기과시욕의 은밀한 발로일 수 있다(고전13:1-3). 죄의 근저에는 자기영광을 추구하는 원초적 욕망이 도사리고 있는데, 이것이 종교적 열심의 강한 촉진제로 작용한다. 이렇게 성스러운 것에 대한 열심까지도 속된 욕망에 의해 촉발되고 있다는 점이 육신의 소욕에 사로잡혀 있다는 확실한 예증이다.

육적 그리스도인들은 비록 영적인 것에 대한 열심이 대단할지라도 삶과 인격의 변화는 없고, 굉장한 은사체험은 있을지라도 거룩한 삶의 열매는 없다. 고린도교회에 나타났던 이러한 현상이 한국교회에도 유사한 방식으로 재현되고 있다. 그동안 많은 성령운동과 은사집회들이 있었음에도 불구하고 성령의 가장 중요한 열매인 인격의 변화와 거룩한 삶은 별로 산출되지 못했다. 은사운동은 성령의 능력과 은사까지 이기적 자기실현의 동력과 목회성공의 수단으로 삼으려는 부패한 욕망으로부터 가열될 때가 많았다. 한국교회에 만연한 기복신앙, 번영신앙,

성장제일주의, 물량주의는 교인과 목회자들이 신앙이라는 명분 아래 은밀히 육적 소욕을 추구한 삶과 사역의 산물이라 해도 과언은 아닐 것이다.

영적인 어두움

육신을 따르는 삶의 비극적인 결과는 육신의 부패한 욕심과 야망이 영안을 흐리게 하여 영적인 상태와 문제를 바르게 보지 못하게 하는 것이다. 라오디게아 교회와 같이 자신의 비참함과 헐벗음, 영적인 빈곤과 어두움을 보지 못하고 오히려 자기만족에 빠진다. 육적인 삶 속에서 큰 불편함이나 부족함을 절감하지 못한다. 토저(A. W. Tozer)는 하나님께서 어느 날 우리 교회에서 성령을 거두어 가셔도 우리는 별 차이를 느끼지 못하고 신앙생활을 할지 모른다고 했다.[9] 물론 그럴 리는 없겠지만, 그의 말은 우리가 실제 성령의 은혜 없이도 얼마든지 육신적 열심과 에너지로 신자노릇하며 교회생활을 꾸려갈 수 있다는 무서운 사실에 대한 경고이다.

존 오웬(John Owen)은 신약시대에 하나님을 섬기던 유대인들이 성자 하나님을 배척했다면, 교회시대의 신자들은 성령 하나님을 거부하고 있다고 했다. 자신들의 조상 아브라함의 하나님을 믿고 장차 오실 메시아를 대망한다는 유대인들이 그들 가운데 오신 성자 하나님을 알아보지 못하고 배척했듯이, 과거에 오신 예수님을 믿고 종말에 재림하실 주님을 소망한다는 신자들이 현재 우리 가운데 와계신 성령님을 거역하고 있다는 것이다.

구약의 이스라엘 민족이 그들 가운데 계신 성령을 근심케 함으로(사 63:10) 영적 황폐함과 혹독한 징계가 임하는 재앙을 불러왔던 것처럼, 이 시대의 교회도 우리 가운데 계신 영광의 영을 슬프게 함으로써 영적인 어두움과 피폐함을 맛보고 있다. 과거 이스라엘의 역사 속에 계속 거듭 되었던 타락의 전례는, 크리스토퍼 라이트(Christopher Wright)의 말대로, '비디오 되감기'를 하듯이 교회역사 속에 되풀이되어 일어나는 현상이다.[10] 그러기에 신약성경은 그들을 본받지 말라, 그들과 같이 너희 마음을 강퍅하게 하지 말라(히3:7-8; 4:7), 그들의 실패를 거울로 삼으라(고전10:6, 10), 성령을 근심케 하지 말라(엡4:30)고 누누이 경고한다.

그리스도인들은 이 시대의 영적 기상도를 바르게 파악할 수 있어야 한다. 주님께서 말씀하셨듯이, 이 시대를 분별하는 지혜가 필요하다. 그래서 라일 감독(J. C. Ryle)은 "우리 주님께서는 성경과 우리 마음 다음으로 우리의 시대를 연구하게 하셨다."라고 했다.[11]

한국교회는 지금 하나님께 단체 기압과 징계를 받고 있다고 본다. 하나님은 우리를 개인적으로 뿐만 아니라 연대적으로 다루신다. 하나님은 아간 한 사람의 죄악으로 인해 이스라엘 온 회중과 함께하지 않으셨듯이, 성령을 근심시키며 사는 이들이 많을 때 우리교회 전체에 그 얼굴을 가리신다. 그래서 온 교회 위에 영적인 곤고함과 어두움이 임하게 하신다. 경건하게 살고자 하는 영혼마저도 영적인 메마름을 맛보게 하셔서 구약의 거룩한 선지자들같이 얼굴을 가리시는 하나님을 간절히 찾으며 회복의 은혜가 교회에 임하기를 갈망하게 하신다.

성령은 무엇을 하고 계시나?

육적인 삶에 길들여지고 굳어지면 영적 삶으로 돌이키기가 심히 어렵다. 육신의 마음은 하나님과 원수가 되며 하나님의 법에 굴복하지 않는다. 육신의 마음과 그 소욕을 따르는 이는 성령이 도저히 주관할 수 없는 성령의 통제권 밖에 있는 사람이다. 육적인 삶 속에서 완고해진 마음은 말씀의 은혜가 침투할 수 없는, 성령에 대해 절연된 마음이다. 복음을 수없이 많이 들어 말씀으로 그 마음이 닳고 닳아 그 은혜에 면역이 되어 버렸다. 육신의 마음은 천국이 닫힌 영적 상태, 즉 살아있는 지옥이다. 현대교회에는 이렇게 '복음으로 강퍅해진 사람들(Gospel-hardened people)'이 많다.

성령은 이런 이들을 더 이상 말씀을 통해 정상적인 방법으로 인도하실 수 없다. 따라서 어쩔 수 없이 성령은 비상수단을 동원하여 그들을 깨우치신다. 그의 비상한 섭리 가운데 고통스러운 사건과 환경을 조성하시고 그 고난의 풀무불 속에서 육신의 완고함이 부스러지고 녹아지게 하신다. 이런 외적 타격은 성령이 우리의 마음을 둘러싸고 있는 딱딱한 껍질을 깨고 우리의 심령에 침투하시는 방편이다. 오랫동안 철통같이 굳게 닫힌 우리의 마음 문을 거세게 강타하여 열게 하시는 방법이다. 청교도 목사 리차드 십스(Richard Sibbes)가 말했듯이, "성령은 외적 환난을 통하여 내적 빈곤, 즉 가난한 심령을 창조하신다."[12]

그래서 육적 그리스도인들에게는 많은 설교보다 매 한 대가 그들을 깨우치는 데 더 효력이 있다. 신자가 성령을 대적하는 육신을 따라 살면 성령은 무엇을 하시는가? 어떤 사람은 성령은 신자 안에서 근심하며 탄식하시고, 그 은혜는 소멸된다고 생각한다. 그러나 이런 사고는 성령의 사역을 너무 피동적인 것으로만 보는 견해이다. 성령은 신자 안에 계시나 아무것도 하지 못하신다는 식으로 생각하는 것이다. 오웬(John Owen)은 이보다는 좀 더 적극적인 이해를 제안한다. 그는 신자가 육신을 따라 살 때 성령은 점점 팽배해지는 옛 자아의 세력과 그를 통해 더욱 맹렬해지는 죄와 사탄의 공격으로부터 영혼을 보존하는 데 온 힘을 기울이시며 엄청난 영적 에너지와 능력을 소모하고 계신다고 했다.[14]

성령은 신자 안에서 그의 반역으로 말미암아 아무것도 못하고 그저 손 놓고 계시는 분이 아니다. 신자의 불순종에도 불구하고 성령은 한시도 쉬지 않고 우리를 위해 최선을 다해 일하신다. 성령은 무한한 인내와 긍휼을 가지고 말씀을 통해 신자를 끊임없이 설득하며, 책망하고, 경고하며, 굳게 닫힌 마음 문을 계속 두드리신다. 더불어 그분의 비상한 관심과 섭리 가운데 신자에게 임하는 모든 외적 환경과 사건들을 그의 영적 회복을 위해 기여하도록 운행하신다. 그리고 이런 사건들 속에 성령이 친히 함께하셔서 그가 당한 환난을, 신자를 깨우치며 낮추고 돌이키는 은혜의 기회로 삼으신다. 성령은 환난의 폭풍우 속에서 '메가폰'으로 말씀하신다. 이런 성령의 역사하심 없이 고난 자체만으로는 신자에게 아무런 유익이 되지 못한다. 고난의 불과 후폭풍 속에 성령이 함께하시기에 고난은 결국 신자의 영적 유익을 도모하는 방편이 된다.

영적 광야

이사야가 예언했듯이, 성령은 뜨거운 입김을 불어 육적인 삶을 말려버리신다. 성령은 육신적 힘과 에너지가 소멸되고 육체의 영광과 자랑이 사라지며 육적인 욕망과 열정이 말라버리는 영적인 광야로 우리를 인도하신다. 영적인 풍성함을 누렸던 많은 주의 종들은 먼저 이 광야에서 영적인 메마름을 처절하게 맛본 사람들이었다. 조나단 에드워즈(Jonathan Edwards)는 하나님께서 신자를 풍성한 삶으로 인도하시기 전에 그를 광야로 내몰아 그곳에서 자신의 영적인 빈곤과 헐벗음, 무력함과 비참함, 곤고함과 어두움을 발견하게 하시고, 자신 안에 은폐해 있는 사악한 죄성을 들여다보게 하신다고 말했다.[15]

그러므로 광야는 자아발견의 장소이다. 광야에서 우리는 자신의 전적 무능력과 부패를 발견한다. 주님의 은혜와 성령의 능력이 없이는 아무것도 할 수 없다는 것을 뼈저리게 절감한다. 자신 안에 자랑할 것, 의지할 것이 하나도 없다는 것을 깨닫게 된다. 이러한 광야의 깨달음과 훈련을 통해, 성령은 우리 안에 깊이 뿌리 박혀있는 육신을 신뢰하고 자랑하는 완고한 마음을 깨뜨리고 육신의 힘을 빼게 하신다. 우리는 삶과 사역에 육신의 힘이 너무 많이 들어가 있어 힘들고 쉬 지친다. 육신의 힘을 많이 들일수록 오히려 실패한다. 우리는 약해서가 아니라 너무 강해서 쓰러지는 것이다. 너무 강해서 약하다. 그러나 육신의 힘을 뺄 때 성령의 힘으로 강해지며 삶과 사역이 좀 더 편해지고 수월해진다. 그래서 약한 중에 강해지는 것이다. 이 진리를 단순히 지식으로 아는 차원을 넘어서 온몸으로 절절히 깨우치게 되는 것은 대개 길고 혹독한 광야의 훈련을 통해서이다.

성령의 후폭풍이 휘몰아치는 광야는 우리 육신의 교만과 정욕과 야심이 죽어 묻히는 곳이다. 휘걸(F. J. Huegel)은 모세가 거쳐 간 미디안 광야에는 모세의 옛 자아와 육신에 속한 것들이 차례차례 죽어 묻힌 무덤들이 즐비하다고 했다.[16] 모세뿐 아니라 주님께서 귀하게 사용하시는 모든 주의 종들이 거쳐 간 광야는 바로 그들의 매장지가 된 곳이다.

가려진 하나님의 미소

성령의 시들게 하는 바람은 그 목적을 달성하기까지 멈추지 않는다. 이 바람에 저항할수록 그 강도는 더 높아진다. 스펄전(Charles H. Spurgeon)은 신자가 잔잔한 바람에 순응치 않으면 성령은 강풍을 몰아오며, 그래도 완강하게 버티면 허리케인을 일으킨다고 했다.[17] 교만한 육신이 티끌에 입을 댈 정도로 낮아지기까지 그 완고함이 산산이 깨어지고, 그 욕망이 바짝 말라비틀어지기까지 후폭풍은 멈추지 않는다.

징계로 받는 고난이 한층 더 고통스러운 것은 하나님께서 그 얼굴을 가리시는 것 같기 때문이다. 토마스 굿윈(Thomas Goodwin)은 "모든 시험 중에서 하나님의 얼굴을 가리는 것, 즉 어둠과 두려움보다 더 큰 시험은 없다."라고 했다.[18] 고난 중에 하나님께서 위로의 얼굴빛이라도 비춰주시면 고난을 기쁨으로 감당할 수 있을 텐데, 그 얼굴마저 감추시는 것 같기에 징계가 더욱 견디기 힘들어진다. 하나님의 빛나는 얼굴의 어두운 뒷면만이 영혼에 느껴지며 자신을 짓이기는 가혹한 손길만이 엄습해오니 영혼은 낙망하고 괴로워한다.

그러나 하나님은 영혼이 징계의 손길 아래 신음하며 괴로워할 때 가장 친밀히 그와 함께하신다. 자신의 임재와 그 얼굴빛을 느끼지 못하게 하시는 것은 징계가 더 효력 있게 하기 위해서이다. 부모가 자녀를 웃으면서 징계하면 자녀가 그 징계를 심각하게 받아들이지 않고 장난으로 여길 것이다. 하나님께서는 그분이 책망하신다는 것을 우리가 느끼게 하고 그 훈계를 뼛속 깊이 새기게 하기 위해 우리를 향한 그분의 영광스러운 미소의 얼굴빛을 잠시 베일로 가리신다. 그러나 그리스도 안에서 우리를 무한히 기뻐하시는 하나님의 영원한 사랑은 조금도 변함이 없다. 오히려 징계는 하나님의 영원한 사랑의 발로이며 확실한 증거이다. 하나님은 "사랑하시는 자를 징계하신다"(히12:6).

하나님은 특별히 어두운 시련의 골짜기를 지나며 고통 받는 당신의 자녀들에 대한 연민과 긍휼이 각별하시다. 그래서 선지자들에게 하나님의 징계하는 손길 아래 신음하는 이스라엘 민족들을 향하여 위로의 메시지를 전하라고 간곡히 부탁하신다. "너희는 위로하라 내 백성을 위로하라"(사40:1). 선지서에는 징계와 책망의 메시지와 함께 위로의 말씀과 약속이 가득하다. 이 시대에도 성령의 후폭풍 속에서 혹독한 징계와 연단을 받고 있는 성도들이 많다. 교회는 이들을 위로하는 메시지를 전해야 한다. 이들이 받는 고난과 연단의 의미와 그 속에 깃든 하나님의 손길과 인도하심이 무엇인지를 밝혀주는 말씀으로 그들의 힘겨운 신앙의 행보에 큰 힘과 활력을 불어넣어 주어야 한다.

징계는 하나님의 가장 값비싼 선물

하나님께서 우리를 징계하심은 그 언약을 충실히 이행하시는 것이다. 우리를 아들로 대우하심이다(히12:7). 징계를 통해 하나님의 부성애가 가장 선명하게 나타난다. 여기서 그분의 자녀를 바로 양육하시는 하나님의 열심이 얼마나 특심한지, 우리를 향한 그분의 관심과 생각이 얼마나 깊고 섬세한지, 우리를 위해 움직이는 그분의 손길이 얼마나 분주한

지가 밝히 드러난다. 우리는 영적으로 둔하고 무감각하여 마치 하나님께서 멀리 떨어져 우리를 별로 돌아보지 않으시는 것 같다는 의식 속에 살아갈 때가 많다. 그러나 "하나님이 내 생각을 그만하신다면 그분의 존재도 멎는다."[19]라는 옛 성현의 말처럼, 우리가 하나님에 대해 아무 관심이 없을 때도 하나님은 우리에 대한 무한한 관심과 열심을 가지고 계신다. 하나님은 최상의 자녀 양육을 위해 최선을 다하신다. 모든 것을 쏟아 부으신다. 모든 은혜의 방편과 기회들, 모든 환경과 사건들을 자녀 양육을 위한 도구와 자료로 활용하신다. 우리가 조금만 영혼의 눈을 크게 뜨고 보면 하나님의 이 놀라운 사랑의 열심과 수고를 볼 수 있으련만.

그러므로 징계는 우리가 하나님의 무한한 사랑과 관심의 대상인 참 아들이라는 증표이다. 그래서 히브리서 저자는 징계가 없으면 사생자요 참 아들이 아니라고 했다(히12:8). 불신자나 교인들 중에서도 성령으로 거듭나지 않은 자들에게는 이런 성격의 징계가 없다. 그러나 징계가 없는 것이 가장 두려운 징계이다. 버림받았다는 표지일 수 있다. 하나님은 우리를 죄 속에 살도록 내어버려 두심으로 그분의 진노를 나타내신다. 반면에 우리를 징계하심으로 그분의 사랑을 나타내신다. 징계는 하나님의 참 아들만이 누리는 특권이다. 하나님께 매우 중요한 사람(VIP)으로 대우받는 것이다. 금같이 가치 있는 것만이 불 속에서 연단되듯이, 하나님께 굉장한 가치가 있는 자만이 이 연단의 불 속에 들어갈 수 있는 특권을 누린다. 예수님의 보배로운 피 값으로 사신 바 된 이들만이 그런 자격이 있다.

결국 징계는 우리의 죄에 대한 보응이나 형벌이 아니라 우리의 죄악에도 불구하고 그 자녀의 유익을 위하시는 하나님 아버지의 사랑의 선물이다. 스펄전이 말했듯이, 징계는 하나님께서 내려주시는 선물 중에 가장 값비싼 선물일 것이다. 하나님께서 다른 은혜들은 손쉽게 기쁨으로 내려 주실 수 있지만, 징계의 선물만은 매우 힘들어하고 괴로워하면서 내려 주신다. 하나님은 그분의 자녀들이 고통 속에서 신음하며 괴로워하는 모습을 무심히 보는 가학적 신이 아니시다. 하나님은 그 자녀의 고통 속에서 더 큰 고통을 느끼신다. 그러기에 징계는 우리보다 하나님 자신에게 더 큰 징계인 셈이다. 우리를 치는 긴 채찍은 그 중간의 가죽부분으로 우리를 치고, 날카로운 뼈 조각이 박힌 그 끝자락은 우리를 휘감고 돌아가 때리는 이의 가슴을 찢는다.

마지막 날 우리가 주님 앞에 설 때 이런 고백을 하게 될 것이다. "하나님 아버지! 이 땅 위에서 살 동안 저에게 베풀어 주신 은혜가 너무 많아 다 헤아려 감사할 수 없습니다. 그러나 한 가지, 아버지께서 저를 아프게 징계하신 일은 잊을 수 없습니다. 그로 인해 제가 정신 차리고 새사람이 되었습니다. 죄악에서 돌이켜 거룩함에 참여하게 되었습니다. 아버지 감사합니다." 믿음의 사람은 고통과 시련의 한복판에서도 마지막 때 하나님께 드릴 이 감사를 미리 드릴 수 있는 사람이다. "망치와 불과 용광로로 인하여 하나님을 찬양하라."고 외친 사무엘 루터포드 (Samuel Rutherford)처럼 말이다.

우리를 돌이키는 결정적인 은혜

우리의 교만과 완고함을 깨뜨리는 망치의 고통스러운 타격과 우리의 모나고 거친 부분들을 다듬는 끌의 깎는 아픔, 그리고 우리 안의 불순물과 찌끼를 걸러내는 용광로의 극렬한 시련이 결국 우리의 삶에 의와 평강의 풍성한 열매를 맺는 데 기여한다(히12:11). 그러나 이 모든 시련과 연단은 우리를 변화의 길로 인도하는 방편일 뿐 그 자체가 우리를 근본적으로 새롭게 하지는 못한다. 우리는 죄로 인해 죽을 고통을 당하면서도 죄를 끊어버리지 못하는 가련한 죄 중독자들이다. 수없이 매를 맞아도 우리의 교만한 자아는 깨지지 않는다. 우리의 징계가 아니라 예수님이 받은 징계에서부터 교만한 자아를 돌이키는 결정적인 은혜가 임한다. "그가 징계를 받으므로 우리는 평화를 누리고 그가 채찍에 맞으므로 우리는 나음을 입었도다"(사53:5).

우리는 징계 속에서 우리가 얼마나 강퍅하고 교만하며 죄에 철저히 매였는지, 그러기에 거듭되는 징계의 처방책이 별 효험이 없다는 것을 터득한다. 오직 예수님의 징계만이 우리의 부패한 자아를 새롭게 할 수 있다는 진리를 확신하게 된다. 우리가 받은 징계가 아니라 예수님이 받으신 징계만이 우리를 죄에서 돌이킬 수 있다. 징계는 우리를 결국 십자가 앞으로 인도한다. 거기서 오직 십자가의 공로만을 전적으로 의지하게 한다. 징계는 우리를 하나님의 품 안으로 인도하여 그 사랑과 긍휼만을 바라게 한다. 십자가의 주님을 바라보는 믿음을 통해 그동안 받은 징계로도 끄떡없던 옛 자아를 무너트리는 은혜가 임한다.

풍성한 회복의 은혜

하나님은 우리를 영적으로 살리기 위해 우리의 육적 자아를 죽이신다. 우리는 육신을 시들게 하는 성령의 후폭풍이 휘몰아치는 광야를 통과한 후 영적으로 풍성케 하는 성령의 순풍이 불고 생수의 강이 흐르는 축복의 땅, 물댄 동산으로 들어간다. 죄의 억압에서 오래 시달려온 포로생활이 끝나고 풍요로운 자유를 누리는 새로운 삶이 시작된다. 조나단 에드워즈의 말처럼, 죄에 포로가 된 삶의 곤고함을 맛본 사람만이 자유의 무한한 가치를 안다.[21] 로이드 존스(M. Lloyd-Jones)도 이 억압의 영을 알지 못하는 이로서 성령의 충만한 은혜를 받은 이는 거의 없다고 갈파했다.[22]

이스라엘 민족이 오랜 포로생활에서 돌이킴을 받을 때 그들은 말할 수 없는 해방의 기쁨을 만끽했다. 그래서 "여호와께서 시온의 포로를 돌려 보내실 때에 우리는 꿈꾸는 것 같았도다 그 때에 우리 입에는 웃음이 가득하고 우리 혀에는 찬양이 찼었도다"(시126:1-2)라고 노래했다. 지금도 하나님은 우리를 죄의 포로에서 돌이켜 우리 입에 웃음과 찬양이 가득하게 하시기를 간절히 원하신다.

인간적으로 보면 한국교회의 현실은 암울하다. 개혁과 부흥에 관한 목소리는 높지만 그 희망은 보이지 않는다. 영적인 어두움은 더욱 깊어만 가고 영적인 피폐함은 극에 달하고 있다. 그러나 인간적으로 회복이 불가능한 절망적인 상황이 바로 하나님의 놀라운 역사가 나타날 절호의 기회이다. 도저히 불가능한 것을 가능케 하는 기적이 요구될 때가 바로 하나님께서 일하시는 최적의 시기이다. 그때에만이 하나님의 위대한 능력이 밝히 드러나며, 하나님께만 영광이 돌아가게 된다.

하나님의 은혜는 우리의 상황을 극적으로 반전시키는 은혜이다. "기다림에 지친 오랜 불모의 시절이, 하나님의 은혜의 급습으로 막을 내린다."[23] 그리고 삭막한 황무지가 백합화가 만발한 물댄 동산으로 급전환하게 된다. 시들게 하는 성령의 후폭풍이 풍성하게 하는 성령의 순풍으로 돌변한다. 포사이스(P. T. Forsyth)의 말처럼, "심연이란 정점을 뒤집어 놓은 정점에 불과하다."[24] 침체의 깊은 수렁이 바로 극적 부흥이 임하는 곳이다. 한국교회에 불어오는 성령의 후폭풍은 이 회복의 역사를 예고하는 길조이다.

4. 실패한 이들을 위한 은혜

이 시대는 침체된 교회를 다시 부흥케 하는 성령의 단비를 고대하고 있다. 성령이 충만하게 임할 때 교회는 그 영광과 능력과 활기를 되찾는다. 교회부흥의 비결은 성령충만이다. 한국교회에 성령충만에 대한 관심과 갈망이 고조되고 있는 것은 부흥의 도래가 임박했다는 반가운 사인(sign)과도 같다.

그러면 어떻게 해야 성령충만을 회복할 수 있을까? 스펄전은 설교자들이 종종 영적 양식을 교인들의 손이 닿지 않는 높은 선반 위에 올려놓는다고 했는데, 요즘 유행하는 성령충만에 관한 가르침들이 꼭 그와 같은 오류를 범한다는 생각이 든다. 여러 가지 실천 불가능한 조건을 제시함으로 성령의 충만을 받는 것을 거의 불가능하게 만들어 버린다. 이러한 잘못된 이해가 이 은혜를 회복하는 길을 더욱 요원하게 한다. 지금 한국교회에는 성령충만은 엄청난 경건의 노력과 수고를 통해서 성취할 수 있는 영적인 업적이 아니라, '실패한 이들을 위한 은혜'라는 가르침이 절실하게 필요하다. 이러한 메시지만이 침체의 깊은 수렁에서 헤어 나오지 못하는 한국교회에 회복의 희망을 안겨주며 부흥의 불길을 촉발할 수 있을 것이다.

성령충만은 모든 신자의 특권인 동시에 의무이다

성령충만을 이해함에 있어 먼저 주목해야 할 점은 성령충만은 인간의 피나는 노력의 대가로 쟁취할 수 있는 은혜가 아니라, 그리스도 안에서 모든 신자에게 값없이 주어지는 은혜라는 사실이다. 성령충만은 우선적으로 인간의 행함이 아니라 주님의 행하심에 근거한다. 성령충만을 받을 수 있는 모든 전제 조건을 주님이 십자가와 부활 사건을 통해 모두 충족하셨기에 성령을 우리에게 풍성히 부어 주신 것이다(딛3:6). 그러므로 율법의 행위가 아니라 오직 믿음으로 구원받듯이, 그와 똑같은 원리로 성령충만을 받는다. 오직 십자가 앞에 나아가 그 보혈의 공로만을 의지함으로써 성령충만을 받는다. 바울의 가르침에 따르면, 그리스도인에게는 처음 믿을 때부터 '성령으로 인도함을 받는', 다시 말해서 '성령으로 충만할 수 있는' 영광스러운 특권이 주어진다.

이 특권은 책임과 함께 맞물려 있다. 성령은 항상 우리를 충만케 하고 주관하려 하시므로, 이 성령의 역사를 거스르지 말고 잘 순종해야 할 책임이 우리에게 있다. 이런 관점에서 볼 때 성령충만은 직설과 명령(indicative와 imperative)의 구도 속에서 이해해야 한다. "성령충만하라"는 바울의 권면(엡5:18)에는 이 두 요소가 모두 내포되어 있다. "성령충만하라"는 명령은 '너희 가운데 성령이 충만히 거하신다'라는 직설을 배경에 깔고 있다. 그러므로 너희 가운데 계시는 성령을 슬프게 하지 말고(엡4:30), 그 인도하심에 순종함으로써 성령이 너희를 항상 충만하게(주관하게) 하라는 말씀이다(Let the Spirit keep filling you).

따라서 성령충만해야 할 의무는 교회에 속한 모든 신자에게 부여된 것이다. 성령충만은 그리스도인들에게 선택 사항(optional)이 아니라 절대적 의무 사항이다. 스탠리 존스(E. Stanley Jones)가 말했듯이, 오순절 성령충만은 "어떤 영적 사치가 아니라 인간의 삶에 절대적으로 필요한 것이다. 인간의 영은 성령의 충만 없이는 실패한다." 성령으로 충만하지 않고는 영적으로 처절하게 패배할 수밖에 없다. 죄의 세력을 극복할 수 없으며 그리스도 안의 풍성한 생명을 누릴 수 없다. 세상 속에 빛을 발하는 증인의 삶을 살 수 없다. 미국의 유명한 부흥사 찰스 피니(Charles Finney)는 세상은 성령충만하지 못한 그리스도인들에 대해 불평할 권리가 있다고 했다. 세상은 성령충만한 그리스도인을 보기 원한다는 것이다.

신자에게 있어 근본 죄악은 성령으로 충만하지 않는 것이다. 성령으로 충만하지 않기 때문에 여러 가지 죄 속에 빠지고 거룩하게 살지 못한다. 은혜로 충만하지 못한 것이 죄의 근원이다. 로저스(Adrian Rogers)의 말대로, "성령충만하지 않은 그리스도인은 사실상 반역하며 살아가고 있는 것이다. 하나님께 대한 그의 불순종은 연약함이 아니라 사악함이다."[1]

빌리 그래함(Billy Graham)은 성령충만하지 않은 것은 엄히 징계해야 할 죄악이라고 지적했다. 그가 어떤 교회의 장로로부터 술 취한 채 예배에 참석한 교인을 제명했다는 말을 듣고는 이렇게 질문했다고 한다. "그러면 성령으로 충만하지 않은 채 예배드리러 온 교인들은 어떻게 징계했나요? 성경에 '술 취하지 말라 …… 오직 성령의 충만을 받으라'고 했는데, 첫 번째 계명을 어긴 이를 제명했다면 두 번째 명령을 순종하지 않고 성령충만하지 않은 이도 마땅히 징계해야 하지 않겠습니까?"[2]

요즘 성령충만하지 않은 것을 심각한 죄악으로 생각하는 교인들이 얼마나 되겠는가? 대부분의 교인들은 충만하지 못한 상태에 만족하며 안주하고 있다. 이렇게 성령충만하지 않은 것에 대해 별 문제의식을 느끼지 못한다는 사실이 이 시대의 영적 상태를 잘 대변해 준다.

헛되게 하고 있는 은혜

성령충만의 가르침은 하나님께서 성경을 통해 제시하신 그리스도인의 삶의 기준과 참된 교회의 모습이 어떤 것인지를 보게 한다. 동시에 이 기준에 비추어 현재 우리의 영적인 상태가 얼마나 빈곤한지를 깨닫게 한다. 로이드 존스의 말처럼, 현대교회는 소망이 없을 정도로 신약성경에 나타난 교회의 기준에 못미친다.[3] 현대 교인들의 문제는 과거 이스라엘 민족과 같이 하나님의 충만한 은혜로 채워질 수 있도록 입을 크게 벌리지 않는 것이다. 영적으로 타락해서 세상을 향한 욕심은 많아도 하나님을 향한 선한 욕심과 거룩한 욕망은 미미하다. 영적인 식욕을 잃어버린 나머지 풍성한 영적 양식에 입맛이 당기지 않는다.

성도들이 실제로 성령충만을 누리지 못하는 가장 큰 이유는 성령으로 충만하기를 원치 않기 때문이다. 성령의 뜻보다 육신의 소욕을 따라 살기를 원하기 때문이다. 성령은 항상 우리를 충만한 은혜 가운데 인도하려고 하시는데, 우리가 그것을 거부하므로 그 은혜를 계속 헛되게 하고 있는 것이다. 우리는 풍성한 생명의 원천인 성령의 생수를 한없이 낭비하고 있다. 성령충만은 그리스도인의 특권이지만 많은 교인들이 이 특권을 누리기보다는 오히려 사장해 버렸다. 우리 안에 생수는 무궁무진하지만 그 샘을 마냥 덮어두고 생수를 끌어올리지 않기 때문에 영적으로 메마르고 황폐해진다. 이 시대의 교회는 마이어(F. B. Meyer)의 말을 귀담아 들어야 한다.

우리는 이제껏 '성령으로 충만하라'는 권고를 까맣게 잊고 있었다. 우리는 성령충만의 축복이 특별히 사도시대에만 해당될 뿐 우리 시대와는 무관한 것이라고 생각해 왔다. 아무래도 오늘날 그리스도인의 대다수는 오순절의 반대편에서 살고 있는 것 같다. 성령충만이라는 본질적인 문제와 관련하여 사도시대의 교리와 실천으로 돌아가지 않는 한, 우리는 결코 하나님께서 우리에게 원하시는 그 자리에 이를 수 없을 것이다. 하나님께서 루터를 일으켜 이신득의 교리를 세우셨듯이 이 마지막 때에 불로 달구어진 혀를 세워 '성령충만'이라는, 무관심에 방치된 교리를 새롭게 세워 주시기를 간절히 소망한다. 아멘![4]

실패한 이들을 위한 선물

성령충만은 영적으로 침체한 교회가 가장 필요로 하는 은혜이다. 로이 헤슨(Roy Hession)이 지적했듯이, "성령충만은 우리의 신실함에 대한 보상이 아니라, 우리의 실패에 대한 하나님의 선물이다."[5] 오순절에 임한 성령충만의 축복은 주님을 신실하게 따르는 데 성공한 제자들이 아니라, 오히려 철저히 실패한 제자들에게 주어진 선물이었다. 자격을 갖춘 이들이 아니라 부자격자로 확실히 판명된 이들에게 주어졌다. 그들이 선교사역을 성공적으로 완수한 단계에 이르러서가 아니라 아직 아무 일도 할 수 없는 무기력한 상태에 있을 때 주어진 은혜이다.

구약에도 성령의 충만한 은혜는 범죄하고 타락하여 영적으로 황폐한 상태에 있는 이스라엘 백성들에게 약속되었다(사32:15-20; 41:7-20; 44:3-4; 55:1-3). 영적으로 가장 암울한 시기에 회복의 여명은 밝아 왔다. 인간적으로 회복이 불가능해 보이는 절망적인 상황에 성령의 은혜가 임한 것이다. 성령은 우리가 떨어진 타락의 심연에까지 우리를 찾아오신다. 범죄한 우리를 거센 후폭풍으로 쫓아오던 성령은 우리가 일단 그 걸음을 멈추고 돌아서기만 하면 곧 잔잔한 순풍으로 우리를 인도하신다. 우리의 육신을 시들게 하던 사역이 우리를 풍성케 하는 사역으로 돌변하여 우리의 상황이 급반전된다. 영적인 황무지가 생수의 강이 흐르고 화초가 만발한 동산으로 변화된다.

그러므로 한국교회에도 이런 회복의 희망이 있다. 많은 교인들이 오랜 영적 침체와 거듭되는 실패로 인해 자신들도 성령으로 충만할 수 있다는 믿음과 소망을 잃어버린지 오래다. 따라서 성령충만을 회복하기 위해서는 먼저 성령충만은 바로 우리같이 처절하게 실패한 이들, 인간적으로 회복의 가능성이 없는 이들을 위한 은혜라는 사실을 굳게 믿어야 한다.

성령의 충만한 은혜가 우리가 최선의 모습이 아니라 최악의 모습일 때 찾아온다는 점에서 하나님의 놀라운 은혜의 특성이 더 극명하게 드러난다. 하나님의 영광이 한층 더 고조된다. 스톰즈(Sam Storms)가 말했듯이, 하나님은 우리의 영적 빈곤을 충만히 채워줌으로 최고의 기쁨과 영광을 누리신다.[6] 많은 경우 하나님은 우리의 실패의 자리에서만 우리를 충만케 하실 수 있다.

자만심의 헛바람으로 가득한 마음에는 성령의 은혜가 도무지 들어

갈 자리가 없다. 스스로 충만해 있는 자는 결코 성령으로 충만할 수 없다. 거짓된 자기만족은 성령충만에 이르는 길을 원천봉쇄해 버린다. 교인들이 성령으로 충만하지 못한 것은 충만하다는 착각 속에 살고 있기 때문이다. 라오디게아 교인들처럼 "나는 부자라 부요하여 부족한 것이 없다"(계3:17)라는 자기기만 속에 살고 있기 때문이다.

죄의 속성이 가장 교활한 형태로 나타나는 것이 자기기만이다. 죄는 우리를 자만의 허세로 꽉 채워 은혜가 들어갈 자리를 봉쇄한다. 자기만족이 영적 성숙의 최대의 적이다. 그래서 『신곡』을 쓴 단테는 죄의 목록 중에 자기만족을 가장 먼저 두었다. 우리가 가장 두려워해야 할 것은 높은 이상을 세우고 도달하지 못하는 것이 아니라 낮은 수준의 비전을 가지고 거기서 안주하고 만족하는 것이다. 우리의 문제는 세상 것들, 즉 돈과 쾌락과 권력을 추구함에는 웬만해서는 만족할 줄 모르면서 하나님에 대해서는 너무도 쉽게 만족해 버리는 것이다. 루이스(C. S. Lewis)의 말대로 하면, "우리는 너무 쉽게 즐거워한다."[7] 우리는 적은 은혜로 만족해 버린다. 충만하지 못한 상태에서 자족해 버린다.

가난한 이들을 위한 은혜

절망의 바닥을 치는 실패의 경험은 우리를 한없이 무력한 피조물의 자리로 내려가게 한다. 거기서 우리의 처절한 영적인 빈곤과 무능을 보게 한다. 오직 빈 그릇만이 채워질 수 있듯이 성령충만은 충만과 정반대의 상태에 있는 이들을 위한 은혜이다. 심령이 텅 빈, 가난한 이들을 위한 은혜이다. 하나님은 우리의 실패를 통해 우리 안에 성령의 충만한 은혜가 밀려들어 올 수 있는 가난하고 애통하는 마음, 의에 주리고 목마른 마음을 창조하신다.

많은 경우 우리의 실패는 육신으로 충만한 삶을 끝장내고 영적으로 충만한 삶으로 진입하는 축복의 대로로 우리를 인도한다. 우리는 천부적으로 지독한 율법주의자들이다. 스펄전은 우리의 악한 자아(sinful self)보다 의로운 자아(righteous self)가 더 깨어지기 힘들다고 했다.[8] 자신의 힘과 지혜와 열심으로 주님을 섬기고 주의 일을 하려는 아집은 철옹성과 같이 완고하여 처참하게 깨어지는 낭패를 당하기 전에는 결코 꺾이지 않는다.

주의 일을 하면서도 육신의 힘이 성령의 능력을 대신하며, 육신의 열심이 성령의 뜻보다 앞서 갈 때가 많다. 그러면서도 우리는 성령을 따라 봉사하고 있다고 착각하곤 한다. 우리는 육적인 열정으로 사람들의 감정을 인위적으로 조작하여 성령의 감화의 모조품을 만들어내려 한다. 주의 일을 하는데 육신의 힘이 너무 들어가 성령의 능력이 개입할 수 있는 여지가 없게 한다.

하나님께서 우리를 그분의 능하신 손으로 붙들어 사용하시기 위해서는 우리의 육신을 약하게 하셔야 한다. 하나님의 강력은 육신의 힘이 꺾인 사람을 통해 역사하기 때문이다. 하나님은 오직 그분의 능력만이 나타나고 그분께만 영광이 돌아갈 방법으로 우리를 사용하기 원하신다. 그래서 우리에게 공로와 영광이 결코 돌아가지 않을 정도로 충분히 우리를 작게 만드신다. 마치 하나님께서 미디안의 대군과 전쟁을 앞두고 기드온에게 이스라엘의 병력을 32,000명에서 300명으로 줄이게 하신 것과 같다. 하나님께만 승리의 공로와 영광이 돌아가기에 충분히 작은 숫자로 줄이게 하신 것이다. 성 프란시스는 하나님께서 특별히 그를 사용하신 이유에 대해 묻는 이에게 이렇게 대답했다고 한다.

주님께서 나의 수고를 축복하신 이유는 바로 이것이라 믿습니다.
그분은 하늘에서 내려다보시며 이렇게 말씀하셨을 겁니다. "어디
에 가면 지구상에서 가장 약하고 가장 작고 가장 미천한 사람을
찾을 수 있을까?" 그러던 중 나를 보시고 이렇게 말씀하셨습니다.
"이제야 찾았다. 이 사람은 자만하지도 않을 것이고 내 영광을 가
로채지도 않을 것이므로 이 사람을 통해 일해야겠다. 이 사람은 내
가 자기를 사용하는 이유가 자기가 작고 보잘것없기 때문이라는
것을 알 것이다."[9]

하나님이 우리를 성령의 능력으로 충만케 하실 수 없는 것은 우리의
사역을 통해 하나님께만 영광이 돌아갈 정도로 우리가 충분히 작고 약
하지 않기 때문이다. 어쩌면 한국교회는 하나님이 사용하시기에 너무
비대해졌는지 모른다. 자칫하면 하나님께만이 아니라 많은 대형교회
들과 탁월한 지도자들, 막강한 수적 위력과 거대한 조직력, 그리고 재
정적 파워에 공로와 영광이 돌아갈 위험성이 다분하다. 대형교회의 성
취지향적인 야망이 부흥의 역사까지도 자신들이 창출해내려는 것 같
다는 인상을 받게 한다. 만약 대형교회를 통해 부흥이 일어난다면 과연
하나님만이 영광을 받으실 수 있을지 심히 의심스럽다.

하나님은 예상치 못한 곳에서 전혀 기대하지 못한 무리들을 통해 하
나님의 놀라운 일을 행하신다. 작고 보잘것없고 약하고 가련한 이들을
통해 큰일을 행하심으로 오직 그분에게만 영광이 돌아가게 하실 것이
다. 만약 한국교회가 외형적 성공으로 자고하지 않으며 수와 조직과 재

정의 위력을 의지하지 않고 오직 하나님의 능력만을 의존하는 약하고 가난한 교회로 돌이킨다면 이렇게 사용될 것이다.

거꾸로 임하는 은혜

하나님이 우리를 낮추고 연단하시는 과정에서 우리 영혼은 낙심하고 절망하기 쉽다. 널리 알려진 존 뉴튼(John Newton)의 시는 이렇게 낙망한 영혼의 심령 깊은 곳에서 나오는 고뇌와 외침을 잘 묘사했다. 그 시의 내용을 필자의 말로 간략하게 풀어 여기에 옮겨본다.

나는 더 큰 믿음과 사랑 안에 자라며
모든 은혜로 충만하기를 간절히 구했네.
그러나 주님은 내가 구한 축복 대신
내 마음의 숨은 사악함을 드러내시며
지옥의 성난 권세가 내 영혼에 엄습하게 하여,
나를 더욱 곤고케 하며, 나의 모든 계획이 어긋나게 하며,
나를 꺾으시고 나를 바닥에 낮추셨네.
주여 왜 나를 이렇게 대하십니까? 나를 죽이려 하십니까?
주께서 대답하시기를,
"바로 이것이 너의 기도에 대한 나의 응답이다.
네가 당한 시련은 너의 자아를 교만에서 자유롭게 하고
세상의 즐거움을 향한 너의 계획을 무산시켜
내 안에서 모든 것을 추구하게 하려고
내가 동원한 연단의 방편이었다."

뉴튼이 절묘하게 묘사했듯이, 하나님은 간혹 우리의 기대와는 정반대로 우리를 인도하신다. 많은 경우 우리의 기도를 거꾸로 응답하신다. 은혜로 충만케 해달라는 기도에 대해 우리를 비우는 손길로 응답하신다. 유능한 사역자가 되기를 원하는 우리의 기도를 우리를 깨뜨리고 낮추어 스스로 아무 것도 할 수 없는 경지에 이르게 하는 이상한 방식으로 응답하신다. 마치 축복을 바랐더니 재앙이 임한 것 같은 당혹스러움을 맛보게 하신다. 그러나 이 재앙은 우리의 육신을 죽이고 그 교만을 무너뜨려 축복의 토대를 놓고 풍성케 하는 성령사역의 첩경을 예비하는 역할을 한다.

우리가 하나님 안에서 원대한 꿈과 비전을 품고 기도하면 하나님은 오히려 그 꿈이 도저히 실현될 수 없을 것 같은 상황으로 우리를 몰고 가신다. 오스왈드 챔버스(Oswald Chambers)는 하나님은 우리에게 비전을 주시고는 그 비전이 산산이 깨어지는 것 같은 시련의 골짜기로 인도하신다고 했다.[10] 우리는 대개 거기서 낙심하고 포기하기 쉽다. 그러나 하나님은 그 골짜기에서 우리를 불로 연단하며 그 비전을 성취하기에 적합한 그릇으로 빚어 가신다.

그러므로 챔버스의 말대로, 이 과정에서 낙심하지 말아야 할 뿐 아니라 하나님이 주신 비전이 지향하는 것보다 낮은 수준에 만족하고 안주하려 해서도 안 된다. 하나님은 결코 우리가 그러도록 놔두지 않으신다. 우리를 비전과 정반대되는 상황, 깊은 골짜기의 심연으로까지 끌어내리셨다가 그 비전의 풍성한 열매가 맺히는 높은 정상까지 다시 끌어올리고야 마신다. 이것이 모세를 비롯한 많은 주의 종들을 인도하신 방법이다.

목마른 이들을 위한 은혜

성령충만은 자신의 영적인 가난함을 알고 의에 주리고 목마른 사람을 위한 은혜이다. 심령이 '가난하다'라는 말은 '절박하다(desperate)'라는 뜻이다.[11] 심령이 가난한 자는 절박하게 하나님의 구원과 도우심의 은혜를 갈망하는 사람이다. 의에 주리고 목마름은 가난한 심령의 구체적인 표현이다. 주리고 목마름은 '요긴함'과 '강렬함'의 두 가지 의미를 담고 있다. 먹고 마시는 것은 생명을 유지하기 위해 필수불가결한 것이다. 우리는 매일 밥을 먹고 물을 마셔야만 살 수 있듯이, 생명의 떡인 예수님을 매일 먹고 생수의 강인 성령을 매일 마셔야만 영적으로 살 수 있는 존재이다. 예수님과 성령은 우리에게 없어서는 안 될 매일의 양식과 생필품보다 더 요긴한 것이다.

동시에 주리고 목마름은 가장 '강렬한' 욕구를 의미한다. 갈증으로 목이 타는 이가 온통 물에 대한 갈망에 사로잡혀 있듯이, 우리도 성령의 은혜를 간절히 원해야 한다는 말이다. 로이드 존스(M. Lloyd-Jones)는 여기서 목마른 자는 성령의 생수가 없이는 더 이상 살 수 없다고 느끼는 사람이라고 했다.[12] 성령으로 충만하지 않고는 더 이상 살 수 없다고 느낄 정도로 절박함과 간절함으로 이 은혜를 구하는 사람만이 성령으로 충만할 수 있다. 토저(A. W. Tozer)는 만약 우리의 삶 속에 성령으로 충만해지기 원하는 갈망보다 더 큰 것이 있다면 우리는 결코 성령으로 충만한 그리스도인이 될 수 없다고 했다.[13]

그리스도인이라면 정도의 차이는 있지만 모두 성령충만을 원할 것이다. 이 은혜를 전혀 원치 않는 이는 없다고 본다. 그럼에도 그들이 성령충만을 받지 못하는 것은 그들의 원함이 흐릿하기 때문이다. 많은 교인들이 간헐적으로 이런 은혜를 원한다. 그러나 지속적이면서도 꺼지지 않는 열망은 없다. 성령충만에 대한 말씀을 들을 때는 갈망이 생겼다가도 분주한 삶 속에서 그런 원함은 쉬 사그라지고 그 은혜를 받아야 한다는 긴박성은 곧 잊힌다. 이런 식의 간헐적인 추구로 이어지는 세월을 몇년 보낸 뒤 별 성과가 없으면 자포자기해 버린다. "많이 구해 봤는데 안 되는데 뭐. 나는 어쩔 수 없나 봐." 성령충만을 받을 수 있다는 희망마저 잃어버린다.

그들이 성령충만을 원하지만 받지 못하는 것은 그들의 삶 속에 성령으로 충만해지는 것보다 더 갈망하는 것이 있기 때문이다. 성령의 소욕을 따라 살기보다 육신의 소욕을 따라 살기를 더 원하기 때문이다. 이렇게 마음이 둘로 나뉘면 성령을 향한 작은 욕망은 세상을 향한 더 큰 욕망의 시녀 역할을 하게 된다. 성령의 축복과 능력으로 세상에서 잘되고 번성하고 성공하려는 소원을 성취하려 한다. 그러나 거룩한 성령의 은혜가 부패한 육신의 소욕을 채워주는 방편으로 사용될 수는 없는 일이다.

성령충만을 구하는 그릇된 동기

성령은 우리를 거룩하게 하는 영이시다. 죄에서 자유로워 거룩하게 살려는 갈망이 없는 이에게 거룩하게 하는 성령의 충만한 은혜가 무슨 필요가 있겠는가? 성결하게 살기 원치 않으면서 성령충만을 구하는 것보다 더 큰 모순과 위선은 없다. 성령으로 충만하면 자신에게 영광을 돌리고 자신을 드러내는 것을 심히 부끄러워하는 '거룩한 수줍음(holy shyness)'으로 가득하게 된다. 그럼에도 자신의 이름을 내고 자신의 영광과 명성에 집착하는 이들이 성령충만을 원하는 이유는 무엇인가? 그들이 진정으로 원하는 것은 성령충만이 아니라 자기성공을 위한 능력이기 때문이다. 즉 그들은 성공을 위한 에너지가 필요한 것이다. 경건은 원치 않으면서 경건의 유익만을 탐하는 것이다.

또 거룩하게 사는 것보다는 행복과 기쁨과 평안을 얻기 위해 성령충만을 구하는 이들이 있다. 어떤 영적 체험이나 감동을 위해서 성령충만의 은혜를 구한다. 사역자들은 매일 주님과 겸손히 동행하며 주님을 닮는 거룩한 사람이 되는 것보다 목회 성공과 부흥을 위해 성령충만을 구한다. 그들의 주된 관심은 능력과 은사에 있다.

성령충만을 받지 못하는 이유는 그 은혜를 간절히 원치 않기 때문이며, 열심히 구하여도 받지 못함은 잘못된 동기로 구하기 때문이다. 특별히 목회자는 후자의 오류에 빠지기 쉽다. 성령충만을 원치 않는 목회자는 없을 것이다. 누구보다 이 은혜가 필요한 사람이 목회자이다. 목회자가 먼저 성령으로 충만할 때 그를 통해 교회에 부흥과 회복의 역사가 일어난다. 그러므로 목회자는 간절히 성령충만을 구해야 한다.

그러나 아이러니하게도 이 은혜를 간절히 원하기 때문에 이 은혜를 받기 힘든 경우가 있다. 성령충만에 대한 강렬한 욕구가 오히려 성령충만을 받지 못하게 한다. 그것은 성령충만을 추구하는 목회자의 열심이 얼마든지 자신의 성공과 명성에 대한 욕망에서 자극될 수 있기 때문이다. 목회성공과 교회부흥에 대한 야망과 집착이 클수록 성령충만을 자신의 비전과 목적 성취를 위한 방편으로 삼으려는 유혹에 빠지기 쉽다. 이러한 욕구는 목회자 안에서 거의 무의식적으로 일어나며, 더욱이 영적인 명분으로 교묘히 위장되기에 그 진상을 분별하기가 매우 힘들다.

이것이 목회자가 성령충만 받기가 가장 힘든 이유이다.

거룩한 성령을 자기실현의 원동력으로 이용하려는 목회자의 은밀한 종교적 정욕이 처리될 때까지는 성령충만을 받을 수 없다. 필자는 성령충만을 오랫동안 추구한 후에야 나 자신이 진정으로 성령충만을 원치 않는다는 사실을 발견했다. 성령의 뜻을 온전히 따르는 삶보다는 성령충만함으로써 능력 있고 훌륭한 사역자가 되기를 더 갈구했던 것이다. 나의 목마름은 생수에 대한 갈증이 아니라 자기영광과 성공에 대한 기갈이었던 것이다.

과연 나는 진정으로 성령충만을 원하고 있는가를 냉철하게 돌아보아야 한다. 내가 왜 성령충만을 구하는지, 성령으로 충만해서 무엇을 하려고 하는지, 우리 마음속에 깊이 숨겨진 동기를 점검해 볼 필요가 있다. 성령충만이란 우리의 전인격과 삶이 성령에 의해 지배되는 것을 의미한다. 곧 하나님께서 우리 삶의 왕이 되어 그분의 통치권을 행사함을 뜻한다. 하나님 대신 우리가 우리의 삶과 소유의 주인 행세를 하는 한 하나님께서 우리를 다스릴 수 없다. 하나님 대신 우리의 소유, 가족, 성공, 우리 자신이 우리의 최고의 관심과 사랑의 대상인 이상 하나님의 통치가 임할 수 없다.

성령이 우리를 지배하기 위해서는 우리의 소유권이 하나님께 양도되어야 한다. 우리의 모든 소유와 생명을 하나님께 넘겨드려 하나님께서 소유하고 주관하시게 해야 한다. 우리의 소유권을 전적으로 포기하는 것은 그 소유권자인 우리 자신이 죽어야만 확실히 이루어질 수 있다. 그러므로 성령의 지배와 하나님의 통치가 임하기 위해서는 우리의 옛 자아가 죽어야 한다. 성령을 거스르는 옛 자아가 살아있는 한 성령이 우리를 주관하실 수 없다. 성령충만은 옛 자아의 죽음을 의미하며 자아중심적인 삶은 성령충만의 소멸을 뜻한다. 성령으로 충만한 삶은 자신의 옛 사람이 못 박힌 십자가를 매일 지고 주님을 따르는 삶이다. 나는 진정으로 이러한 자기부인의 삶을 원하는지를 자문해 보아야 한다.

내가 성령충만하기를 원하는 그 한 가지 이유가 바로 주님의 기쁨이 되는 것인가? 죄를 철저히 배격하고 주님의 기쁘신 뜻대로 거룩하게 사는 것인가? 내 평생의 소원이 주 예수님을 닮기 원하는 것인가? 성령의 열매를 풍성히 맺어 주님의 아름다운 형상을 반영하는 이가 되는 것인가? 주님의 몸된 교회와 하나님 나라를 위해 헌신하며 주님의 남은 고난에 참여하는 것인가? 이런 거룩한 목마름이 있어야 진정으로 성령충만을 원하는 것이라 할 수 있다.

목마름에 대한 목마름

그러면 어떻게 이런 목마름을 회복할 수 있을까? 이 목마름마저 은혜의 산물이다. 주님께서 영적 양식을 주실 때 영적 식욕도 주시듯이, 생수를 주실 때 그에 대한 갈증도 일어나게 하신다. 성령의 생수는 목마르게 하는 생수이다. 목마름은 성령충만의 시작이다. 이 생수를 마실수록 더 목말라진다. 목마름과 채워짐은 한 짝을 이룬다. 성령으로 충만한 삶은 계속 목마르면서 동시에 채워지는 삶이며, 목마름이 깊어지면서 성령으로 더욱 충만해지는 삶이다. 목마름은 강렬한 욕구인 동시에 지속적인 욕구이다. 살아있는 이는 매일 배고프고 목말라 하듯이 영적으로 거듭난 생명이 있는 이는 매일 성령에 주리고 목말라한다. 성령충만은 매일 물을 마시는 것과 같은 일상적인 일이다. 유별난 것이 아니다. 자연스러운 생명의 현상일 뿐이다. 우리에게 이 목마름이 없다는 것은 우리가 심각한 영적 질병에 걸려 있다는 증거이다. 중병에 걸려 식욕을 잃어버리듯이 죄의 질병에 걸려 영적 식욕과 갈증을 상실한 것이다. 건강을 되찾을 때 식욕이 돌아오듯이 영적으로 회복될 때 이 갈증도 되살아난다.

이 목마름이 없을 때 어떻게 해야 하는가? 이 목마름에 대한 목마름이라도 구해야 한다. 진정한 목마름은 목마름에 대한 목마름에서부터 시작된다. 자신에게 목마름이 없음을 뼈아프게 느끼는 것이 목마름의 출발이다. 생수의 근원이신 주님께서 세상에서 영적인 갈증을 해소하려다 지치고 실패한 인생들을 찾아 오셔서 '영원히 목마르지 않는' 생수에 대한 목마름을 일으키신다.

5. 애통하는 이들을 위한 은혜

눈물의 은사

성령충만은 실패한 이들을 위한 은혜이다. 그러나 실패의 자리에 마냥 주저앉아 있는 이들이 아니라 그 자리에서 다시 일어나기를 원하는 이들을 위한 은혜이다. 자신을 실패의 나락으로 떨어지게 한 죄에서 돌이키기를 원하는 이들에게 내리시는 하나님의 은총이다. 성령충만은 죄에 대해 애통하는 이에게 임한다. 성령충만이 임할 때 항상 회개의 역사가 일어난다. 그래서 성령충만의 앞부분은 회개의 은혜이다. 회개해야 성령으로 충만해질 수 있으며, 성령으로 충만해질수록 더 깊이 회개하게 된다. 그것은 성령으로 충만할수록 양심이 죄에 대해 예민해져 자신의 허물과 부족을 더 깊이 인식하기 때문이다.

성령충만한 이는 죄를 전혀 안 짓고 완벽하게 사는 이가 아니라 매일 죄를 신속하고도 철저하게 회개하는 사람이다. 그러므로 성령충만의 비결은 회개를 잘하는 것이다. 성자는 우리 대다수보다 더 자주 회개하는 죄인일 뿐이라는 말이 있다. 성령으로 충만한 사람도 다른 이보다 더 자주 회개하며 더 깊이 애통하는 죄인에 불과하다.

윌리엄 제임스(William James)는 성자들에게 나타나는 공통된 특성은 눈물의 은사(the gift of tears)라고 하였다.[1] 눈물의 은사를 소유했다는 것은 그들의 마음이 은혜의 지배를 받고 있다는 증거이다. 하나님의 다스림, 즉 하나님 나라가 임했다는 표지이다. 회개의 눈물을 통해 천국을 본다는 말처럼 우리는 회개를 통해 천국을 맛본다. 성령의 위로와 기쁨을 누린다. 그러므로 회개는 기쁨의 세계, 천국으로 들어가는 관문이다. 회개의 눈물로 젖어 있는 심령에 하나님 나라의 복락이 고인다. 반대로 회개의 눈물이 바짝 말라 있는 심령은 죄의 온상지가 된다.

회개가 그칠 때부터 타락이 시작된다. 애통한 마음이 사라질 때부터 마음이 강퍅해진다. 한국교회에 회개가 사라진 지 오래되었다. 타락이 얼마나 심각하게 진행되었는지 모른다. 거의 회개가 불가능한 지경에 이른 것 같다. 가장 회개가 시급할 때 회개하기가 가장 힘들어진다. 그것은 죄가 우리의 마음을 한없이 강퍅하게 만들기 때문이다. 죄의 가장 무서운 결과는 회개를 불가능하게 한다는 것이다. 회개에 앞장서야 할 종교지도자들이 아마 가장 회개하기 힘든 이들일 것이다. 한국의 초대교회는 회개로 시작한 교회이다. 회개하는 교회였기에 은혜가 있는 교회이며 세상에 영향력을 미치는 교회였다. 그러나 회개가 없는 오늘날의 교회는 능력을 상실한 교회이며 세상의 조롱거리가 된 교회이다.

마음의 돌이킴

그러면 우리가 무엇을 회개해야 하는가? 회개란 일시적인 감정의 변화가 아니라 우리의 전인격과 삶이 획기적으로 방향 전환하는 것을 의미한다. 우선 우리 마음이 근본적으로 변화되어야 한다. 우리 마음에 하나님보다 더 사랑하는 대상이 있는 한 우리는 결코 성령으로 충만할 수 없다. 우리 마음의 사랑과 관심의 첫 자리에서 하나님이 밀려나실 때 성령의 충만한 은혜가 밀려나가는 동시에 그 공백에 온갖 죄악이 밀려들어온다. 하나님으로부터 사랑과 은혜가 우리의 삶 속에 부어지다가 갑자기 사라질 때, 우리 안에 엄청난 공허감이 밀려온다. 하나님의 임재가 느껴지지 않는 황량한 심령 속에 무서운 자의식이 몰려온다. 자신의 헐벗음을 보고 그것을 가리고 위장하기 위해, 거짓된 자아 이미지를 꾸미기 위해 무서운 자기몰두와 도취에 빠진다.

하나님으로부터 우리 존재의 의미와 가치와 정체성을 부여받지 못할 때, 우리는 하나님 대신 우리가 가치 있고 중요한 존재라는 것을 인정해 줄 사람들을 애타게 찾는다. 마치 마약중독자처럼 사람들의 인정과 칭찬에 목말라한다. 끊임없는 성취와 타인과의 비교를 통해 자신이 가치 있는 존재라는 것을 느끼기 원한다. 우리가 하는 거의 모든 일의 배후에는 사람들로부터 인정을 얻으려는 집요한 욕구가 도사리고 있다. 우리는 하나님을 대신할 영적 대용물을 미치도록 찾고 있는 것이다.

인간은 그 타고난 특성상 중독되기 쉬운 존재이다. 인간은 무엇엔가 사로잡혀 살 수 밖에 없는 존재로 지음 받았다. 하나님께 사로잡히고 도취하여 살지 않으면 하나님 대신 자신을 매료시킬 대상에게 집착하게 된다. 성령으로 충만하지 않으면 육적인 것에 탐닉하게 된다. 성령의 술에 중독되지 않으면 세상 술에 중독된다.

이 사회의 성적 탐닉도 일종의 왜곡된 영성추구라고 할 수 있다. 초월적 존재에 대한 목마름이 뒤틀린 형태로 표출된 것이다. 그래서 창녀

촌을 찾는 이는 어떻게 보면 하나님을 찾고 있는 것이라는 말이 있다.[2] 섹스에 탐닉하고 쾌락에 목말라하는 것은 저 너머의 세계, 초월적 세계에 있는 황홀경에 이르려는 몸부림인지도 모른다. 실존적 공허를 달래고 삶의 무료함과 단조로움을 탈피하여 초월적 경험에 가까운 엑스터시를 맛보려는 욕구에서 비롯되었다고 볼 수 있다.

사람들은 일시적 쾌락으로 영적 공허가 채워지지 않고 더욱 허탈해지면서 더 크고 자극적인 만족을 위해 끊임없이 '조금만 더'를 원하게 된다. 결국 집착은 중독을 낳고 중독은 결박으로 이어진다. 현대인들은 많은 것에 매여 있다. 돈, 섹스, 권력, 명예, 성공, 자아에 중독되어 있다. 이같이 하나님 대신 특정한 대상에 집착하고 몰두하는 우상숭배가 죄의 근원이다.

우리는 대개 우리에게 가장 소중한 것을 하나님의 라이벌로 만든다. 여인들이 성령으로 충만하지 못하는 이유가 자식에 대한 지나친 애착인 경우가 많다. 목회자들에게는 목회성공에 대한 집착이 성령으로 충만하는 데 가장 큰 거침돌이 될 수 있다. 하나님보다 성공적인 사역에 마음을 더 빼앗길 때, 하나님과 교인들을 순수하게 사랑하고 섬기는 데 사용해야 할 마음과 열정의 에너지를 온통 성공에 대한 야망을 성취하기 위해 소진해 버린다. 하나님과 교인들을 이 목적 달성을 위한 도구로 은밀히 이용하려 한다. 하나님께서 주시는 은사와 능력까지도 자아실현의 동력으로 활용하려 한다. 이 야망의 성취를 위해 성령충만을 열렬히 구하지만, 그럴수록 오히려 영적으로 공허해진다. 이 영적 공허를 채우기 위해 더욱 명성과 성공에 집착하거나 육적 쾌락에 탐닉하게 된다. 결국 이 야망의 끝자락은 영적 몰락이다.

이렇게 하나님보다 어떤 대상에 더 집착하는 한 성령으로 충만해질 수 없다. 성령으로 충만하기 위해서는 하나님을 우리 사랑과 애정의 맨 앞자리로 복귀시키는 마음의 혁명이 일어나야 한다. 지금까지 우리의 마음을 사로잡던 것들이 모두 뒷자리로 물러가고 하나님께서 우리의 최고의 사랑과 헌신을 받는 보좌에 앉으시게 해야 한다. 이것이 회개이며 성령충만의 첫 열매이다.

몸의 돌이킴

회개란 몸이 회개하는 것이다. 몸의 행실이 바뀌기까지는 진정으로 회개했다고 볼 수 없다. 많은 젊은이들이 마음으로 하나님을 섬긴다고 하면서 몸으로는 세상을 좇는다. 마음은 하나님의 말씀으로 즐겁게 하고 몸은 세상의 쾌락으로 기쁘게 하는 이중적인 신앙에 빠져 있다. 그러나 이것은 무서운 자기기만이다. 마음이 돌이켰는지의 분명한 증거는 몸의 행실로 나타난다. 마음이 방향 전환했으면 몸도 그 마음을 따라가게 되어 있다. 우리 마음이 육신의 소욕을 좇던 데서 돌이켜 성령의 소욕을 좇게 되면, 우리 몸도 죄의 욕망을 성취하던 도구로 사용되던 것이 이제는 거룩한 욕망을 구현하는 도구가 된다.

그래서 바울 사도는 "너희 지체를 불의의 무기로 죄에게 내주지 말고 오직 너희 자신을 죽은 자 가운데서 다시 살아난 자 같이 하나님께 드리며 너희 지체를 의의 무기로 하나님께 드리라"고 했다(롬6:13). 곧 "너희 몸을 하나님이 기뻐하시는 거룩한 산 제물로 드리라"는 것이다(롬12:1). 제물은 원래 죽여서 드리는 것이다. 따라서 산 제물로 드리라는 말은 우리 몸이 살아 있지만 마치 죽어서 하나님께 바쳐진 짐승처럼 온전히 하나님께 순종하는 몸이 되어야 한다는 말이다. 우리의 몸이 죄 짓는 일에 활동적으로 살아있는 한 성령이 우리의 몸을 주관할 수 없다.

성령은 우리의 몸을 필요로 한다. 우리의 몸을 통해 당신의 영광을 드러내시고 당신의 뜻을 이루신다. 우리의 몸을 당신이 거하는 성전이 되게 하시고, 당신의 영광을 반영하는 그릇이 되게 하시며, 당신의 뜻을 이루는 도구가 되게 하신다. 우리의 몸을 통해 선한 일에 열심인 새로운 피조물의 모습을 나타내시며, 그리스도의 형상을 구현하신다. 우리의 몸을 통해 그리스도가 다시 사시며 그분의 일을 계속하신다. 성령으로 우리 안에 내주하시는 그리스도가 우리의 입을 통해 말씀하시고, 우리의 얼굴을 통해 그분의 온유하심을 드러내시며, 우리의 눈에 그분의 눈물을 담으시고, 우리의 손으로 그분의 사랑을 베푸시며, 우리의 발로 복음이 확산되게 하신다. 그런 의미에서 우리의 몸은 그리스도 사역의 방편인 셈이다. 그러므로 우리의 몸을 성령께 드리지 않는 한 삼위 하나님의 구원의 뜻과 목적이 우리 안에 실현되지 않는다. 성화가 진행되지 않는다.

그러므로 몸을 드리는 것은 영성의 기초이다. 참된 영성은 반드시 몸으로 드러나게 되어 있다. 그 사람의 영혼이 보인다는 말이 있듯이, 그의 영성 또한 밖으로 드러난다. 우리의 영적인 상태는 우리 몸의 행동과 말, 인상과 눈빛을 통해 외부로 표출된다. 성령으로 충만하면 우리의 말과 얼굴이 은혜로워지며, 우리의 행실과 인격이 변화된다.

그동안 우리의 몸은 죄 짓는 일에 익숙해져서 일종의 죄의 관성이 몸에 붙어 있다. 몸이 자기만의 메커니즘을 가지고 있다. 죄에 익숙한 몸은 자동적으로 악하게 행하기 일쑤다. 생각하기도 전에 몸은 잘못 행한다. 우리가 의식적으로 어떤 행동을 그만두려고 노력할 때도 우리의 몸은 우리의 생각과 의지를 거스르는 반사작용을 일으킨다. 몸 안에 일종의 죄의 법이 역사한다. 술을 계속 마시다보면 우리의 몸은 새로운 화학적 균형을 이루어 알코올의 농도에 적응해간다. 알코올 기운이 떨어지면 우리의 몸은 생리적으로 술을 원하게 된다. 포르노나 쾌락에 탐닉하다보면 몸이 그 자극과 흥분에 습관화되어 그것을 생리적으로 목말라한다. 하나님을 섬긴다고 하면서도 몸으로 세상과 죄의 일락을 좇기에 몸이 하나님보다 세상을 더 목말라하는 것이다. 몸이 거룩한 것을 싫어한다. 하나님께 예배드리고 기도하는 것을 지겨워한다.

성령의 은혜로 우리의 몸이 하나님을 섬기기에 적합한 영적인 체질로 변해야 한다. 우리의 몸이 성령의 술에 중독되면 그 술을 항상 목말라한다. 시편 기자가 고백했듯이, 우리의 육체가 하나님을 갈망하게 된다. 몸이 하나님을 사모하고 그분을 섬기기를 기뻐한다. 이렇게 마음뿐 아니라 몸까지 돌이킬 때에야 비로소 하나님을 바로 섬길 수 있다.

회개할 수 없는 무력함

우리는 그동안 우상숭배로 더럽혀진 우리 몸과 마음의 죄를 회개해야 한다. 회개하려 할 때 직면하는 가장 큰 문제는 회개하기가 힘들다는 것이다. 죄는 무서운 중독현상이다. 죄의 중독이 얼마나 강력한지 그것을 극복하려는 모든 노력 자체를 삼켜버린다. 죄를 끊어버리려고 하면 우리 안에 일종의 금단현상이 일어난다. 마약중독자가 마약을 하지 않고는 살 수 없듯이, 한번 죄에 중독되면 죄를 안 짓고는 살 수가 없는 지경에 이르게 된다.

죄는 우리의 의지를 분열시킨다. 한편으로는 죄에서 헤어 나오기를 원하면서도 다른 한편으로는 죄에 계속 집착한다. 내가 진정으로 무엇을 원하는지 모르는 혼돈에 빠지게 한다. 전심으로 하나만을 원하는 자유가 없다. 분열된 의지 속에서 계속 갈등하며 고뇌한다. 우리는 계속 죄를 짓기보다는 대개 간헐적으로 죄에 빠진다. 그러나 간헐적으로, 주기적으로 죄를 원하는 것이 지속적으로 죄를 원하는 것보다 더 강한 죄의 중독이다. 주기적으로 스트레스를 풀어야만 하듯이, 주기적으로 죄의 충동과 욕망을 해소하지 않고는 배기지 못하기 때문이다.

죄에서 헤어 나오려는 모든 노력과 시도가 실패로 끝나는 것을 발견하면서 우리의 자존감은 심한 타격을 입는다. 아무리 결심해도 죄의 유혹 앞에 맥없이 허물어지는 자신을 발견하면서 우리는 자괴감에 빠진다. 그런 자신이 너무 비참하고 싫어진다. 자신에 대해 심한 수치와 환멸을 느낀다. 그러나 그렇게 후회하면서도 개가 토한 것으로 다시 돌아가듯이 그 짓을 끊지 못한다. 아무리 후회해도, 심지어 자신을 미워해도 변하는 것은 없다. 계속되는 실패가 오히려 죄짓는 것을 합리화하게 된다. "아무리 해도 안 돼, 어쩔 수 없단 말이야, 이제는 회개하기도, 기도하기도 지쳤어."라고 하며 자포자기한다. 결국 죄에 항복하고 만다. 변화될 수 있으며 자유로울 수 있다는 희망조차 잃어버리게 된다.

가장 심각한 문제는 죄에서 자유롭게 하는 복음의 능력에 대한 믿음을 잃어버리는 것이다. 주님이 다른 사람들은 구원하고 자유롭게 하실 수 있으나 내 죄의 문제는 해결해 주실 수 없는 것 같다. 그래서 주님까지 원망스러워진다. 그러나 우리의 실패의 경험을 통해 주님의 능력을 제한하지 말아야 한다. 믿음을 갖는 데 가장 큰 거침돌이 되는 것이 바로 우리의 경험이다. 오랫동안 거듭된 실패의 경험이 우리 믿음의 발목을 잡는다. 그러나 우리는 이 실패를, 우리 자신의 전적인 무능력을 발견하는 동시에 우리의 구원이 오직 주님께만 있다는 믿음을 갖는 계기로 삼아야 한다.

죄의 중독과 집착에서 벗어나려는 모든 노력과 시도가 실패로 끝나는 것을 경험하면서 우리는 은혜의 절대적 필요성을 절감하게 된다. 그러기에 죄의 속박은 가장 강력한 은혜의 매개체가 될 수 있다. 존 스토트(John Stott)의 말대로, 회개와 성화는 자기절망(self-despair)에서부터 시작한다.[3] 죄의 결박은 우리의 처절한 무능과 부패함을 직시케 하여 하나님 앞에 무릎 꿇게 한다. 십자가의 은혜를 바라보게 한다. 우리가 죄의 속박에서 신음하며 구원을 갈망할 때가 바로 주님께서 위대한 해방자(Great Liberator)의 역할을 하실 수 있는 절호의 기회이다. 하나님의 놀라운 은혜는 우리가 죄에 빠져 절망의 밑바닥을 칠 때 홀연히 임한다.

위대한 해방자 예수

성경 전체에서 하나님은 당신을 위대한 해방자로 계시하셨다. 이스라엘 백성이 애굽에서 종이 되어 그 압제의 설움과 곤고함이 극에 달했을 때, 하나님은 그분의 능한 손을 펴서 그들을 애굽의 속박에서 해방하셨다. 그 후 이스라엘 민족이 범죄함으로 바벨론에 포로가 되었을 때, 기다림에 지친 오랜 포로생활을 은혜의 급습으로 막이 내리게 하셨다. 그래서 그들의 입에 웃음과 찬양이 가득하게 하시며, 그들이 마치 꿈꾸는 것 같게 하셨다. 그리고 마지막 때에 위대한 해방자이신 예수 그리스도를 통해 인류를 죄와 사탄의 속박에서 자유롭게 하신다.

지금 우리 교회는 그 어느 때보다 위대한 해방자로서의 예수 그리스도가 필요한 때이다. 우리를 이 땅 위에서 형통과 성공으로 이끌어주는 번영신학의 예수님이 아니라, 우리를 죄와 세속의 세력에서 해방시켜 거룩하게 하시는 십자가의 예수님이 필요한 때이다.

"진리를 알지니 진리가 너희를 자유롭게 하리라"고 하셨다(요8:32). 우리를 자유롭게 하는 십자가의 진리를 바로 알아야 한다. 우리의 회개는 이 진리를 확고히 붙드는 믿음의 회개가 되어야 한다. 십자가의 은혜를 전적으로 의존하는 믿음을 통해서만 우리는 온전히 회개할 수 있다. 오래된 죄의 결박에서 도무지 벗어날 수 없다면, 십자가에서 샘솟듯 하는 피의 권세를 의지해야 한다. 십자가는 단순히 우리의 죄를 사할 뿐 아니라 우리를 죄의 세력으로부터 자유롭게 한다. 십자가는 죄의 근원인 옛 자아를 찔러 쪼개어 끝장낸다.

바울 사도는 우리가 예수님과 연합함으로써 우리의 옛 사람이 예수님과 함께 십자가에 못 박혔다고 했다(롬6:6). 예수님의 십자가 죽음으로부터 우리의 옛 자아를 파괴하는 효력이 유출된다. 예수님의 죽음은 우리의 죽음을 죽이는 죽음이며, 동시에 우리를 죽이는 우리의 육적 자아를 죽이는 죽음이다. 하나님과 원수가 된 "육신의 마음은 살아있는 죽음이다. 그 마음에는 천국도 닫힌다."[4] 육신의 소욕을 따르는 삶은 하늘이 완전히 막혀버린 엎어놓은 사발 속에 갇혀 사는 것과 같다.

옛 자아의 끊임없는 욕심과 교만과 자기중심적 성향 때문에 우리에게는 참된 쉼이 없다. 우리를 가장 힘들고 불행하게 하는 자가 다름 아닌 우리의 육적 자아이다. 이 옛 자아의 속박에서 우리는 스스로 자유로울 수 없다. 우리가 아무리 애쓰고 노력해도 이룰 수 없는 것을 주님께서 십자가를 통해 성취해 주셨다. 십자가만이 우리를 짓누르는 죄와 육신의 세력에서 우리를 자유롭게 하여 참된 안식과 평안을 누리게 한다. 이 십자가가 부여하는 행복을 아는 이들은 어거스틴과 같이 "내가 참으로 죽지 않게 나를 죽여주소서."[5]라고 기도할 것이다. 예수님의 십자가는 우리의 옛 사람을 처리하는 동시에 성령으로 우리를 충만케 한다. 옛 자아의 죽음과 성령충만은 하나로 맞물려 있다. 둘 다 십자가를 통해 주어지는 은혜이다.

또한 십자가의 은혜는 우리의 마음을 새롭게 한다. 우리는 회개해야 하는데 우리의 강퍅한 마음을 우리 스스로 변화시킬 수 없어 안타깝다. 스펄전은 "회개하는 마음으로 주님께 나올 수 없다면, 주님께 나아와 애통하는 마음을 구하라."[6]고 권면했다. 이러한 마음의 혁신을 요구하시는 주님께서 마음의 중심에서부터 돌이킬 수 있는 은혜를 주신다.

그리스도 안에서 주어지는 성령의 은혜는 우리의 심령을 획기적으로 변화시키는 은혜이다. 구약에서 예언한 새 언약(렘31:33; 겔36:26-27)이 우리 안에 실현되게 한다. 하나님과 원수가 된 육신의 굳은 마음을 제하여 버리고 하나님의 법을 즐거워하고 순종하는 부드러운 마음을 창조한다. 우리 마음의 근본적인 지향성(orientation), 추구, 애착, 끌림과 관심이 바뀌게 한다. 죄와 세상에 강하게 끌리던 마음이 이제는 그리스도 안에서 새롭게 발견한 영적 풍성함과 즐거움에 끌린다. 하나님의 사랑이 마음에 부은 바 되어 그 사랑의 달콤함과 감미로움에 우리 마음이 매료된다. 그리스도 안에서 천국의 값진 보화를 발견하니 그에 비해 무가치한 세상의 보화에 더 이상 목매지 않는다.

하나님이 그 무한한 사랑과 은혜 가운데 우리 안에 충만히 임재하실 때, 우리는 영원한 안정감과 평안을 회복하게 된다. 내가 하나님께 사랑받는 자이며 매우 소중한 가치가 있는 존재라는 의식에 사로잡힐 때,

사람들의 인정과 아첨과 칭찬을 통해 나의 존재의 가치를 느껴보려는 집요한 욕구에서 자유롭게 된다. 끊임없는 비교와 경쟁을 통해 내가 중요한 존재라는 것을 인정받으려는 헛된 노력에서 벗어나게 된다. 내가 '하나님께 무한히 사랑받는 자'라는 새로운 정체성이 나의 존재의 핵심에 자리 잡게 되고 나의 삶을 주관하는 강력한 모티브가 된다. 나를 지극히 사랑한다고 말씀하시는 그분의 임재의 신비가 나의 전존재를 휘감싸 안는다.

이렇게 하나님 안에 있는 더 큰 만족과 즐거움으로 인해 죄와 세상의 일락이 싫어지지 않는 한 장기적으로 죄를 이길 수 있는 비결은 없다.[7] 죄의 집착에서 벗어나는 유일한 길은 은혜를 맛보는 것이다. 우리 영혼의 깊은 고갈을 해소하는 생수를 마시는 것이다. 이 생수의 근원이신 주님께서 우리를 부르고 계신다. "누구든지 목마르거든 내게로 와서 마시라"(요7:37). 누구든지 주님께 나아가면 성령의 생수를 값없이 마실 수 있다.

하나님을 힘써 알자

우리가 그동안 성령을 따르지 않고 육신의 소욕을 좇아 산 것은 성령을 따르는 삶의 복됨을 알지 못했기 때문이다. 바울 사도는 "성령을 따라 행하라"고 말할 때(갈5:16), '걷다(περιπατεω)'라는 동사를 사용하였다. 곧 성령과 함께 걸으라는 말이다. 성령과 함께 걷는 삶은 가장 복된 삶이다. 생명수의 강이 흐르는 동산에서 하나님과 거닐면 그 강을 따라 걷는 길에 생명의 과실이 풍성히 맺힌다. 이것이 바로 성경이 증거하고 있는 천국의 이미지가 아닌가? 우리가 성령과 함께 걷는 삶에서 더 큰 만족을 누릴 때 더 이상 육신의 소욕을 좇지 않게 될 것이다.

그러므로 성령의 생수를 맛보아야 한다. 하나님의 선하심을 맛보아 알아야 한다. 호세아 선지자가 말했듯이, "우리가 여호와를 알자 힘써 여호와를 알자 그의 나타나심은 새벽 빛 같이 어김없나니 비와 같이, 땅을 적시는 늦은 비와 같이 우리에게 임하시리라"(호6:3). 우리가 하나님께 돌아와 그분을 알기를 힘쓸 때, 밤이 지나면 반드시 아침이 오듯이 영적인 회복과 부흥의 은혜가 임할 것이다. 비록 지체할지라도 회복의 시대는 반드시 도래할 것이다.

하나님이 죄의 속박 속에서 우리를 속히 구원해 주시지 않는 이유는 우리를 더 철저히 연단하고 회개하게 하시기 위함이다. 그래서 우리를 회복해 주시면 다시는 과거의 망령된 행실로 돌이키지 않게 하시기 위함이다. 이런 연단 없이 자유가 금방 회복되면 그 은혜를 잘 지속하지 못하고 곧 옛 생활로 돌아가기가 쉽다.

성령을 따라 살라

성령충만의 지속적인 흐름을 자주 차단하는 것은 대개 우리가 사소하게 여기는 죄들이다. 부주의한 말 한마디가 성령의 은혜를 소멸시킨다. 루이스(C. S. Lewis)는 마귀가 신자들을 타락시키는 가장 효과적인 방법은 큰 죄보다 그들이 가볍게 여기기 쉬운 작은 죄에 빠지게 하는 것이라고 했다.[8] 존 뉴턴(John Newton)은 사탄은 아주 거대한 유혹을 가지고 그리스도인들에게 오지는 않을 것이라고 했다. "푸른 통나무 하나와 양초 하나는 둘이 함께 안전하게 남아 있을 수 있지만, 약간의 대팻밥, 그리고 작은 막대기 몇 개, 그 다음은 좀 더 큰 것들을 가져와 보아라. 그러면 그 푸른 통나무를 곧 재로 만들 수 있다."[9]

마귀가 우리를 성령으로 충만하지 못하게 하는 가장 효과적인 방법도 사소한 죄를 쉽게 허용하게 만드는 것이다. 사탄은 그 죄를 통해서만 우리에게 은밀한 영향을 미치기 때문에 우리를 집요하게 유혹하며 공격한다. 따라서 성령으로 충만한 삶에는 영적인 싸움이 따른다.

성령을 따라 사는 것은 성령의 지속적인 역사를 자주 차단하는 죄를 배격할 뿐 아니라 성령을 따라 부지런히 심는 삶이다. 사람이 무엇으로 심든지 그 심은 대로 거둔다. "자기의 육체를 위하여 심는 자는 육체로부터 썩어진 것을 거두고 성령을 위하여 심는 자는 성령으로부터 영생을 거두리라"(갈6:8). 이는 불변하는 영적 수확의 법칙이다. 성령충만의 삶은 성령을 위해 시간을 드리고 정성과 노력을 심는 삶이다. 성령충만은 빈둥거리면서 영적인 일확천금을 바라는 게으른 자의 요행심을 달래주는 은혜가 아니다. 오늘 성령을 따라 부지런히 심는 이는 미래에 풍성한 영적인 수확을 누린다. 오늘 우리가 어떻게 사느냐에 따라 우리의 미래가 예측된다. 성령을 충실히 따라 사는 이는 앞으로 영적인 승리와 풍성함을 맛볼 것이다. 반면에 육신의 소욕을 따라 사는 이는 결국 비참한 실패와 몰락을 면치 못할 것이다. 영적인 전쟁은 싸우기 전에 그 승패가 예측되고 이미 결정된 것이나 다름없다.

성령을 위하여 말씀을 심으면 성령은 말씀을 통하여 우리에게 계속 좋은 생각과 지혜, 영감과 메시지를 공급해 주신다. 이러한 생각과 지혜를 따라 행하면 좋은 습관이 형성되고, 이 습관이 점차 기질화되면 결국 성품을 낳는다. 우리의 신앙인격은 습관화된 몸의 행동으로 나타난다. 우리의 성품은 어떤 상황에서 우리의 몸이 어떤 반응과 행동을 하는 데 익숙해졌는지로 나타난다. 그러므로 우리의 몸을 매일 쳐서 복종시켜 성령을 따르는 데 길들여지게 해야 한다.

성령의 열매는 초자연적인 근원[10]에서 비롯되지만, 반드시 자연적인 성장 과정을 거쳐 자란다. 이 열매는 전적인 은혜의 산물인 동시에 우리의 책임을 수반한다. 그러므로 성령의 충만한 은혜가 우리 안에서 헛되이 유실되지 않고 풍성한 열매를 맺도록 성령과의 긴밀한 교제와 협력이 필요하다. 일상의 모든 일들 속에서 성령과 함께 행해야 한다. 하나님의 거룩한 임재 속에 살아야 한다. 이렇게 성령 안에서 주님의 얼굴 빛 가운데 행하다보면 우리가 "그(주)와 같은 형상으로 변화하여 영광에서 영광"(고후3:18)에 이르게 될 것이다.

성령충만,
실패한 이들을
위한 은혜

제3부

성령충만의 체험

성령으로 충만하면 과연 무엇을 체험하는가? 성령으로 충만하면 능력과 은사를 체험한다. 그러나 성령은 단순히 능력이나 영향력이 아니라 인격이시다. 그러기에 성령을 체험하면 우선적으로 하나님의 인격적인 현존을 체험한다. 그 임재를 의식하게 된다. 이 임재의식은 성령충만한 예배와 삶의 중요한 특징이다. 성령으로 충만한 삶은 하나님의 부요한 임재의식 속에 사는 삶이다. 곧 코람데오의 삶이다. 우리가 코람데오라는 구호를 많이 외치지만 이러한 삶은 성령으로 충만할 때만 가능하다.

그렇다면 하나님의 임재를 실제 느끼고 체험한다는 것이 가능한 일인가? 어떻게 그 임재를 느끼며 무엇을 체험하게 되는가? 그 체험이 과연 올바른 것인지 어떻게 분별할 수 있는가? 하나님의 임재는 우리의 일상 속에서도 체험할 수 있는 것인가? 그 임재를 도무지 느낄 수 없는 이유는 무엇인가? 그동안 전통적 신학에서는 이러한 종교체험과 감정에 대한 신학적인 반성이 소홀했던 것이 사실이다. 그 결과 신학적인 검증 없이 체험을 강조하는 신앙이 교회 안에 밀려들어오게 되었다. 온갖 불건전한 신비주의와 감정주의가 교회 안에 만연하게 되었다. 이러한 상황에서 전통적인 신학은 신앙의 객관적인 측면만이 아니라 신앙의 주관적이고 체험적인 면도 새롭게 성경적으로 조명하는 시급한 과제를 안고 있다.

6. 하나님의 현존 체험

하나님이 '지금 바로 여기에' 계시다

방에는 난로도, 불빛도 없었다. 그러나 내게는 그곳이 대낮처럼 밝게 느껴졌다. 들어가서 문을 닫자, 주님을 만나 얼굴을 맞대고 있는 것 같았다. 그런 일은 전에도 없었고 그 후에도 한동안 없었다. 그런데 이때는 옆에 있는 사람을 보는 것처럼, 그분을 보는 것 같았다. 그분은 아무 말씀도 없었으나 나를 압도하며 그 발 앞에 거꾸러뜨릴 듯이 나를 보고 계셨다. 나는 언제나 그 일을 가장 특별한 정신적인 상태로 생각하고 있다. 그것이 내게는 아주 실제와 같았기 때문이다. 그분이 내 앞에 서 있었고, 나는 그분의 발아래 무릎을 꿇고 내 영혼을 그분에게 쏟아 부었다.[1]

이는 19세기 미국의 유명한 부흥사였던 찰스 피니(Charles Finney)의 간증이다. 다음은 지금도 존재하는 또 다른 전도자의 증언이다.

우리는 교회 안에서 아침 기도회를 열고 있었다. 그런데 갑자기 하늘이 열리고 내게로 내려오는 것 같았다. 영광과 순전한 사랑이 파도처럼 밀려와 내 존재를 덮쳤다. 나는 그 안에 잠겨 헤엄쳤다. 그리고 예수님이 내 주변과 내 안에 가까이 계셔서 그 친근함을 실제로 느낄 수 있었다. 나는 그를 피부로 느낄 수 있었다. 그는 내 피부가 느낄 수 있을 정도로 나에게 손을 대셨기 때문에. 오! 나는 그만 그 아름다움에 못 이겨 터질 것만 같았다. 마치 그분이 그 사랑의 망토를 내 몸에 입혀 감싸고 있는 것 같았다. 나는 그분의 임재하심의 진한 강도에 취하였다.[2]

이들의 체험은 아주 독특하다. 하나님의 현존을 마치 옆에 있는 실체를 보듯이 느꼈다고 한다. 이런 식으로 하나님의 임재를 의식했다는 증언은 생소한 것이 아니다. 윌리엄 제임스(William James)는 그의 저서 『종교체험의 다양성(Varieties of Religious Experiences)』에서 이와 같은 체험을 했다는 여러 사람들의 증언을 소개한다. 그들은 한결같이 하나님의 실존이 바로 옆에 있는 사물보다 더 실제적이듯 확연하게 느껴졌다고 했다. 보통 다음과 같은 증언들이다. "하나님은 어떤 생각이나 사물이나 사람보다도 나에게 더 실제적인 존재이다. 나는 그분의 임재를 분명히 느낀다." "하나님은 느낄 수 있는 공기처럼 나를 에워싼다. 하나님은 나의 숨결보다도 더 나에게 가까이 계신다."[3]

오성춘 교수도 하나님의 임재체험 분석에서 이와 유사한 사례를 소개하였다. "순식간에 갑작스러운 차원의 변화가 일어났다. 그리고 하나님께서 거기에 오셨음을 실제로 느꼈다. 순수한 사랑의 영이 교회에 침투해 들어와 비와 같이 나를 흠뻑 적셨다. 하나님은 저기 하늘에 계신

분만이 아니었다. 그분은 내 가까이 오셔서, 나의 영이 나에게 가까운 것같이 나에게 가까이 계심을 깨달았다. …… 하나님은 현실의 경험이요 단순한 상징이나 하나의 개념이 아니었다. 나는 '하나님, 그동안 어디에 계셨습니까?' 하고 소리치고 싶은 심정이었다."[4]

이들은 모두 하나님의 임재를 확실히 감지할 수 있도록 체험했다고 주장한다. 오성춘 교수의 말대로, 이런 체험을 한 사람들은 "바로 지금 여기에'라는 인식의 범주를 사용하여 하나님의 임재의 체험을 기술하고 있다."[5] 이런 체험을 어떻게 이해해야 할까? 올바른 영적 판단을 위해서는 다음과 같은 문제에 대해 신학적인 고찰이 필요하다. 과연 하나님의 임재를 생생하게 감지할 수 있도록 체험할 수 있는 것인가? 이런 체험이 확고한 성경적 지지 기반을 가지고 있는가? 그들이 체험했다는 임재의식이 객관적인 하나님의 실체에 의한 것인가, 아니면 그들 안에서 일어난 단순한 심리 현상인가? 왜 어떤 이들은 하나님의 현존을 느끼는데, 다른 이들은 그것을 의식하지 못하는가? 하나님의 임재를 의식할 때 구체적으로 무엇을 느끼고 체험하는가? 어떤 요인으로 인해 임재의식은 강해지기도 하고 약해지기도 하는가? 이 임재의식의 개발은 가능한가?

하나님은 과연 여기 계신가?

하나님께서 세상에 내재하지 않으신다면 하나님의 현존체험에 대한 증언은 모두 허구에 지나지 않는다. 소위 말하는 하나님의 임재의식은 인간이 스스로의 마음속에 하나님이라는 사유의 대상을 심리적으로 투사함으로 발생한 종교적 착각에 불과할 것이다.

하나님의 내재는 신학의 중요한 명제이다. 성경은 하나님의 무소부재(無所不在)를 말한다. "내가 주의 영을 떠나 어디로 가며 주의 앞에서 어디로 피하리이까 내가 하늘에 올라갈지라도 거기 계시며 스올에 내 자리를 펼지라도 거기 계시니이다"(시139:7-8). 하나님은 어디에나 계신다. 그러나 하나님은 어디에나 똑같은 방식으로 내재하지는 않으신다. 하나님의 내재성은 인간의 죄로 말미암아 심각하게 제한되었다. 하나님의 진노를 촉발하는 죄의 문제가 해결되지 않는 한 인격적인 교제를 위한 하나님의 내주하심은 불가능하다.[6] 예수님의 구속사역으로 말미암아 하나님의 내재를 거스르는 죄의 문제가 해결된 후에야 성령이 우리 안에 내주하시게 된다. 하나님의 임재의식은 우리 안에 내주하시는 성령의 산물이다.

인격적인 교제와 사랑의 연합이 이루어지게 하는 임재, 풍성한 구속의 은혜와 새 생명을 누리게 하는 임재, 하늘의 권능을 입혀주며 하나님의 영광스러운 얼굴빛을 비춰주는 임재는 오직 예수 그리스도 안에 있는 자만이 누릴 수 있는 특권이다. 그리피스 토마스(W. Griffith Thomas)가 지적했듯이, 진정한 의미에서 우리가 말할 수 있는 유일한 하나님의 내재는 하나님의 백성들 안에 성령을 통한 "하나님의 현존하시는 임재밖에 없다." "윤리적 내주와 자연적 동인(natural causality)으로서의 하나님의 현존은 전혀 다른 것이다."[7] 다원주의자들과 같이 하나님의 임재를 기독론적 바탕으로부터 분리시켜 이해하려고 하면 결국 범신론적인 개념으로 치우칠 수밖에 없다.

성령: 하나님의 충만한 임재

오직 예수 그리스도만이 하나님의 임재의 모델인 동시에 중개자(mediator)이시다. 예수 그리스도 안에 완전한 하나님의 내재하심이 나타났다. 그분이 자신 안의 하나님의 내재를 다른 이들에게 중개하기 위해서는 대속의 죽음을 당하셔야만 했다. 예수님의 죽으심으로 그 안에 내재했던 성령이 많은 사람들 안에도 내주하게 되었다. 한 알의 밀이 땅에 떨어져 죽음으로 많은 열매를 맺듯이, 유일하게 성령충만하신 이가 죽으심으로 수많은 성령충만한 사람들이 탄생하게 된 것이다. 그러므로 성령의 내주는 예수 그리스도의 구속의 열매이다. 임마누엘은 예수님이 인류에게 가져다준 최고의 선물이다.

성령은 우리 안에 현존하는 하나님이시다. 토랜스(T. F. Torrance)의 말대로, "성령의 임재는 하나님의 역동적인 존재가 그분의 탁월한 거룩하심과 위엄 가운데 직접적으로 현존하는 것이다."[8] 성령은 인간과 하나님 사이의 무한한 간극을 메워 신인의 만남과 연합(Divine human Encounter)을 중재하신다. 영원한 가운데 계신 하나님의 존재를 '바로 여기에' 내재케 하신다.

성령의 특성은 상호 내재성이다. 성령과 우리의 영은 서로 안에 내재한다. 성령의 좌소는 저 높은 하늘의 영역이 아니라 우리 존재의 심연이다. 성령은 우리의 심령을 그의 영원한 거처로 삼으셨다. 그래서 우리의 몸은 성전이며 우리의 영은 지성소이다. 성령이 내주하시면 우리는 지극히 거룩한 곳에 서 있는 것이다.

성령은 우리 영과 상호 내재하실 뿐 아니라 성부와 성자 하나님과 상호 내재하신다. 성령 안에 부활하고 영광을 받으신 예수 그리스도가 내주하신다. 성령은 우리 안에 예수 그리스도의 인격적인 임재를 중재하신다. 그래서 주님께서 보혜사 성령이 오실 때 제자들을 고아와 같이 버려두지 않고 그들에게 다시 오겠다고 약속하셨다(요14:18). 성령은 예수 그리스도의 인격적 임재를 종말론적으로 연장하는 동시에 우주적 차원으로 확장하신다. 과거 2천 년 전 팔레스타인에 국한되었던 예수님의 육신적 임재는 끝났으나 성령을 통해 그분의 인격적 임재는 세상 끝날까지 모든 교회와 교인들 안에 계속된다.

성령은 또한 아들의 특권, '아바'와의 사랑의 교제와 연합을 누리게 하신다. 아버지가 아들 안에, 아들이 아버지 안에 계시듯이, 우리와 성부 하나님이 서로 안에 거한다. 그래서 성령이 임하는 날에 "내가 아버지 안에, 너희가 내 안에, 내가 너희 안에 있는 것을 너희가 알리라"(요 14:20)고 주님께서 말씀하셨다. 성령 안에서 성자와 성부 하나님과의 가장 긴밀한 인격적인 연합과 교제가 이루어진다. 성령의 내주는 곧 삼위 하나님의 가장 신비롭고 친밀한 인격적인 임재이다. 교회와 교인들은 삼위 하나님께서 충만히 임재하시는 성전이다. 말세에는 하나님께서 손으로 만든 장막이나 성전에 거하지 않으시고 성령으로 친히 우리와 함께하신다는 말씀대로, 더 영광스러운 성전에 대한 약속이 이제 그리스도 안에서 성취된 것이다.

따라서 교회의 영광은 삼위 하나님의 충만이다. 교회는 삼위 하나님의 임재로 충만하여 온 세상에 하나님의 영광과 그분을 아는 지식을 충만케 해야 할 책무를 띤 영광스러운 공동체이다. 우리는 지금 그리스도 안에서 하나님께서 충만히 임재하시는 세계 속에 살고 있다. 삼위 하나님의 거룩한 임재 앞에 서 있다. "여호와께서 과연 여기 계시거늘 내가 알지 못하였도다"(창28:16). 이것은 옛 야곱만이 아니라 바로 우리의 문제이다.

과연 하나님의 임재를 의식할 수 있는가?

앞에서 소개한 증언에서처럼 하나님의 임재를 우리의 촉각으로 느끼고 눈으로 보는 듯이 감지할 수 있는가? 옆에 있는 사람이나 사물과 같이 하나님도 우리 인체의 오감을 통해 체험할 수 있는 대상인가? 이미 오래 전에 임마누엘 칸트(Immanuel Kant)는 철저한 인식론의 연구를 통해 그것이 불가능함을 주장하였다. 칸트는 하나님을 경험과 지식의 대상에서 제외시켰다.[9] 칸트에 의하면, 하나님은 우리의 오감을 통해 감지할 수 없으며 순수이성의 추론을 통해서도 알 수 없는 존재이다.

만약 칸트의 주장대로 우리의 이성이나 감각으로 하나님을 경험할 수 없다면 무엇을 통해 하나님을 감지할 수 있을까? 우리의 오감 외에 하나님을 느낄 수 있는 여섯 번째 감각(sixth sense)은 없는가? 슐라이에르마허(Schleiermacher)는 이 감각을 찾아나서는 독창적인 시도를 하였다. 그는 기독교 신앙을 이성에 기초하는 전통교회나 도덕에 근거한 종교를 주창한 칸트와는 달리 새로운 신앙의 고유영역을 발견하려고 했다. 그는 신앙의 본질은 지식이나 교리가 아니고, 도덕이나 행위도 아닌 '감정(Gefühl)'-종교의식, 하나님 의식에 있다고 보았다.[10] 여기서 '감정' 이란 신체의 오감에서 오는 감각을 의미하지 않는다. 이 감정은 이성과 같이 자기 나름의 '앎'의 기능을 가졌다. 이성과 같이 논리적 추론에 의해 아는 것과는 달리 직관적으로 무엇을 의식하게 된다. 일종의 선험적 직관의 능력이다.

슐라이에르마허에게 있어서 하나님을 의식하는 감각은 인간 안에 보편적으로 심겨져 있다. 이를 통해 하나님을 의식하며, 더 구체적으로 자신이 하나님께만 절대적으로 의존하는 존재임을 의식한다. 구원은 죄로 흐려진 하나님의 의식이 그리스도의 공동체 안에서 다시 고취되는 것이다. 그러나 슐라이에르마허는 예수님의 대속을 통한 성령의 내주를 제대로 밝히지 못함으로써 하나님의 의식이 인간의 자의식의 산물로 오해될 수 있는 문제를 남겼다.

비슷한 맥락에서 루돌프 오토(Rudolf Otto)도 하나님을 감지할 수 있는 제3의 영역을 탐구하였다.[11] 슐라이에르마허와 같이 그는 거룩한 초월적 존재는 지식이나 도덕의 대상이 아니라 '느낌'의 대상이라고 했다. 이 느낌은 비이성적인 것만이 아니라 이성으로 불가해한 하나님의 임재의 신비를 포착하는 인지 능력이다. 장엄한 하나님의 임재 앞에 압도당하여 자신이 한없이 왜소한 존재라는 것을 자각하지 않을 수 없는 느낌, 거룩한 존재 앞에서의 심히 두렵고 떨리는 감정, 두려운 동시에 놀라우리만큼 평안하고 포근한 느낌이 바로 그런 것이다. 절대의존감에 대한 슐라이에르마허의 견해가 인간 자의식의 분석에 머무른데 비해, 오토는 좀 더 거룩한 존재와의 만남에서 오는 느낌을 탐구하려고 했다.

오토에 의하면, 하나님의 거룩한 임재를 느낄 수 있는 능력이 인간 안에 선험적으로 내재한다. 비록 흐릿해졌지만 인간 안에는 하나님의 임재를 감지할 수 있는 영적 감각이 살아있다. 이것은 사람마다 정도의 차이는 있으나 보편적인 현상이다. 이런 영적 감각은 다른 종교인들에게도 존재한다. 그의 견해에 의하면, 결국 위로부터 임하는 성령의 내증 없이도 인간 안에 잠재해 있는 영적 능력을 개발함으로써 하나님과의 만남이 가능해진다. 그러나 그렇게 해서 유도된 영적체험은 성경이 말하는 하나님의 현존체험이라기보다는 범신론적 종교체험에 가까울 것이다.

슐라이에르마허와 오토의 견해의 문제점은 그들이 말하는 하나님의 의식이 인간 안에 생래적으로 심겨진 종교의식에서 산출된 것인지 아니면 위로부터 주어진 성령의 산물인지의 구분이 모호하다는 것이다. 이점에서 자유주의를 대표하는 슐라이에르마허와 신정통주의를 주도한 칼 바르트(Karl Barth)는 첨예하게 대립한다. 바르트는 이런 문제를 지적하며, 참된 하나님의 의식은 인간 안에서 "아래로부터" 솟구쳐 올라오는 것이 아니라 "위로부터" 임하는 하나님의 말씀과 성령에 의해 산출되는 것이라고 주장했다.[12] 그는 하나님을 의식할 수 있는 영적 인식의 능력이 인간의 영혼 안에 어떠한 형태로든 존재한다는 사상을 철저히 배격했다. 바르트에게 있어서 인간의 영이 위로 뻗쳐 하나님을 향해 도약한다는 것은 전적으로 불가능하며, 하나님과의 만남은 오직 인간을 향해 성령이 내려오심으로만 가능한 것이다.[13]

비록 바르트가 하나님을 인식할 수 있는 가능성은 우리가 아니라 오직 성령에게 있다는 점을 바르게 지적했지만, 하나님의 절대적 초월성과 자율성에 대한 그의 과도한 집착은 하나님이 인간 안에 지속적이고 영구적으로 내재하신다는 개념을 약화시켰다. 성령의 찾아오심은 극적이고 위기적인 사건의 성격을 띠었다. 다시 말하면 하나님의 현존은 지속적이기보다 간헐적이다. 그렇다면 하나님의 임재 속에 항상 거하며 끊임없이 그 임재의식을 누린다는 것은 불가능한 일이다. 이런 문제 때문에 바르트의 입장은 신앙의 주관적인 측면, 즉 하나님의 임재의식을 잘 밝혀주는 영성신학의 기초가 되기는 부적합하다. 하나님의 내재에 집중한 슐라이에르마허나 그에 대한 반발로 하나님의 초월을 강조한 바르트 모두 하나님의 임재의식을 이해하는 균형 잡힌 시각을 제공하지 못하였다.

슐라이에르마허가 우리의 영적 인식에 미치는 죄의 영향력을 간과했다면 바르트는 성령의 임재를 제한했다. 죄가 우리의 전인에 심각한 영향을 미쳤기 때문에 우리 안에 어떤 것으로도—그것이 이성이나 도덕성, 또는 종교성이든—하나님을 인식할 수 없다. 유일한 주관적 인식의 가능성은 성령의 조명이다. 오직 성령만이 우리에게 하나님을 알려 주신다.

"오직 하나님이 성령으로 이것을 우리에게 보이셨으니 성령은 모든 것 곧 하나님의 깊은 것까지도 통달하시느니라 사람의 일을 사람의 속에 있는 영 외에 누가 알리요 이와 같이 하나님의 일도 하나님의 영 외에는 아무도 알지 못하느니라"(고전2:10-11). 성령은 우리 가운데 임재(Present)하실 뿐 아니라 그 임재를 계시하신다(Revealed). 그러므로 참된 하나님의 임재의식은 인간의 생래적 종교의식의 발현이 아니라 하나님의 말씀과 성령의 조명에 의해 우리 마음 가운데 산출되는 것이다.

7. 감동 체험

영적 감각

그러면 인간 안에 성령의 조명을 받아들이는 채널은 무엇인가? 이성인가? 감성인가? 아니면 제3의 감각기능인가? 전통적으로 이성을 성령의 조명을 수용하는 가장 안전한 통로로 생각해 왔다. 이성은 진리를 인식함에 있어 객관성과 합리성을 확보해 주는 반면에 비이성적인 것, 즉 감정이나 체험은 주관적이고 혼란스러워서 진리를 파악함에 있어 이성에 비해 항상 열등하고 주변적인 것으로 간주되어 왔다. 그동안 서구사회를 지배해 온 합리주의 전통에서 감정은 육적이고 충동적이며 그래서 저급하고 불안정한 것으로 보는 반면 이성은 고상하고 안정되며 신뢰할 만한 것으로 보았다. 지성은 자랑스러워했으나 감정은 부끄러워했다.

이러한 영향으로 전통적인 신학도 합리적인 인식과 논리적인 일관성을 중요시한 나머지 신앙의 감정적 요소와 체험적 요소를 평가절하해왔다. 종교적 체험의 혼란스러움에 대한 두려움과 감정주의의 천박함에 대한 혐오가 감정에 대한 깊은 불신을 조장했으며, 지적 신앙을 강조하는 양상을 강화시켰다. 그로 말미암아 신학과 체험, 지성과 감정 사이의 심각한 분극화 현상이 나타났다. 신학은 주지주의와 교리주의로 치우쳤고, 이는 다시 경건주의와 신비주의의 반작용을 불러왔다.

이러한 양극화 문제를 극복하기 위해서는 감정의 역할을 재평가해야 한다. 하나님의 신비를 합리적 이성으로 다 파악하고 설명할 수 없다. 니버(H. R. Niebuhr)가 지적했듯이, "감정은 개념적이며 사변적인 이성으로 파악할 수 없는 참되고 확고하고 영구적인 것을 감지할 수 있게 한다."[1] 성경에서 하나님을 안다는 것은 합리적인 이성으로만 아는 것이 아니라 가슴으로, 체험적으로 아는 것을 의미한다. 하나님의 선하심을 맛보아 알라고 했다. 감성과 체험을 평가절하 하는 것은 성경적이 아니라 합리주의적 유산이다.

우리 인식의 대상이 차가운 사실이나 사물일 때는 합리적 이성으로 충분하나, 우리 앎의 대상이 살아있는 인격일 때는 그 인격에 대한 단순한 정보만이 아니라 그 인격과의 사랑의 관계 속에서 감정이 중요한 앎의 기능을 한다. 하나님의 사랑을 차가운 논리적 이성으로 다 알 수 있는가? 하나님에 대한 관념적인 지식은 하나님을 멀고 추상적인 방식으로 아는 것이다. 그러나 하나님의 사랑의 얼굴빛이 우리 영혼에 섬광처럼 비쳐와 우리를 형언할 수 없는 신비의 임재로 휘감을 때 우리는 하나님에 대한 관념적인 지식에서 체험적 지식으로 옮겨간다.

조나단 에드워즈에 의하면, 하나님의 사랑을 아는 데는 마음의 감각이 개입된다. "지적으로는 교리에 대해 아주 깊은 지식을 가지고 있을지라도 그 교리가 지니고 있는 거룩함의 아름다움은 전혀 맛보지 못할 수 있다. 지적으로, 즉 머리로는 알고 있지만 영적으로, 즉 가슴으로는 모르고 있는 것이다. 교리에 대한 단순한 지적 이해는 마치 어떤 사람이 꿀을 보고 만져 보기는 했지만 맛을 보지는 못한 것과 같다. 영적 지식을 가진 이는 꿀의 달콤함을 직접 맛본 자와 같다."[2]

에드워즈는 마음의 감각을 가진 이는 하나님의 사랑의 달콤함과 감미로움을 맛본다고 했다. 따라서 종교적 감성은 신앙의 핵심이다. 기독교는 깊은 감성의 종교이다. "감정 없이 교리적 지식과 사변을 가지고 있는 종교는 결코 종교라 할 수 없다."[3] 믿음은 감정적 차원을 포함한다. 감동된 마음과 합리적인 사고는 결코 참된 신앙 안에서 모순되지 않는다. 그래서 칼빈도 믿음을 마음의 정서에서 우러나온 지식(faith as knowledge of affection)이라고 정의했다.[4]

이와 같이 성령은 신자 안에 죄로 말미암아 마비된 영적인 감각을 소생시켜 하나님의 영적인 실존에 눈뜨고 반응하게 한다. 이 영적인 감각은 단순히 이성적인 면뿐 아니라 감정과 의지적인 차원까지 포괄하는 전인적인 인식기능이다. 이 영적인 감각의 핵심은 믿음이다. 우리는 말씀과 성령의 조명에 의해 생산된 믿음을 통해 하나님의 임재를 전인적으로 인식하고 체험한다.

감동 체험의 위력

감정은 우리 신앙에 지대한 영향을 미친다. 윌리엄 제임스(William James)는 영적 감정이 인격적 에너지의 센터라고 했다(Spiritual emotion as center of personal energy).[5] 영적 감정은 교인들을 움직이는 강한 추진력이다. 많은 경우 교인들은 논리적이고 이성적인 메시지에 설득되고 감동

받지 못한다. 머리로 이해해도 가슴이 감동되고 설득되지 않으면 우리의 의지는 움직이지 않는다. 우리의 이성과 감정, 의지는 긴밀히 연결되어 있다. 우리의 의지는 감정 없이 무관심과 무감각한 상태에서 움직일 수 없다. 의지적인 행동은 우리 마음의 끌림과 애착에 의해 결정될 수밖에 없다. 에드워즈의 말대로, "그 어떤 영적 진리도 사람의 감정을 불러일으키지 않는 한 그를 변화시키지 못한다."[6]

우리는 '감각의 시대'에 살고 있다.[7] 합리적 이성이 지배하던 시대와는 달리 점점 감성과 영성에 의해 사람들이 주관되고 있다. 필(feel)이 오지 않으면, 감동받지 않으면 사람들이 움직이지 않는다. 요즘 사람들은 이론과 교리를 아는 것보다 느끼고 감동받고 체험하기를 더 원한다. 저명한 미래학자로 손꼽히는 레너드 스윗(Leonard Sweet)도 "포스트모던 문화는 간접적으로 경험하는 하나님, 즉 다른 사람(교회 전통, 교회 사역자, 교회 제도)이 정의하는 하나님에 대해서는 관심이 없다."라고 했다.[8] 포스트모던인들은 직접 하나님을 느끼고 경험하기 원한다. "그들은 경험, 특히 하나님을 체험하는 데 굶주려 있다."[9]

현대의 첨단과학 기계문명이 발달할수록 현대인들은 정신적으로 메말라가고 영적으로 고갈되어 간다. 이런 영적 공허를 메꾸기 위해 그들은 감동 체험, 영적 체험을 추구한다. 그래서 미래를 예측하는 학자들은 21세기는 첨단정보화시대와 함께 영성시대가 도래할 것이라고 전망한다. 앞으로의 교회는 이 시대의 영적 필요를 채워주는 교회가 되어야 한다. 진정한 영적 체험, 즉 하나님의 현존을 체험할 수 있는 성령충만한 공동체가 되어야 한다. 그렇지 않을 때 사람들은 교회를 떠날 것이다. 이문균이 지적했듯이, 하나님에 대한 논리 정연한 이론은 있지만 하나님에 대한 생생한 체험이 없을 때, "사람들은 생명의 힘을 느낄 수 없는 교회를 떠나서 갖가지 미신적인 점술이나 뉴에이지의 종교적 감성에 빠져들게 된다. 생명의 힘을 상실한 교회는 더 이상 사람들의 매력을 끌 수 없다."[10]

서구에서는 교회를 떠나는 이들의 수가 급증하는 반면에 교회 밖에서 영적 체험을 추구하는 이들이 많아지고 있다. 그 주요 원인은 교회에서 진정한 영적 체험을 할 수 없기 때문이다. 스프라울(R. C. Sproul)의 지적을 들어보자. "교회를 떠난 자들을 상대로 실시된 최근의 한 조사에 따르면, 사람들이 교회 출석을 중단하는 주원인은 교회가 지루하기 때문인 것으로 밝혀졌다. 예배는 많은 사람들에게 좀처럼 스릴 있고 감동적인 체험이 되지 못하고 있다."[11] 브라운(Chip Brown)은 사람들이 교회 밖에서 영적 체험을 추구하는 것은 "교회가 하나님을 만나는 엑스터시의 경험을 장려하기보다는 억압하기 때문이다."라고 했다.[12] 서구에 나타나는 보편적인 현상은 이론과 교리에 치중하는 교회는 쇠퇴하는 반면에 감동과 체험을 강조하는 교회는 부흥하는 것이다.

이러한 현상을 극복하기 위해서 이성주의 전통과 감정적으로 충만한 열정주의 사이에 적절한 조율과 상호보완이 필요하다. 감정과 체험에 대한 강조는 결국 반교리주의로 치우치게 한다는 선입견을 탈피해야 한다. 바른 교리는 우리를 건전한 체험으로 인도하며 우리의 영적체험은 면밀한 신학적 검증의 과정을 통과해야 한다. 참된 신학과 체험은 결코 분리될 수 없다. "진정한 신학은 하나님의 임재 속에서 하는 것이다."[13] 토랜스(T. F. Torrance)의 말대로, 우리는 하나님과 상호 내재함으로써 하나님에 대한 진리를 간파한다.[14] 삼위일체 신학은 성령 안에서 삼위 하나님과의 상호 내주를 경험함에서 나온 신학이다(요14:16-23). 그러므로 교회는 말씀에 근거한 성령체험을 장려해야 한다.

감동 체험의 함정

감정을 경원시하는 주지주의적 전통에서 벗어나야 하지만 감동 체험을 추구하는 길에서 빠지기 쉬운 열광주의적 함정을 또한 경계해야한다. 달라스 윌라드(Dallas Willard)가 말했듯이, 우리는 "감정 없이 살 수없으나 감정을 지니고 살기도 어렵다."[15] 감정의 역할은 매우 중요하지만 감정을 통제하는 것은 무척 힘들다. 우리는 감정을 다스리기보다는오히려 감정의 노예가 되기 쉽다. 견고한 신앙이 없는 이들은 진리에기초한 확고한 신앙을 갖기보다는 유변적인 감정에 자신을 내맡겨 그감정에 떠밀려 다니는 상태를 원한다. 좋은 감정에 마냥 도취되어 살기원한다.

감동 체험에서 빠지기 쉬운 함정은 감각적인 만족을 위해 더 자극적이고 강한 감정을 추구하면서 점차 영적으로 고조된 감정에 중독되는것이다. 좋은 감정이 없으면 신앙생활이 마비된다. 이렇게 우리 마음이하나님보다 그분을 섬김으로 누리는 달콤한 감정과 느낌에 더 탐닉하게 되면 우리 신앙의 본질이 왜곡된다. 감정은 하나님으로부터 우리의마음을 훔쳐가는 심미적인 신으로 둔갑한다. 그렇게 되면 감정은 영적성숙에 오히려 큰 해악이 된다. 감정을 위한 감정만을 구하면서 신앙의초점이 흐려진다. 하나님께 사랑받는 느낌이나 하나님과 사랑에 빠졌다는 감정을 주로 원하는 이들은 하나님과의 실제 사랑의 관계를 원만하게 유지하기 힘들다.

아울러 영적 느낌과 영적 실체를 혼동해 버린다. 은혜로운 예배와좋은 느낌을 동일시하여, 이런 느낌을 잃어버릴 때 은혜가 부재하며 성령이 떠난 것으로 생각한다. 반면에 이런 느낌이 강렬할 때는 자신의 영적 충만함과 성숙을 과대평가하는 오류에 빠진다. 강한 감정이 우리를 지배할 때 우리의 이성은 무력해진다. 윌라드의 표현대로, "강한 감정에 내가 옳다는 느낌까지 더해지면 이성은 무용지물이다."[16]

감정에 휘둘리는 삶의 가장 큰 문제는 신앙 성숙의 길을 차단해 버린다는 점이다. 영적 달콤함과 즐거움이 없는 감정적으로 메마른 시기를 혹 거치기라도 하면 하나님의 약속만을 의지하고 행하는 믿음의 행보에는 전혀 진전이 나타나지 않는다. 그러나 우리의 믿음은 변화무쌍한 우리의 감정이나 느낌이 아니라 변치 않는 주님의 약속과 사랑에 닻을 내려야 한다. 스펄전은 "느낌으로 사는 것은 죽은 삶"이라고 했다.[17] 토저는 신앙생활에서 "느낄 때까지 기다리겠다는 것은 마귀의 속삭임"이라고 말했다.[18] 마담 귀용은 단순히 믿음으로 살아가는 것을 배우기 전에 7년 동안이나 어떤 느낌과 감정을 구하느라 헛수고를 했다고 한다.[19] 그러므로 감정이 우리의 믿음을 떨어뜨리기 위해 사탄이 사용하는 주 무기가 될 수 있다는 점을 잊지 말아야 한다.

하나님께서 부재하시는 것 같은 느낌의 구름을 뚫고 그 배후에 있는 불변하는 영적 실체인 하나님의 임재를 간파하는 영적 시야가 곧 믿음이다. 믿음은 보이지 않는 것의 실상이다(히11:1). 보이지 않는 영적 실체를 보는 눈이다. 우리 느낌보다 훨씬 큰 불변하시는 하나님의 임재를 항상 의식하는 영적 감각이다.

영적 감정의 모조품

요즘 성령집회에서 자주 나타나는 현상은 집회 인도자들이 인위적으로 사람들의 감정을 조작하여 육적으로 고조된 감정을 성령의 감동으로 혼동하게 만드는 것이다. 설교자의 과도한 열정과 감정적 호소가 청중을 감화하는 잔잔한 성령의 역사를 방해할 수 있다. 찬양 인도자들도 하나님의 사랑과 은혜로 인해 사람들의 마음이 고양되게 하기보다는 오히려 음악의 곡조와 리듬과 비트로 인해 자극된 감흥에 취하게 하려는 경향이 있는데, 이는 영적 감정의 모조품을 만들어내는 우를 범하는 것이다. 우리는 신나고 흥겹게 찬양하는 자체를 즐기기보다 하나님을 우선적으로 기뻐하고 즐거워해야 하며, 우리의 찬양은 이 영적 즐거움의 자연스러운 표출이어야 한다.

그러므로 이런 감정의 조작과 남용으로부터 진정한 영적 감정을 구분하는 분별력이 필요하다. 루이스(C. S. Lewis)의 지적대로, "감정적인 강렬함 자체가 영적 깊이를 말해 주지는 않는다."[20] 진정한 믿음은 영적 감정을 포함하지만 종교적 감정이 강하고 풍부하다고 해서 꼭 진실한 신앙이라고 볼 수는 없다. 놀라운 기쁨과 감격을 체험했다고 해서 그것이 꼭 영적인 감정이라는 보장도 없다. 사탄도 죄악 속에서 거짓된 평안을 느끼게 하기 때문이다. 강렬한 감동 체험은 자주 참된 신앙이 목표하는 바와는 달리 자기기만이나 열광주의로 치우치게 한다.

진정한 감동 체험은 삶 속에 나타나는 그 열매로 평가된다. 참된 영적 감정은 마음속에 성령의 영향력으로 산출되고, 하나님의 사랑과 거룩하심과 아름다우심을 추구하며, 예수 그리스도를 닮는 성품으로 열매 맺는다.[21] 교회가 영적 부흥을 체험할 때마다 종교적 감성과 열정이 고조되었고 이로 인한 혼란과 논쟁이 계속되었다. 뜨겁고 진한 감동 체험을 별 비판의식 없이 성령의 역사로 수용하거나, 그와는 반대로 그것을 감정적 흥분 상태에서 비롯된 일종의 히스테리 현상으로 일축해 버리는 엇갈리는 반응이 나타났다.

미국에 대각성운동이 일어났을 때에도 이런 현상은 재현되었고, 조나단 에드워즈는 이런 혼란을 극복하기 위해 종교적 감정을 분석하는 글을 썼다. 그 글에서 그는 감정을 부정적으로 보는 이들에 대해서는 감정의 중요성을 변호하고, 감정의 남용으로 치우치는 열정주의자에 대응해서는 진정한 영적 감정을 분별하는 성경적 기준을 제시하였다.

에드워즈에 의하면, 사탄의 전략은 우리를 양극단으로 치우치게 하는 것이다. 사탄은 성령의 역사하심 가운데 거짓 감정을 살짝 혼합하여 광신적인 혼란을 야기한다. 이러한 현상들이 잘못된 것이라고 판명되면 사탄은 그의 전략을 즉시 바꾸어 모든 감정들은 아무런 가치가 없다고 설득하여 "마침내는 우리가 체험하는 영적 감정들로부터 우리의 마음 문을 꽉 닫아 버리게 만든다."[22] "따라서 영적 감정을 대하는 올바른 자세는 모든 감정을 거부하는 것도 아니요, 모든 감정을 인정하는 것도 아니요, 오직 그것들을 잘 분별하는 것이다."[23]

에드워즈는 모든 그리스도인들은 영적 분별력을 가지고 말씀과 성령의 역사에 수반되는 영적 감정을 체험하면서 살아야 한다고 권면한다. "이러한 영적 실체들에 감동받지 못하는 자신을 부끄럽게 여겨야 한다." "예수 그리스도의 영광스러운 복음이 사람의 감정을 뜨겁게 감동시키지 않고서 그 어떤 그리스도인이 영적인 즐거움을 맛 볼 수 있단 말인가?"[24] 그렇다. 하나님에 대한 뜨거운 사랑과 열렬한 사모함이 없이 어찌 그분을 섬길 수 있을까?

하나님의 사랑을 체험하다

거룩한 감정의 핵심은 사랑이다. 성령은 사랑의 영이시다. 우리 마음에 하나님의 사랑을 부어주신다(롬5:5). 바울 사도를 비롯하여 성령으로 충만했던 많은 사람들이 이런 체험을 증언하고 있다. 로이드 존스(Lloyd-Jones)는 성령으로 하나님의 사랑이 우리 마음에 부은 바 되지 않는 한 신약성경의 기독교를 반영할 수 없다고 했다.[25] 사랑의 영으로 충만하지 않고 하나님을 온 마음으로 사랑하는 삶은 불가능하다. 교회 역사 속에서 성령으로 충만했던 이들에게 나타났던 가장 보편적이고 두드러진 특징은 사랑이었다.

이 사랑의 체험을 조지 휫필드(G. Whitefield)는 이렇게 고백했다. "주님께서 밤낮으로 내게 그분의 사랑을 채우신다. …… 나는 너무나도 그리스도의 사랑에 압도되어 거의 호흡이 끊어질 정도였다."[26] 찰스 피니(Charles Finney)는 "성령이 사랑의 파도처럼 내게 밀려오는 것 같았다."라고 그의 성령체험을 묘사했다.[27] 위대한 설교자 찰스 스펄전(Charles H. Spurgeon)도 비슷한 체험을 증언했다. "하나님께서 친히 나의 영혼을 충만케 하고 전율케 하신다. 그분의 전능한 사랑이 나의 마음에 물밀듯이 침투해 온다."[28] 웨일즈에서 사역했던 전도자 해리스(Howell Harris)는 그의 체험을 다음과 같이 묘사했다. "나의 영혼에 사랑의 소낙비가 내렸다. 그래서 나는 도무지 나 자신을 억제할 수 없었다. …… 나는 온전한 사랑에 사로잡혔다. 더 이상 바랄 것이 없을 정도의 충만한 사랑이었다."[29]

이러한 증언은 끝없이 이어진다. 한두 사람의 증언만 더 들어보자. 조나단 에드워즈의 부인은 자신에게 일어났던 일을 이렇게 전했다. "이렇게 오랜 시간 신체의 방해와 불편함을 전혀 느끼지 못한 채 내 영혼 안에 하늘의 빛과 안식과 달콤함을 맘껏 맛 본 적이 없었다. …… 밤새 도록 예수님의 놀라운 사랑과 임재에 대한 분명하고 생생한 의식이 계속되었다." "천국에서 온 듯 달콤하고 아름답고 초월적인 그리스도의 사랑이 계속 분명하고 생생하게 느껴졌다. …… 천국에 계신 그리스도의 가슴에서 내 가슴 속으로 거룩한 사랑의 불빛이 따뜻한 한줄기 광선처럼 계속 흘러드는 듯했다. 동시에 내 가슴과 영혼은 온통 사랑이 되어 그리스도께 흘러나갔다. 그렇게 그리스도의 가슴에서 내 가슴으로 천국의 거룩한 사랑이 계속 흐르고 또 흐르는 듯했다."[30]

하나님의 사랑으로 충만해지는 경험은 보통 성경이 말하는 "말할 수 없는 기쁨"을 수반한다. 구세군 사령관이었던 사무엘 브렝글(Samuel L. Brengle)의 증언에서 이 사실이 잘 드러난다. "성령이 내게 오셨을 때의 그 두려움과 경이로움이 뒤섞인 기쁨을 나는 잊을 수 없다. …… 다시 말해 그리스도께서 내 안에 계시된 것이다. 내 영혼은 표현할 수 없는 사랑으로 충만하였다. 나는 사랑이 가득한 하늘나라를 걸었다. …… 성령이 내 안에 거하고, 살아있는 하나님의 성전이 되는 것은, 경외심과 거룩한 두려움이 섞인 큰 기쁨이었다. …… 그것은 말로 표현할 수 없는 계시였다. 그것은 내 마음 속으로 들어온 사랑의 천국이었다. 내 영혼은 눈 녹듯이 녹았다."[31]

조나단 에드워즈는 미국의 대각성운동이 일어났을 때 성령을 체험하는 이들에게 보편적으로 나타난 특징을 말하면서, 그들이 한순간 맛보았던 영적인 평안과 즐거움은 그들이 일평생 세상에서 경험한 평안과 즐거움을 다 합친 것보다 더 가치 있는 것이었다고 증언했다. 이것은 세상이 주는 기쁨과는 다른 것이었다. "이 큰 기쁨은 하나님의 광대하심과 그 엄위하심 그리고 인간 자신의 지극히 미미함과 악함에 대한 깊고도 생생한 의식에서 오는 떨림을 수반했다. 이 사람 안에 있는 영적 기쁨은 표정이나 말투에서 나타나는 가벼운 웃음이나 경박함으로 표현되지 않았다. 오히려 영적 기쁨을 누리면서도 이런 모습들에 대한 특별한 혐오가 있었다. 이 황홀한 체험의 효력은 오래 지속되었다. 그의 영혼이 더 큰 달콤함과 평강을 누리며 더욱 겸손해지게 했으며, 하나님의 영광을 위해 살고 죄를 경계하고 대적하고자 하는 새로운 각오를 갖게 하였다."[32]

성령체험은 매우 다양한 형태를 띠며 그 강렬함의 정도 또한 다변하기에 획일화된 기준을 따라 그 체험을 진단하는 것은 적절하지 않다. 그러나 성령으로 충만한 이들이 공통적으로 체험한 것은 넘치는 사랑과 거룩한 기쁨이었다. 성령충만은 "사랑에 미치고 취하신" 삼위 하나님의 가슴에서 흘러나오는 뜨거운 사랑의 용암이 우리 가슴에 흘러들어오는 것이다.[33] 성령은 우리를 삼위 하나님 안의 영원한 사랑의 교제로 초대하신다. 성령의 충만한 임재 속으로 들어갈 때 우리는 밀려오는 사랑의 물결에 압도되어 거룩한 두려움과 떨림과 함께 말할 수 없는 기쁨과 평안을 느낀다.

여기서 유의할 점이 있다. 대개 성령으로 충만한 삶에는 기쁨이나 평강 같은 행복한 감정이 가득할 것이라고 생각한다. 그러나 성령으로 충만한 삶에는 기쁨과 슬픔, 감격과 탄식같이 상반되는 감정이 교차하며 공존한다. 성령으로 충만할수록 탄식과 슬픔도 더 깊어진다. 성령으로 충만하면 이런 슬픔과 탄식이 없어지리라는 잘못된 기대가 가장 큰 문제이며 탄식거리이다. 이 탄식이 없을 때 우리의 기쁨은 매우 이기적이고 거짓된 감정이 될 수 있다. 영적으로 어둡고 타락한 시대에 성령이 말할 수 없이 탄식하며 슬퍼하시는데, 그 영으로 충만한 사람에게 가볍고 헤픈 웃음이 가득할 수는 없는 일이다. 그런데 오늘날 성령의 이름으로 그런 감정 팔이 하는 이들이 적잖다. 온 세상과 피조물이 파괴와 오염으로 신음하고 탄식하는 이 시대를 살아가는 주의 사람들은 성령과 함께 근심하며 탄식하지 않을 수 없다.

8. 하나님의 임재를 의식하다

특별한 하나님의 임재

하나님의 임재의식은 특별히 영적 부흥의 때에 강렬하게 체험된다. 교회역사 속에 일어났던 부흥에 대한 기록이 한결같이 증언하는 것은 사람들이 강렬한 임재의식에 압도되는 경험이다. 이는 부흥이 일어날 때마다 나타났던 보편적인 현상이었다. 1907년 1월 14일 저녁에 평양 장대현교회에서 열린 "사경회에 참석한 모든 사람들은 교회 안에 들어올 때 하나님의 임재로 가득한 것을 느꼈다."라고 한다.[1] 그레함 리 선교사는 그날 저녁 자신이 그때까지 경험해 보지 못한 '성령의 특별한 임재'가 있었다고 보고하였다. "어떤 말로도 (어제 있었던) 그 집회를 설명할 수 없습니다. 그것은 내가 이제까지 결코 목도하지 못했던 하나님의 영의 현시였습니다."[2]

부흥의 시기에 성령은 하나님의 영광스러운 임재와 권능을 선명하게 드러내신다. 19세기 중엽 스코틀랜드에서 일어났던 부흥에 관한 기록 중 이러한 사실을 여실히 보여주는 대목이 있다. "하나님의 비상한 임재가 온 회중을 뒤덮었다. …… 갑자기 그리스도인들은 기쁨으로 충만해졌다. …… 능력으로 가득차고 넘치는 권세, 사랑, 거룩함, 절대적인 즐거움, 부드러움과 찬란한 빛이 구속주의 얼굴에서 나타나 많은 영혼들속에 남아 있던 의심과 죄를 멀리 쫓아버렸다."[3] 그들은 하나님께서 그 얼굴을 드러내셔서 그 탁월한 영광을 보이시고 그토록 놀랍게 그들과 가까이 계셨던 영광스러운 사건을 결코 잊을 수 없다고 증언하였다.

1904년 웨일즈에서 대부흥이 일어났을 때 미국 시애틀의 퍼시픽 대학에서도 놀라운 성령의 역사가 있었다는 기록이 남아 있다. "12월 18일 밤 시애틀 신학교에 있는 새 예배당에서 우리는 가장 영광스러운 예배를 드렸다. 많은 회중이 예배당에 모였고 처음부터 하나님께서 그분의 능력과 영광을 드러내 주셨다. …… 성령께서 아주 강력하게 부어주신바 되어 …… 계속적인 하나님의 영광의 물결이 모든 회중을 감쌌으며 …… 하나님의 능력이 너무 강하게 역사하여 구원받지 못한 사람들은 저항할 수 없었으며, 그들 가운데 상당수가 바닥에 엎드려져 주님을 구하기 시작했다."[4]

성령이 임하시면 온 회중은 하나님의 권능에 압도된다. 인디언들에게 임한 부흥의 역사를 직접 목도한 데이비드 브레이너드(David Brainard)는 그 사건을 이렇게 전한다. "하나님의 권능이 강한 돌풍처럼 회중 위에 임하였고, 놀라운 능력으로 모든 사람들을 압도했다. 나는 거의 모든 회중을 사로잡은 그 권능에 놀라 가만히 서 있었다. 그것은 저항할 수 없는 강한 급류라고 밖에 달리 설명할 수가 없다. 어린 아이를 포함해 거의 모든 사람이 엎드려져 주위를 인식하지 않고 자기 영혼의 상태에 대해 깊은 비탄에 젖어 괴로워하였다. 건물 전체와 건물 밖 곳곳에서 너나 할 것 없이 하나님의 자비를 구하며 울부짖고 있었다."[5] 19세기 미국의 전도자 얼(A. B. Earle)도 비슷한 증언을 남겼다. "성령의 느낄수 있는 임재가 간혹 너무 강렬해서 온 회중은 마음이 녹아져 흐느꼈고 …… 회개치 않은 자들은 하나님의 임재와 능력에 압도되어 두려워했으며, 하나님께 무리지어 나아왔다."[6]

어떤 곳에서는 하나님의 임재의식이 회개치 않은 자, 불신자들까지 회피할 수 없을 정도로 강렬했다고 한다. 1904년 웨일즈에서 부흥이 일어났을 때, 한 집회에 우연히 참석했던 불신자는 예배당의 문을 열고 들어서자마자 하나님의 임재에 대한 강렬한 의식에 압도되어, "하나님께서 여기 계신다."라고 소리쳤다고 한다. 그는 안으로 들어가기도 겁나고 돌아가기도 두려워 현관 층계에 내내 서 있다가 회심했다고 한다.[7]

대부분의 경우 성령의 강력한 임재는 말씀의 권능과 함께 나타난다. 1791년 웨일즈에서 일어났던 현상은 다음과 같이 기록되었다. "주님께서 우리 가운데 무한한 권위와 영광과 형언할 수 없는 큰 능력으로 임재하실 때에는 하나님의 진리가 사람들의 마음에 엄청난 중압감으로 다가온다. 선포되는 모든 진리에는 감히 거스를 수 없는 강력한 하나님의 빛이 수반된다. 하나님의 제단으로부터 뿜어 나오는 불 앞에서 사람들의 완고함과 강퍅한 마음들이 녹아내리는 광경은 참으로 영광스럽다. 그것은 성령에 사로잡혀 능력 있게 선포되는 하나님의 말씀의 권세 앞에 모든 견고한 진들이 무너지는 역사가 일어나기 때문이다."[8]

물론 이러한 현상은 통상적이기보다 특별한 것이다. 하나님의 임재를 생생하게 느낄 수 있도록 경험하는 것은 사실 흔치 않은 일이다. 더욱이 이런 느낌과 체험은 영구히 지속되지 않는다. 로이드 존스는 이것은 우리의 일상적 체험과는 구별되는 "비상한 성령의 역사"라고 했다.[9] 십스(Sibbes)의 말대로, 이런 은혜체험은 매일의 양식이기보다는 별식과 같다.[10] 조나단 에드워즈도 부흥을 오랜 기간 영적인 침체와 타락의 늪지에 빠져있던 교회를 새롭게 하는 "놀라운 하나님의 역사"로 보았다.[11] 오래된 죄의 찌꺼기와 오물로 뒤덮인 교회를 말끔히 씻어내는 은혜의 소낙비와 같다는 것이다. 대개 부흥의 소나기는 일시적이나 그 효력은 오래 지속된다. 비록 하나님의 임재하심에 대한 생생한 느낌과 감격은 오래 지속되지 않을지라도 그 체험은 우리의 삶에 오랫동안 영향을 미친다.

이 시대의 교회는 마치 하나님의 영광이 떠난 것 같은 영적인 황량함을 맛보고 있다. 교회의 예배와 교제 속에서 좀처럼 하나님의 임재를 체험할 수 없다. 그동안 우리가 우리 가운데 계신 성령님께 무감각하고 냉담한 삶에 너무 익숙해져 더 이상 하나님의 거룩한 임재를 자각할 수 없을 정도로 우리의 영적 감각은 무뎌지고 퇴화된 것 같다. 오토(Otto)의 말대로, 현대인은 초월자 앞에 제대로 전율하는 법조차 모른다. 부흥은 죄로 둔화된 영적인 감수성을 새롭게 하고 하나님에 대한 자각을 고조시켜 "여호와께서 과연 여기 계시거늘 내가 알지 못하였도다"(창28:16)라는 부르짖음이 있게 할 것이다.

어떻게 하나님의 임재를 체험할 수 있는가?

신약교회는 성령 안에서 삼위 하나님께서 충만히 내주하시는 영광스러운 성전이다. 구약의 성전에 하나님의 영광이 가득했듯이, 신약의 교회에 하나님의 영광과 권능이 충만하게 드러나야 한다. 따라서 부흥시에 나타나는 특별한 현상이 항상 일어나기를 기대할 수는 없지만, 하나님의 임재를 체험하는 것이 예외적인 경우로 제한되어서는 안 될 것이다. 모든 교회와 그리스도인들은 하나님의 임재를 지속적으로 의식하며 사는 것을 추구해야 한다.

그러면 어떻게 하나님을 의식하며 살 수 있을까? 이것이 경건의 연습으로 가능한 일인가? 일찍이 로렌스 형제(Brother Lawrence)는 하나님의 임재를 연습하라고 권했다. 과연 하나님의 임재를 연습과 훈련을 통해서 체험할 수 있는 것인지 의문이 생긴다.

하나님의 임재의식은 인간의 생래적인 영성이나 종교성에서부터 생성되는 것이 아니라 위로부터 임하는 말씀과 성령으로부터 산출되는 것이다. 이 의식은 인간이 심리적으로 조작할 수 있는 것이 아니라 오직 성령이 그분의 임재를 우리 마음에 계시해 주실 때만 가질 수 있는 의식이다. 그렇다면 우리는 성령의 계시, 역사하심을 마냥 기다리고만 있어야 하는가? 하나님의 임재를 의식하기 위해 우리가 해야 할 능동적인 역할은 없는가?

하나님의 임재의식은 성령의 산물이지만 이 의식을 지속적으로 배양하는 데는 인간의 책임이 따른다. 하나님을 항상 의식하며 살기 위해서는 무엇보다 우선적으로 믿음의 훈련이 필요하다. 주님이 우리와 함께하시는 것은 엄연한 사실이다. 믿음으로 사는 것은 감정이 어떻든 간에 이 사실에 매달리는 것을 의미한다. 우리 안에 삼위 하나님께서 내주하시는 것은 그리스도 안에서 이미 실현되었으며 영원히 변치 않는 사실이다. 비록 하나님의 임재에 대한 우리의 의식은 흔들릴 수 있으나 그 임재의 실체는 결코 변하지 않는다. 믿음은 이것이 사실이 아닌 것처럼 느껴지며, 우리의 감정이 '하나님께서 멀리 계신 것 같다'고 소리칠 때에도 불변하신 하나님의 말씀과 약속을 굳게 붙드는 것이다.

하나님의 임재를 생생하게 느끼며 기쁨과 감격으로 충만할 때보다 하나님께서 멀리 느껴지고 그분의 임재를 도무지 느낄 수 없을 때 하나님께서 나와 함께하신다는 것을 믿는 것은 더 귀한 신앙이다. 하나님은 간혹 그분의 얼굴을 숨기시고 우리를 혼자 버려두시는 것 같은 훈련을 통해 우리의 믿음을 성숙케 하신다.

새로운 성전인 교회에서 하나님의 임재를 체험하다

우리 교회가 삼위 하나님께서 충만히 거하시는 새로운 성전이라는 사실에 대한 확고한 믿음은 우리의 교회생활과 예배드리는 태도를 근본적으로 변화시킬 것이다. 곧 하나님의 임재를 갈망하는 예배를 드리며 그 임재 앞에서 두렵고 떨림으로 행하게 할 것이다. 교회의 예배 가운데서 하나님의 임재가 가장 부요하게 나타난다. 그것은 교회가 하나님께서 충만히 임재하시기로 정하신 새로운 성전이기 때문이다.

성령은 진리의 영이시기에 교회에 성령의 임재는 특별히 선포되는 말씀을 통해 확연히 드러난다. 성령의 불길에 사로잡힌 설교자의 입에서 뿜어내는 권세 있는 말씀을 통해 그분의 엄위한 임재와 영광과 구원하는 능력을 나타내신다. 성령의 능력으로 선포되는 말씀이 하나님의 충만한 임재의 방편이며 통로이다. 하나님께서 교회에 부흥이 도래하기 전에 설교자들을 먼저 성령으로 충만케 하신다. 성령이 충만히 임재하시면 선포되는 메시지에 새 창조의 능력이 역사한다. 암울한 현실에 하나님의 나라가 능력으로 임한다. 하늘이 열리고 그리스도 안에 신령한 복이 주어진다. 이렇게 하늘이 열리고 새 창조의 능력이 역사하는 설교사역을 감당하기 위해서는 필히 성령으로 충만해야 한다.

그런 설교사역을 했던 스펄전은 다음과 같이 고백했다. "나는 내가 살아있는 것을 아는 만큼이나 분명하게 주님께서 나와 함께 계시는 특별한 임재를 느껴왔다. 예수님께서는 마치 내가 두 눈으로 그분을 보는 것처럼 지금 이곳 강단에서 내 곁에 실제적으로 임재하고 계신다."[12] 하나님의 임재의식은 대중 앞에서도 '일인 청중' 앞에 선 것처럼 기도하고 설교하며 행동하게 한다. 많은 사람보다 하나님을 더 의식하며 그분의 인정을 더 구하게 한다. 하나님을 의식하며 사는 것이 참된 경건과 능력 있는 사역의 비결이다.

하나님을 의식하지 못하는 마음에 병든 자의식이 밀려온다. 하나님보다 사람들이 나를 어떻게 생각하느냐에 민감해진다. 하나님의 인정보다 사람들의 아첨과 박수갈채를 더 의식한다. 하나님의 영광보다 자신의 탁월함을 은근히 드러내려 한다. 하나님보다 사람의 눈을 더 의식하는 외식과 위선은 병든 자의식이 가져다 준 자업자득이다. 반면에 참된 경건은 하나님의 임재의식에서부터 산출되는 열매이다. 하나님의 임재를 의식할 때 죄를 멀리하는 거룩한 삶을 살 수 있다. 프랑수아 페넬롱의 말대로, 하나님의 임재 연습은 죄의 최고의 치료제이다.[13]

우리 교회에 하나님의 충만한 임재가 나타나기 위해서는 능력 있는 말씀은 물론 성령의 교제가 회복되어야 한다. 현대교회는 제도적으로 경직되어 성령이 자유롭게 역사하실 수 있는 교제의 장을 제공해 주지 못하고 있다. 그래서 참된 성도의 교제를 경험하기 힘들게 되었다. 성령은 교제의 영이며 사랑의 영이시다. 교인들이 서로 연합하여 사랑할 때 성령이 충만히 임재하신다. 성령충만은 사랑을 위한 은혜이다. 우리가 서로 섬기고 사랑하는 삶을 살 때, 성령은 그 은혜를 아낌없이 흘러

넘치도록 부어 주신다. 그러므로 하나님의 임재를 경험하려면 교제와 섬김의 현장으로 들어와야 한다.

따라서 하나님의 현존 체험은 우선적으로 공동체적 체험이다. 그것은 하나님께서 그분의 백성들 가운데, 새로운 성전인 교회에 거하신다는 신실하신 약속의 실현이기 때문이다. 이런 교회론적인 관점은 하나님의 임재를 개인주의적이고 신비주의적으로 이해하는 오류를 막아준다. 하나님은 그분께 합당한 영광과 감사가 드려지는 예배 가운데 임재하신다. 그분은 찬양 중에 임하신다. 또한 주님의 약속대로 주의 이름으로 두세 사람이 모여 기도하는 곳에 함께하신다. 더불어 서로 사랑의 교제를 나누는 곳에 임재하신다.

하나님께서 당신의 영원한 거처로 정하신 교회에서 하나님의 임재를 체험할 수 없다면 도대체 어디서 그것을 맛볼 수 있다는 말인가? 하나님의 임재를 도무지 느낄 수 없을 정도로 영적으로 메마르고 형식적으로 굳어진 예배에 아무런 불편함을 느끼지 못하는 교회는 깊이 각성하고 하나님의 얼굴을 간절히 찾아야 한다. 그동안 성령을 근심케 한 영적인 냉담함과 소홀함을 통회하고 성령의 자유로운 역사를 방해하는 죄악과 부조리를 척결할 때 하나님의 충만한 임재가 회복될 것이다.

하나님의 임재를 교회적으로뿐 아니라 개인적으로도 체험할 수 있을까? 신약성경은 교회뿐 아니라 개개인 신자가 성령의 전이라고 했다. 그리스도인들은 주일에 예배당에서는 모이는 성전으로, 주중에 세상 속에서는 이동하는 성전으로 존재한다. 주일 예배 시에 체험한 하나님의 임재를 가정과 직장과 사회 속으로 옮기는 움직이는 성전의 역할을 한다.

성령 안에 산다는 것은 언제 어디서 무슨 일을 하든지 성령의 임재

가운데 행하는 것을 의미한다. 이는 비범한 신비체험이 아니라 평범한 삶의 현장 속에서 하나님의 신비로운 임재를 발견하는 삶이다. 교회일, 주의 일뿐만이 아니라 일상의 자질구레한 일을 할 때도 하나님의 거룩한 임재를 체험하는 삶이다. 그럴 때에 단조롭고 무미건조한 일상의 삶이 반복되는 세속의 한복판이 성스러움과 경이로움의 순간들을 맛보는 지성소로 변하며, 우리들이 하는 지루하고 따분한 일들이 성스러운 의미를 갖는 일로 승화된다.

하나님의 임재 연습

그러면 어떻게 분주한 일상의 한복판에서 항상 마음을 하나님께 집중할 수 있을까? 세상일에 몰두할 때 어떻게 하나님을 지속적으로 의식할 수 있을까? 우리는 하나님의 일을 하면서도 하나님을 잊어버리기 일쑤다. 설교하면서도 온통 마음이 설교자체에 빼앗기고, 설교를 잘 해야겠다는 강박관념에 사로잡혀 하나님을 잊어버린다. 로렌스 형제는 정신없이 분주하고 시끄러운 상황에서도 그의 영혼은 하나님의 임재 안에서 평온함을 누렸다고 한다. 어떻게 그런 일이 가능할까?

성령충만은 성령이 우리의 전인격을 관통하고 우리 삶의 전 영역을 그 임재로 완전히 에워싸는 것이다. 성령은 우리의 의식세계뿐 아니라 무의식과 잠재의식의 세계까지 깊숙이 침투하여 우리 안에 빈틈이 없이 그분의 임재와 영향력으로 채우신다. 이렇게 성령으로 충만하면 하나님의 강력한 임재와 함께 그 임재에 대한 부요한 의식이 우리 안에 엄습해 온다. 우리의 생각이 다른 일에 집중되어 있을 때에도 우리 마음과 영혼의 깊은 곳에 성령의 임재로 인한 평온함이 깃든다.

물론 이런 성령충만한 삶은 자동적으로 지속되는 것은 아니다. 성령을 따라 살므로 성령의 충만한 상태를 유지하려는 노력을 요한다. 성령은 끊임없이 우리를 하나님과의 의식적인 교제로 인도하신다. 하나님의 임재를 갈망하는 기도의 영을 부어주신다. 성령은 분주한 일상 속에서 다른 일에 몰두해 있을 때도 우리의 영혼은 그 안에서 쉼을 얻게 하신다. 그러므로 무시로 성령 안에서 하나님과 교통하며 살아야 한다.

또한 하나님과의 영적인 교통을 방해하는 죄가 자신에게 있지 않은지를 살피는 자아 성찰이 있어야 한다. 우리가 하나님의 임재를 체험하지 못하는 것은 자주 성령을 근심케 하는 죄 속에 살기 때문이다. 그러면 비록 성령의 임재는 계속될지라도 그에 대한 의식은 흐려지고 결국 상실된다. 그러므로 우리는 하나님 앞에서 항상 두렵고 떨림으로 조심스럽게 행해야 한다. 거룩한 두려움이란 단순히 감정이나 무드가 아니라 이렇게 하나님의 존전에서 행함을 통해 습득되어 가는 것이다.

하나님의 임재를 의식하며 산 이의 증언

여기서 성공적으로 그런 삶을 산 한 사람을 소개하려 한다. 그는 세계적으로 잘 알려진 목사이며 교육가인 프랭크 루박(Frank Laubach)이다. 그는 45세에 하나님과 내적 대화를 쉬지 않고 항상 그분의 임재 속에 살기로 결심했다. "하나님과 그런 교제를 항상 유지할 수 있을까? 깨어 있는 동안 내내 그렇게 살다 잠들 때 그분의 임재 안에 깰 수 있을까? 하나님께서 언제나 내 마음에 거하실 수 있도록 내 생각의 흐름 속에

시시각각 주님을 다시 불러들일 수 있을까? 내 남은 생애를 이 질문의 답을 찾는 실험으로 삼으리라."

그는 이 실험을 일기로 쭉 써내려갔다. 그런 훈련을 한지 5개월 만에 그는 이렇게 고백했다. "하나님께 집중하는 마음은 갈수록 강해지는 반면 다른 모든 것은 더 이상 내게서 집요한 힘을 잃어버렸다. 사고가 더 명료해지고 망각하는 일도 많이 줄었다. 전에 힘들었던 일이 지금은 별다른 노력 없이 쉽게 잘된다. 요즘은 걱정이 전혀 없고 잠도 잘 잔다. 거의 온 종일 기쁨에 사로잡혀 있다. 거울을 봐도 내 눈빛과 얼굴에 새로운 광채가 있다. 어떤 일에도 더 이상 조급한 마음이 없다. 모든 일이 잘된다. …… 마음속에서 하나님을 놓치는 것, 그 한 가지만 빼고는 아무것도 잘못될 수 없다." "복에 겨워 병이 날 때까지 하나님 자신의 얼굴을 들여다보는 것이 나의 본분이다. …… 이제 주님의 임재가 너무 좋아 단 30분만 마음에서 그분을 놓쳐도 …… 내 인생에 정말 소중한 것을 잃어버린 것 같은 기분이다."[14]

이것은 세상과 동떨어진 세계에서 산 수도사의 고백이 아니라 세상에서 아주 분주하게 살았던 한 교사의 간증이다. 그가 마음에 가장 열망했던 것은 세상의 인정과 영광이 아니라 하나님과의 끊임없는 교제였다. 그가 자신의 실험을 통해 얻은 확신은 그러한 교제는 누구나 가능하다는 것이다. 하나님의 임재를 누리는 삶은 분명히 실현가능한 삶이다. 다만 훈련을 요할 뿐이다. 스캇 펙(Scott Peck)은 이렇게 말했다. "훈련이 없이는 우리는 아무것도 풀 수 없다. 약간의 훈련만 있으면 약간의 문제를 풀 수 있다. 전폭적인 훈련이 있으면 모든 문제를 풀 수 있다."[15] 하나님의 현존을 의식하는 훈련도 마찬가지이다. 문제는 우리에게 그렇게 훈련할 만큼의 진정한 갈망이 있느냐에 달려 있다.

존 스티븐슨(John Stevenson)이 말했듯이, 하나님의 임재가 우리 마음의 가장 강렬한 열망일 때, 그것은 그 열망에 대한 보답으로 주어진다. "만일 우리가 이것을 집요하게 추구하지 않는다면, 그것은 우리에게 자녀 된 자로서의 감정이 결핍되어 있다는 것을 증명하는 것이며, 하늘 아버지에 대한 사랑이 별로 없거나 전혀 없음을 보여주는 것이다."[16] 짐 심발라(Jim Cymbala)는 이러한 갈망이 없는 교인들에게 이렇게 자문해 볼 것을 촉구한다. "우리가 이 땅에서 하나님의 임재를 경험하려고 애쓰지 않는다면 왜 천국에 가려하는가? 우리가 지금 이 곳에서 하나님의 임재를 즐거워하지 않는다면 천국은 우리에게 천국이 아니다. 이 땅에서 하나님을 애타게 원치 않는 사람을 왜 하나님께서 천국에 보내시겠는가?"[17]

우리는 하나님의 손에 들린 축복은 원하나 하나님의 임재는 부담스러워한다. 하나님께서 함께하시면 내 마음대로 살 수도 없고 죄의 일락을 누릴 수도 없기 때문에 하나님의 임재를 심히 불편해 한다. 우리가 원하는 축복과 선물을 떨어뜨려 주고 하나님은 빨리 떠나주시기를 내심 바란다. 우리는 하나님께 우리가 필요할 때마다 달려와서 우리를 도와야 할 의무, 하지만 그럴 때가 아니고서는 우리 삶에 끼어들지 말고 뒷전으로 물러나 가만히 있어야 할 의무를 부과한다. 우리는 성령님과의 인격적인 교제보다 능력과 은사를 더 원한다. 이는 성령을 인격이 아니라 이용할 대상으로 대하는 것이다.

그러나 성령은 인격이시며 성령이 전달하시는 것은 하나님의 인격적인 임재이다. 이것이 가장 큰 영적 축복이다. 하나님이 임재하시는 곳이 하늘이 열리고 하늘에 속한 모든 신령한 복이 임하는 곳이다. 시편 기자가 노래했듯이, "주의 앞에는 충만한 기쁨이 있고 주의 오른쪽에는 영원한 즐거움이 있나이다"(시16:11). 이 행복을 아는 이들은 이 세상의 어떤 것보다 하나님의 임재를 더 열망하며 그 얼굴을 간절히 찾을 것이다.

9. 일상 속에서
하나님의 임재에 눈뜨는 영성

왜 주일날 교회에 그렇게 많이 모이는 그리스도인들을 주중에 세상속에서는 찾아보기 힘든가? 이런 냉소적인 말을 들을 때, 왜 우리들이 이런 비판을 듣게 되는지를 자문해 본다. 그것은 아마도 기독교 신앙이 교회의 울타리 안에만 갇힌 채 세상에서는 그 영향력을 발휘하지 못하는 영성의 문제에서 기인되었을 것이다. 영적인 삶을 일상의 평범한 영역과 제대로 연결시키지 못하는 것이 교인들이 안고 있는 문제이다. 한국교회가 세상 속에서 빛 된 역할을 감당함으로 실추된 위상을 회복하기 위해서는 세속의 한복판에서 영적 에너지를 발산하는 일상의 영성을 계발하는 것이 시급하다.

모이는 교회와 흩어지는 교회

요즘 '흩어지는 교회'가 새롭게 강조되고 있다. 교인들을 자꾸 교회로 끌어 모으려고만 하지 말고 세상 속에 흩어져 빛과 소금의 역할을 다하는 그리스도인들로 살게 해야 한다는 것이다. 일리 있는 지적이다. 교회를 예배와 교제를 위해 모이는 공동체로만 생각해서는 안 될 것이다. 교회는 하나님의 백성들의 모임일 뿐만이 아니라 그들이 흩어져서 행하는 모든 사역을 포괄하는 의미로 이해되어야 한다. 교회는 주일에는 모이는 교회로 존재하는 한편, 주중에는 흩어지는 교회로서의 역할을 수행한다. 지금까지 한국교회는 모이는 교회로서의 역할은 비교적 잘 해왔다. 최근 이러한 전통이 조금씩 허물어지고 있는 것은 매우 우려스러운 일이다. 성경말씀대로 모이기를 더욱 힘쓰는 교회가 되어야 한다. 그런데 그와 함께 이제는 흩어지는 교회로서의 사명에 좀 더 역점을 기울여야 할 때이다.

모이는 교회와 흩어지는 교회는 서로 긴밀히 연결되어 있다. 먼저 모이는 교회를 통해 교인들이 말씀과 성령으로 충만해지지 않으면 세상 속에서 흩어지는 교회의 역할을 제대로 감당할 수 없다. 주일 예배를 통해 경험하는 하나님의 충만한 임재의 지속적인 효력이 주중의 삶으로까지 파급된다. 이렇게 볼 때 주일예배의 중요성이 한층 더 고조될 수밖에 없다. 한 신학자의 말처럼, 예배는 우리의 삶 속에서 "가장 중대하고도 긴급하며 가장 영광스러운 일"이다.

"주일 예배에 승리해야 한 주간의 삶에 승리한다."라는 말은 목사들이 상투적으로 사용하는 공허한 구호만은 아니다. 진리와 성령 안에서 드려지는 주일예배와 교회에서의 교제와 섬김의 활동들이 교인들의 한 주간의 삶에 지대한 영향을 미친다. 모이는 교회를 통해 영적인 은혜를 공급받지 못할 때, 세상으로 향하는 교인들의 발걸음은 심히 무거울 수밖에 없다. 교인들이 예배 속에서도 하나님의 임재를 느낄 수 없다면, 어떻게 혼잡한 세속의 한복판에서 하나님을 체험할 수 있겠는가? 토저(A. W. Tozer)가 지적했듯이, 현대교회는 "잃어버린 보석"을 되찾 듯이 참된 예배의 회복을 갈구해야 한다.[1]

영적 생동감을 잃어버린 형식적 예배, 참을성을 시험하며 인내 연습을 시키는 것 같은 진부하고 맥이 없는 설교는 가장 영광스러운 일인 예배를 가장 따분한 종교행사로 전락시킨다. 이같이 생명력이 시들어 버린 예배는 세상 속에서 무력한 삶을 낳고, 그러한 주중의 삶은 더욱 형식적으로 굳어져 가는 예배로 이어지는 악순환을 거듭한다. 이러한 악순환의 고리를 끊는 길은 먼저 성령충만한 주일 예배를 회복하는 것이다.

잊힌 선교지

성령은 교회를 세상에서 불러내심과 동시에 세상에 다시 내보내신다. 교회를 세상과 분리하심과 동시에 세상과 함께하게 하신다. 교회를 세상으로부터 불러 모아 성령으로 충만케 하셔서 세상과 구별된 성결한 무리가 되게 하시고 세상에 다시 파송하신다. 성령충만은 모이는 교회만을 위한 것이 아니라 흩어지는 교회의 사명을 감당하기 위한 은혜이다. 세상 속에 살면서도 세속의 물결에 휩쓸리지 않고 하나님 나라의 원리에 충실한 삶을 살 수 있게 하는 성결의 능력이다.

그리스도인들은 모여서 예배드리고 교회봉사 할 때만이 아니라 일상의 삶 속에서 항상 성령으로 충만해야 세상에서 빛 된 역할을 감당할 수 있다. 성령의 은혜를 예배, 전도와 같은 종교적 활동에만 국한시키는 것은 성령을 종교의 울타리 안에 유폐시키는 것이며, 우리를 세상으로 보내시는 성령의 뜻을 거스르는 것이다.

한국교회는 지금까지 활기찬 복음전파 활동을 통해 영혼을 구원하고 교회를 부흥케 하는 데 주력해 왔다. 이제 선교 2세기에 접어들어 한국교회는 교세 확장에만 힘쓸 것이 아니라 세상 속에서 빛 된 선교사역을 통해 이 사회에 하나님 나라를 누룩과 같이 확산시키는 중대한 역사적 책무를 수행해야 한다. 교회가 빛 된 사역에 소홀했기에 세상의 신임을 잃어버렸고 그 결과 이제 전도가 힘들어지고 있다.

한국교회의 거대한 수적 위력이 이 사회가 극단적인 세속주의로 치닫고 있는 것을 제어하는 데 별 힘을 발휘하지 못하는 듯하다. 교회 안에서 볼 수 있는 놀라운 종교적인 열심이 이 사회를 변혁시키는 영적 에너지로 환원되어 이 세상에 방출되지 못하고 있다. 세속에 아무런 영향을 미치지 못하는 무기력한 '성스러움'에 교인들이 익숙해져 있다. 한국교회의 해외선교에 대한 열심은 타의 추종을 불허한다. 이는 매우 고무적이며 이 일에 더욱 힘써야 할 것이다. 그러나 문제는 국내 선교지는 거의 영적 불모지와 같은 상태로 방치해 두고 있다는 것이다.

이 시점에서 한국교회는 세속의 한복판에서 영적 파급력을 발휘하는 온전한 영성을 계발해야 하는 시급한 과제를 안고 있다. 그러기 위해 교회의 설교와 교육은 선교지향적으로 바뀌어야 한다. 교인들을 교회생활과 종교적인 활동에만 익숙한 이들이 아니라 세상 속에서 구체적으로 하나님 나라를 증거하는 이들이 되게 양육해야 한다. 구두를 수선하는 일도 거룩한 소명이라고 한 종교개혁자의 가르침을 따라 세상 속에 성스러운 부르심이 있다는 것과 일상의 삶이 선교적 의미를 가진다는 사실을 일깨워주어야 한다.

일상 속에 임재하시는 하나님

　기독교 신앙을 일상의 세속적 일들과 잘 연결시키지 못하는 것이 우리의 영성이 안고 있는 근본 문제이다. 참된 기독교 영성의 핵심은, 윌라드(Dallas Willard)가 말했듯이, "삶의 모든 영역에서 영적 존재"[2]가 되는 것이다. 하나님으로 충만한 세계 속에 살고 있다는 분명한 의식을 가지고 사는 것이다. 이는 일상의 평범한 것들 속에서 하나님의 임재와 신비에 눈뜸을 의미한다.

　프로스트(Michael Frost)가 그의 책 『일상, 하나님의 신비』에서 잘 묘사한 대로, 기독교 신앙은 "비종교적인 속세에서 벗어나 하나님의 임재 속으로 피하는 법을 가르치는 것이 아니라, 이미 이 세상 가운데 계시는 하나님을 발견하는 법, 평범한 것을 취해서 그것이 하나님께 속한 것임을 인정함으로써 그것을 거룩하게 만드는 법을 가르쳐야 한다."[3]

　영적인 신자는 항상 하나님의 임재 가운데 사는 사람이다. 그는 예배와 기도 속에서 뿐만이 아니라 일상의 자질구레한 일들 속에서도 하나님의 임재를 느끼며 산다. 하나님의 임재를 맛보기 위해서 꼭 세속의 한복판에서 물러나 종교적 영역으로 도피해야 할 필요가 없다. 육적인 사람은 예배와 기도와 같은 영적인 행위 속에서도 하나님의 임재를 잘 느끼지 못하나 영적인 사람은 세속의 비천한 일들 속에서도 하나님을 의식한다.

　우리가 잘 아는 대로 로렌스 형제(Brother Lawrence)는 소란스러운 수도원의 식당에서 잡다한 일들을 하는 와중에서도 하나님의 평강과 임재를 누렸다고 한다. 래리 크리스텐슨(Larry Christenson)은 우리가 성령 안에서 삼위 하나님을 체험하며, "성삼위 하나님의 내주하시는 실재를 끊임

없이 상기하면 당신의 삶에 변화가 일어날 것"[4]이라고 했다. 그러나 이
것이 과연 현실적으로 가능한 일인가 하는 강한 의구심이 생긴다. 대부
분 우리들의 경험은 이와 상이하기 때문이다. 우리의 생각을 집중하여
하나님을 의식하고 그분과 친밀한 교제를 누리는 일은 우리의 빡빡한
일정과 성취 지향적 성향 때문에 항상 뒷전으로 밀려난다. 어쩌다 그런
노력을 기울일 때에도 하나님의 임재를 의식하기가 쉽지 않다.

워치만 니의 『자아가 죽을 때(The Release of the Spirit)』라는 책에서 이런
문제가 거론되었다.

> 한 형제가 주님을 믿은 후 로렌스 형제의 『하나님의 임재 연습』이
> 라는 책을 읽게 되었다. 그 책을 읽은 후 그는 로렌스 형제처럼 끊
> 임없이 하나님의 임재 속에 살지 못한 것에 대해 자책하게 되었다.
> 그래서 그는 어떤 이와 매시간 기도하기로 약속했다. …… 그들은
> 계속적인 하나님의 임재를 유지할 수 없었기에 그런 식으로 그들
> 의 최선을 다해 하나님께 나아가려 했다. 그들은 일할 동안은 하나
> 님의 임재로부터 빠져나온 것 같아 다시 하나님께 신속히 돌이켜
> 야 했다. …… 그렇지 않으면 하루 종일 하나님으로부터 멀리 떠나
> 있는 자신을 발견하게 되기 때문이다. 그들은 자주 기도하며, 주일
> 에도 하루 종일 그리고 토요일에는 반나절을 기도로 보낸다. 그렇
> 게 2-3년을 계속했다. 그럼에도 불구하고 문제는 계속됐다. 주께
> 피해 들어오면 그들은 하나님의 임재를 느끼나, 나가면 그들은 그
> 임재를 상실한다. 물론 이것이 그들만의 문제가 아니라, 많은 그리
> 스도인들의 문제이다.[5]

워치만 니는 이 문제가 근본적으로 해결되기 위해서는 겉 사람이 깨어져야 한다고 말한다. 즉 겉 사람이 깨져 그 속의 영이 풀리면 환경이나 하는 일에 제약을 받지 않고 하나님의 임재를 끊임없이 의식하며 살게 된다고 했다. 기도할 때뿐만이 아니라 마루 닦는 작업과 같은 허드레 일을 하는 동안도 임재의식이 떠나지 않는다는 것이다. 이 책은 유익한 면이 있지만 '겉 사람이 깨어진다'는 말과 같은 모호한 표현들로 인해 많은 오해의 소지를 안고 있다.

성령과 함께 일상을 걷다

일상 속에서도 항상 하나님의 임재 속에 살기 위해서는 바울의 말대로 성령을 따라 행해야 한다(갈5:16). 여기서 바울 사도는 그가 즐겨 사용하는 표현(걷다, περιπατεω)으로 성령 안의 삶을 묘사했다. 걷는 것이 일상적인 일인 것처럼 성령을 쫓아 행하는 삶도 일상 속에서 성령과 동행하는 삶을 의미한다. 참된 영성은 일상 속에서 드러난다.

오스왈드 챔버스(Oswald Chambers)가 말했듯이, 어떤 사람의 종교성과 신앙 인격은 그가 특별한 때에 무엇을 하느냐가 아니라 보통 때 어떻게 행하느냐에 의해 진단된다.[6] 그의 영성은 평범한 일에 임하는 그의 자세에서 드러난다. 자연스러운 삶의 흐름 속에서 거의 무의식적으로 흘러나오는 부드러움과 자유로움이 영성의 질을 말해 준다. 그런 온유함과 자연스러움이 인격과 삶의 전 영역에 스며들어 있다는 것은 일상의 모든 평범한 것까지 성령에 의해 다스림을 받고 있는 증거이다.

매일의 평범한 일들 속에서 하나님과 함께 걷는 그리스도인의 밝은 모습이 세상 속에서 하나님의 임재를 증거하는 중대한 선교적 가치가 있는 것이다. 칼빈 시어벨드(Calvin Seerveld)는 세상에서 이러한 삶을 산다는 것이 구체적으로 어떤 것인가를 엿볼 수 있게 해 주는 감동적인 일화, 즉 생선 장수였던 자신의 아버지의 이야기를 소개한다.

아버지는 생선 시장에서 종일 일하시는 전임사역자요 선지자이자 제사장이며 왕이셨다. 우리 가게에 찾아오는 손님은 그것을 느낄 수 있다. 그것은 우리가 동네에서 생선을 제일 싸게 팔아서도 아니고, 바쁜 금요일 오전에도 계산 착오가 없어서도 아니고, 실수를 저지르지 않아서도 아니다. 그것은 아버지와 점원 두 사람이 일하고 있던 이 자그마한 생선가게가 물 좋은 생선을 알맞은 가격에 웃음 띤 얼굴로 판매하는 깨끗하고 정직한 가게였기 때문만이 아니라, 생선을 사고 팔 때 느껴지는 웃음과 즐거움과 기쁨의 분위기가 보는 사람을 흐뭇하게 해 주기 때문이었다.[7]

어두운 세상을 밝히는 선교사역은 꼭 거창한 종교행사를 통해서가 아니라, 일상의 작은 일들 속에서 은혜로 사는 이들의 밝은 모습들이 이 사회의 도처에 점증되어 확산되어 갈 때 이루어지는 것이다.

잠의 신학

우리는 인생의 대부분의 시간을 평범한 일들을 하며 보낸다. 이 평범한 일들 속에서 하나님과 동행하며 그 임재를 증거하도록 부름 받았다. 그러므로 우리는 평범 속에서 신비와 거룩함을 체험할 수 있어야 한다. 윌리엄 흄(William Hulme)의 말처럼, 우리는 평범한 것으로부터 도피할 것이 아니라 "평범을 세례(baptism of common)"해야 한다.[8] 성령 안에서 우리가 하는 모든 작고 비천한 일들이 성스럽고 존귀한 것으로서 새로운 의미와 가치를 갖는다는 것을 인식해야 한다.

그러나 매일 똑같이 반복되는 단조로운 일과가 이런 기대와 감각을 무디게 하며, 일상의 일에서 별 특별한 의미를 발견하지 못하게 한다. 성속이원론을 원리상 배격하는 개혁교회의 가르침마저 은연중에 삶의 영적 차원과 초월성을 체험하기 위해서는 세속을 떠나 종교적 영역으로 도피해야 할 것으로 생각하게 만든다. 기독교 신앙을 구체적으로 일상의 평범한 일들과 연결시키지 못하며 그 속에 담긴 영적인 가치와 의미를 밝혀 주지 못한다.

헬무트 틸리케(Helmut Thielicke)는 설교의 위기는 현대판 도세티즘(Docetism)에 빠진 것이라고 했다. 설교자가 마치 실제 존재하지 않는 사람들에게 설교하는 것처럼, 그의 메시지가 청중이 처해 있는 실제상황에 전혀 와 닿지 않는다는 것이다.[9]

로버트 뱅크스(Robert Banks)는 이것이 또한 기존 신학의 문제라고 지적한다. 신학과 삶 사이에 심각한 괴리가 존재한다는 것이다. 신학이 삶의 정황과 유리된 채 학문적 주제로만 논해짐으로써 구체적 현실상황에 적용성을 잃어버렸다는 것이다. 그는 베일리(John Baillie)가 주창한 "잠의 신학(Theology of Sleep)"을 상기시키면서, 모든 삶의 비즈니스(All the business of life)를 다루는 삶의 신학의 필요성을 역설한다.[10] 생의 삼분의 일 정도를 잠자는 시간으로 보내는데, 왜 '잠의 신학'에 대한 논의가 없는가라는 질문은 우리에게 많은 도전을 안겨 준다.

특별히 우리의 신학이 삶의 중요한 문제들에 대해 제대로 주목하지 못하고 있다는 점을 일깨워 준다. 일상의 영성계발에 도움을 주기 위해서는 우리의 신학이 삶의 신학으로의 발전을 도모해야 한다. 숭고한 상아탑에서 내려와 속세의 진흙탕 속으로 기어들어가는 신학으로의 성육화가 필요하다.

자질구레한 일을 위한 성령충만

더불어 성령의 은혜를 성스럽고 종교적인 일과 주로 결부시켜 이해하는 성령론적 이원론에서 탈피해야 한다. 성령충만은 선교나 전도와 같은 특별한 임무 수행만을 위한 은혜가 아니다. 앞에서도 지적했듯이, 성령충만을 특별한 충만과 일반적 충만으로 나누는 것은 합당치 않다. 이런 구분은 삶과 사역의 괴리를 부추긴다. 특별한 충만에 대한 강조는 일상의 작은 일들 속에서 성령충만의 중요성을 간과하게 한다. 또한 그런 성령충만을 특별한 사역자만을 위한 것으로 생각하게 함으로써 평신도들은 자신들에게는 그다지 절박하게 필요한 은혜라고 생각하지 않게 한다.

우리의 삶은 작은 일들의 연속이다. 우리의 삶 속에 특별하게 큰일들은 별로 많지 않다. 우리들이 겪고 있는 여러 가지 영적 어려움은 일상의 삶 속에서 쌓이는 스트레스에서 기인한다. 우리는 끝없이 반복되는 일상의 잡다한 일거리들 속에 파묻혀 삶의 의미를 느끼지 못하는 공허함과 무료함 속에 쉽게 지치고 피곤해진다. 우리는 특별한 사역을 위해서는 주님의 은혜를 간구하지만 작은 일을 하는 데는 은혜의 필요성을 그다지 느끼지 못한다.

그러나 챔버스의 말처럼, 우리가 가장 비천한 일을 올바르게 행하기 위해서도 우리 안에 전능하신 하나님의 일하심이 필요하다.[11] 매일의 단조로운 일과 속에서도 삶의 신성한 의미를 느끼며 스트레스가 쌓이는 상황 속에서도 마음의 평정을 유지하는 것은 오직 전능자의 날개 아래서만 가능하다.

우리는 작은 일뿐만이 아니라 아무것도 안하고 있을 때에도 성령충만이 필요하다. 우리는 쉴 때에 삶의 자세가 흐트러져 죄에 빠지기 쉽다. 다윗의 예에서 볼 수 있듯이, 자유시간이 가장 유혹을 받기 쉬운 때이다. 토저는 자신의 진정한 영적 상태를 점검하는 방법은 자유로운 때에 자신이 주로 무엇을 생각하는가를 체크해 보는 것이라고 했다.[12]

월요일 아침의 강단

찰스 스윈돌(Charles Swindoll) 목사는 교인들에게 월요일 아침에 세상 속에 세워진 강단이 있다는 것을 강조하였다.[13] 목사는 주일 아침에 교회 안에 세워진 강단에 올라가 복음을 전하나, 교인들은 월요일 아침에 세상 속에 세워진 강단에서 그들의 삶과 인격으로 복음을 증거한다는 것이다. 이 사역이 얼마나 중요하고 힘든 일인가? 세상은 결코 만만치 않다. 냉혹하고 비정한 경쟁사회, 구조적 부조리와 모순이 가득한 이 사회에서 생존하는 것 자체가 힘든 일이다. 이 살벌한 세상의 정글에서 빛 된 선교사역을 수행하는 것은 아프리카 정글에서 선교하는 것 못지 않게 어려운 일이다. 그러기에 교회가 이 사역을 포기하고 거대한 세속의 세력 앞에 굴복하고 마는 것이다.

　　그러나 죄와 사망의 권세를 깨뜨리신 부활의 주님이 성령으로 우리와 함께하시면 이 사명을 능히 감당할 수 있는 하늘의 생명력이 주어진다. 성령충만한 그리스도인들은 세상 속에 성령의 새바람을 일으켜 이 시대의 풍향을 바꾸고, 세속을 변혁시키는 신적인 에너지와 빛을 발산한다. 성령충만한 이들의 모습에는 죄악의 어두움을 밝히고 하나님의 영광을 드러내는 섬광이 번뜩인다. 성령충만한 이들의 삶과 인격은 세상을 감화시키는 강력한 설교이다.

　　한국교회가 새로워지기 위해서는 주일의 강단뿐만이 아니라 월요일 아침의 강단이 되살아나야 한다. 그 강단에 권능이 회복되어야 한다. 스펄전(Spurgeon) 목사는 메트로폴리탄 장막교회에 높이 세워진 강단의 계단을 오르면서 성령이 함께하지 않으시면 자신은 아무것도 할 수 없다는 절박한 심정으로 계속 성령의 도우심을 구했다고 한다. 이와 같이 월요일 아침에 세상 속에 세워진 강단에 오르면서 그리스도인들은 성령으로 충만하기를 간구해야 한다.

10. 어두운 밤을 지나며 깊어지는 신앙

숨겨진 하나님의 얼굴, 이것이 신자의 삶에 풀리지 않는 수수께끼이다. 왜 하나님은 그분의 사랑하는 자녀들에게 그 얼굴을 감추시는가? 왜 그들의 고통과 신음과 부르짖음에도 불구하고 침묵하시는가? 하나님께서 항상 우리와 함께하신다는 것을 믿지만 그 약속이 진실이 아닌 것처럼 느껴질 때가 많은 것은 어쩐 일인가? 하나님의 친밀한 임재하심이 항상 함께할 것이라는 말은 하나님께서 아주 멀리 떠나 계신 것 같은 곤혹스러운 상황을 실제 경험해 보기 전까지는 쉽게 할 수 있는 말이다. 그러나 우리 영혼에 미지의 먹구름이 짙게 드리우고 하나님께서 우리를 버리신 것 같은 상황 속에서도 그분의 임재를 여전히 신뢰한다는 것은 또 다른 일이다.

하나님께서 결코 우리를 떠나지 않으시고 버리지 않으신다는 것은 알지만, 도무지 하나님께서 가까이 계시지 않는 것같이 느껴질 때, 또는 계셔도 우리를 전혀 돌아보시지 않는 것 같을 때 무엇을 해야 하는가? 이런 혼란스러운 상황에서 낙심되고 지쳐서 영적 훈련을 더 이상 계속할 수 없을 때 어떻게 해야 하는가? 이 어두운 영혼의 밤을 거쳐

가는 것은 분명 최대의 영적 위기를 만나는 것이지만 동시에 최상의 성숙의 기회를 맞는 것이기도 하다.

하나님의 버려두심

영적 어두움은 결코 소수에게만 국한된 경험이 아니다. 성령의 빛을 잃고 죄 속에서 방황하는 신자들은 물론이고 가장 거룩한 성도까지도 면제될 수 없는 보편적인 경험이다. 스펄전은 더 귀히 여김을 받는 주의 종일수록 더 많은 어두움의 시간을 맛보는 것 같다고 했다.[1] 루이스 (C. S. Lewis)는 신비롭게도 하나님은 그분을 가장 잘 섬기는 사람들을 버리신다고 했다.

이 땅 위에서 하나님을 가장 잘 섬겼던 이가 자신의 죽음 앞에서 "왜 나를 버리시나이까?"라고 절규했다.[2] 예수님이 참으로 버림받은 자이며 그분의 애처로운 절규가 버림받은 자의 기도의 원형이다. 하나님께 버림받은 것 같은 참담한 심경을 토로하는 시편 기자의 "내 하나님이여 어찌 나를 버리셨나이까"(시22:1)라는 울부짖음은 주님의 절규의 작은 반향이며 메아리이다.

이 외침은 불신앙에서 발원된 것이 아니라 오히려 믿음의 역설적인 표현이다. 하나님을 굳게 믿기에 그만큼 하나님에 대한 실망의 감정을 토로한 것이다. 하나님의 함께하심을 굳게 믿었는데, 그 기대와는 정반대로 하나님께서 자신을 외면하고 버리시는 실제 상황에 처할 때 철석같이 믿었던 이에게 배반당한 것 같은 당혹스러움을 느끼게 된다.

고난 속에서 하나님의 간섭과 도우심을 구하는 애절한 기도에도 불구하고 하나님의 도우심의 손길이 전혀 보이지 않고 하나님의 오랜 침묵만이 계속될 때 우리의 마음속에서는 '왜, 어찌하여'라는 의문의 절규가 솟구쳐 올라온다. 이같이 하나님의 임재를 참으로 믿을 때에만 비로소 하나님의 부재가 실제 상황처럼 느껴지는 것이다.

영혼의 어두운 밤에 대한 증언

수많은 성도들이 이와 같은 경험에 대해 증거하고 있다. 그것을 "영혼의 어두운 밤(The Dark Night of Soul)", "미지의 구름(The Cloud of Unknowing)"[3], "하나님의 버려두심(God's Desertion)", "영적 침체(Spiritual Depression)" 등의 다양한 표현으로 묘사해 왔다. 성 요한(St. John of Cross)이 쓴 『영혼의 어두운 밤』이라는 책은 이 분야에 있어 널리 알려진 고전에 속한다. 이 책은 영적 어두움의 경험을 이해하는 데 도움이 되는 여러 가지 통찰을 제공하지만, 그 근저에는 로마 가톨릭의 구원관과 신비주의 사상이 깔려 있어 개신교 신자들에게는 각별한 주의와 분별력을 요한다.

이 책의 핵심 논지는 신인합일의 단계(하나님과의 사랑의 연합)에 들어가기 위해 보통 수년간의 극심한 고난, 즉 영혼의 어두운 밤을 거쳐 영혼이 온전히 정화되어야 한다는 것이다. 여기서 하나님과의 연합은 개신교에서 이해하는 것과 같이 영성의 근원과 바탕이 아니라 영적 수련의 목표이다. 수양과 고난을 통해 정화된 결과로 획득한 경건의 성취물이다.

그러나 그리스도와의 연합은 우리의 고난과 수고가 아니라 예수님의 고난의 대가로 값없이 주어지는 놀라운 은혜의 산물이다. 또한 저자는 하나님을 성령의 조명을 통해 알기 위해서는 인간의 지적인 활동을 멈추어야 하며, 인간의 모든 감성적이고 지적인 기능이 폐기되어야 한다고 주장한다. 여기서 하나님은 믿음으로 거듭난 인간의 지성을 통해서도 알 수 없고 설명할 수 없다는 신비주의 특유의 논점이 확연히 드러난다.

개신교 신자들에게 도움이 될 만한 서적으로는 청교도 목사 토마스 굿윈(Thomas Goodwin)이 쓴 『어둠 속을 걷는 빛의 자녀들(A Child of Light Walking in Darkness)』이라는 책이 있다.[4] 그리고 조셉 시몬즈(Joseph Symonds)의 저서(The Case and Cure of Deserted Soul)도 영적 어두움의 여러 가지 원인을 이해하는 데 도움이 된다.[5] 스펄전도 그의 설교에서 이 주제를 자주 다루었다. 죄로 인해 영적인 어두움이 신자에게 임한다는 사실을 세밀히 분석한 조나단 에드워즈(Jonathan Edwards)의 설교도 읽어볼 만하다.[6] 좀 더 현대에 들어와 쓰인 책으로서는 로이드 존스(M. Lloyd-Jones)의 『영적 침체(Spiritual Depression)』를 들 수 있다.[7]

요즘은 이러한 신앙의 어두운 측면을 다루는 가르침이나 메시지를 좀처럼 접하기가 힘들다. 현대교회에는 축복, 형통, 성공 일색의 메시지가 범람하고 있다. 강단에서 전파되는 메시지가 신자들이 겪는 실존적 고뇌에 와 닿지 않는 피상적인 설교에 머무는 경우가 많다. 말씀이 실존에 깊숙이 침투하기 위해서는 설교자가 좀 더 현실적 고난의 깊이에 천착함으로써 실존의 심층적 차원까지 담아 낼 수 있는 메시지를 전해야 한다.

죄로 인한 어두움

우리는 하나님이 왜 자신을 숨기시고 어두움 속에 우리를 버려두시는지 그 이유를 다 알 수는 없다. 다만 성경을 통하여 이에 대한 몇 가지 원인을 유추해 볼 수 있을 뿐이다. 먼저 왜 영적 어두움이 임하는지에 대한 가장 단순한 대답은 죄 때문이라고 말할 수 있다. 신자가 계속되는 죄 속에 살면 성령이 근심하며 성령의 은혜가 소멸된다. 성령의 위로와 기쁨이 떠나가고 구원의 감격은 사라져 심령은 사막과 같이 메마르고 황량해진다. 하나님이 마치 자신을 떠나시고 버리신 것 같은 영적 비애와 황폐함을 경험한다.

조나단 에드워즈는 그의 설교에서 수많은 신자들이 실제 죄로 인해 극심한 영적 어두움과 곤고함을 겪는다는 사실을 예리하게 통찰하였다. 신자에게 영혼의 어두운 밤이 빨리 끝나지 않고 오래 지속되는 이유는 그 문제의 근원인 죄가 온전히 처리되지 않았기 때문이라는 것이다. 신자가 죄를 확실히 도살할 때까지는 하나님께서 얼굴을 숨기시며 성령의 위로와 소망을 회복시켜 주시지 않는다. 만약 죄가 처리되지 않은 채 성령의 달콤한 위로와 평강의 은혜가 회복되면, 그 은혜는 오히려 죄 짓는 삶에 담력과 위로를 더욱 안겨주는 요인으로 역기능 할 수 있기 때문이다.[8]

하나님은 범죄한 그분의 자녀들이 죄에서 철저히 돌이킬 때까지 그 얼굴을 숨기신다. 그래서 하나님은 호세아를 통해 이렇게 말씀하셨다. "그들이 그 죄를 뉘우치고 내 얼굴을 구하기까지 내가 내 곳으로 돌아가리라 그들이 고난 받을 때에 나를 간절히 구하리라 오라 우리가 여호와께로 돌아가자 여호와께서 우리를 찢으셨으나 도로 낫게 하실 것이요 우리를 치셨으나 싸매어 주실 것임이라"(호5:15-6:1).

이 시대의 교회도 과거 이스라엘 민족과 같이 성령을 근심케 하므로 영적으로 암울한 바벨론 포로기를 맞이한 것 같다. 하나님께서 우리를 향해 그 얼굴을 숨기시며 우리 가운데서 그 영광스러운 임재가 떠난 것 같은 영적인 황량함을 맛보고 있다. 하나님의 연대 기합을 받으며 하나님의 혹독한 징계의 손길 아래 있는 듯하다.

신자가 겪는 고난 중 가장 고통스러운 형태가 징계로 오는 고난일 것이다. 이 고난이 견디기 힘든 것은 대개 아무런 내적 위로가 없기 때문이다. 고난 속에서 성령의 위로라도 있다면 그 고난을 거뜬히 이길 수 있으련만, 징계 속에서 느낄 수 있는 것은 우리를 외면하시는 하나님의 싸늘한 뒷모습과 그분의 침묵에 따른 적막한 고요, 그리고 칠흑과 같은 월식뿐이다. 하나님께 버림받은 것 같은 심정의 공허함과 비참함 때문에 영혼은 낙심하고 절망한다. 그 영혼이 위로 받기를 거절한다(시77:2). 그 어떤 위로의 말도 그에게 별 도움이 되지 않는다.

그러나 하나님이 그 얼굴을 가리심은 징계를 더욱 효력 있게 하시기 위함이다. 부모가 웃으면서 자식을 징계하면 그 자녀가 그것을 심각하게 받아들이지 않고 장난으로 여길 것이다. 하나님도 우리를 책망하고 훈계하실 때 그 책망을 뼈아프게 느끼고 마음에 새기게 하시기 위해 우리를 향한 미소의 얼굴을 잠시 베일로 가리신다. 그래서 죄를 깊이 의식하게 하고 회개하게 하신다.

영혼의 젖떼기

영적 어두움은 꼭 죄에 대한 징계로만 오는 것은 아니다. 신앙의 선진들은 이것을 영적 성숙의 과정에서 겪는 하나의 홍역과 같은 것으로 보았다. 우리의 신앙이 미성숙할 때 하나님은 달콤한 영적 감정을 자주 느끼게 하신다. 하나님을 섬기는 일에 즐거움과 예배의 감격을 느끼게 하며 우리의 기도를 잘 응답해 주신다. 이런 좋은 영적 위로나 은혜는 초신자들에게는 열심의 자극제가 되며 어느 정도 그들 신앙의 버팀목 역할을 한다.

그러나 그들은 이런 영적인 위로와 감미로움에 과도하게 집착하며 거기에 탐닉하게 되는 위험에 빠지기 쉽다. 좋은 영적 느낌이나 감격이 없으면 은혜가 없는 것으로 생각한다. 신앙의 열심이 식는다. 그런 감정에 중독되어 그것이 없으면 신앙생활 하기가 힘들어진다. 결국 하나님 자신보다 하나님을 섬김으로 누리게 되는 영적 행복감에 마음을 더 빼앗긴다.

그렇게 되면 좋은 영적 감정은 우리 마음을 하나님으로부터 훔쳐가는 우상, 즉 하나님을 대신해 우리 마음을 사로잡은 궁극적 관심의 대상이 되어 버린다. 우리 마음은 하나님께 헌신하는 것이 아니라 영적 즐거움이라는 쾌락의 신에게 헌신한다. 이렇게 우리 신앙의 초점이 영적인 기쁨과 혜택에 쏠리게 될 때 신앙의 본질은 왜곡되고 영적인 즐거움은 오히려 신앙의 성숙에 큰 걸림돌이 된다.

그래서 하나님은 간혹 감각적인 위로와 요람을 거두어 가신다. 우리 신앙의 성숙을 위해 영혼의 젖떼기 훈련을 시작하시는 것이다. 우리를 황량한 사막으로 내모셔서 감정적으로 매우 메마른 시기를 거쳐 가게 하신다. 거기서 육적이고 세속적인 불순물이 혼합된 우리 신앙의 열정과 감성을 정제하고 순화하신다. 과도하게 고조된 종교적 흥분과 광신적인 열심을 가라앉히는 영적 냉각기를 거치게 하신다. 큰 기쁨과 감격이 없이도 하나님만을 섬기는 것을 최대 관심과 만족으로 삼는 신앙을 갖게 하신다.

참으로 하나님을 섬기고 순종하는지는 영적 달콤함과 기쁨이 고갈된 메마른 광야에서 가장 확연히 드러난다. 기쁨과 감격이 넘칠 때는 하나님을 따르는 데 치열한 내적 싸움과 힘겨운 의지적 결단이 필요하지 않을 수 있다. 영적 흥분의 도가니에 빠져서 기쁨에 취해 쉽게 하나님의 뜻을 따라가게 된다. 토저(A. W. Tozer)의 말처럼, "큰 영적 기쁨이 있을 때에는 많은 신앙을 요하지 않는다. 만약 우리가 그 축복의 산에서 내려오지 않는다면 우리는 하나님의 변치 않는 성품보다 우리 자신의 기쁨을 더 의지하기 쉬울 것이다. 그러므로 우리를 자상하게 돌보시는 하늘의 아버지께서는 가끔 그분의 내적 위로를 거둬 가셔서 오직 그리스도만이 우리가 영원히 신뢰해야 할 반석임을 가르치실 필요가 있다."[9]

신앙생활에서 영적 감정은 매우 중요하다. 영적 감정은 신앙의 핵심 요소 중 하나이다. 신자는 하나님의 사랑을 느끼며 성령 안에서 즐거움과 기쁨을 누리는 삶을 살아야 한다. 그러나 이런 기쁨을 생생하게 느끼지 못한다고 해서 은혜가 없는 것으로 단정해서는 안 된다. 존 뉴턴(John Newton)이 잘 지적했듯이, "이런 감각적인 느낌이 희미하고 저조할 때 참된 믿음의 연단과 은혜 안의 성장이 있을 수 있다. 영혼은 주 안에서 실제 기뻐할 때보다 그분을 향해 목말라하고 애통해할 때 더 번성하는 상태에 있으며, 산 위에서 노래할 때보다 골짜기에서 분투할 때 더 신실함 가운데 있을 수 있다. 어두운 시기는 믿음의 능력이 가장 확실하고 강하게 나타나게 한다."[10]

우리에게 성령의 위로와 기쁨이 있어야 한다. 그러나 우리가 이 땅 위에서 누릴 수 있는 이 축복은 다만 천국의 맛보기(foretaste)에 불과하다는 사실을 기억해야 한다. 완전한 천국은 아직 실현되지 않았다. 그러기에 신자는 천국을 맛보는 것으로 자족함을 배워야 한다. 아직 보류된 천국의 축복을 성급하게 청구하는 '영광의 신학(theology of glory)'의 오류를 피해야 할 것이다.

지나치게 감정적인 희열과 신비적인 체험을 갈구하다가 체험주의와 광신주의의 덫에 빠지지 않도록 주의해야 한다. 하나님을 섬기는 것보다 체험과 좋은 영적 감정을 추구하는 데 더 많은 신앙의 에너지를 소진하는 어리석음을 항상 경계해야 한다.

루이스(C. S. Lewis)가 그의 책 『예기치 못한 기쁨(Surprised by Joy)』에서 잘 지적했듯이, 기쁨은 고속도로의 이정표와 같다. 우리가 바른 길로 가고 있다는 것을 확인시켜주는 표지판과 같은 역할을 한다.[11] 그러나 그 기쁨이 우리의 궁극적인 목표나 관심은 아니다. 우리의 목적지는 예루살렘, 즉 천성이다. 우리 신앙의 목표는 기쁨을 누리는 것이 아니라 하나님과 동행하며 천성을 향하여 가는 것이다. 우리는 기쁨 때문에 하나님을 섬기는 것이 아니라 비록 그 기쁨이 없을지라도 하나님을 변함없이 온 마음과 정성과 열정을 다해 섬긴다.

어두운 밤은 믿음이 가장 잘 자라는 시기

감옥에서 오랜 핍박과 고난의 밤을 지내야 했던 사무엘 루터포드

(Samuel Rutherford)는 그의 옥중서신에서 "밤과 그늘이 화초에 좋고, 밤의 달빛과 이슬이 계속되는 태양빛보다 낫듯이, 특별한 필요를 위한 주님의 부재하심이 오히려 영혼을 성숙케 하는 효력이 있고 겸손에 수액을 공급하며 영적 배고픔을 심화하고 믿음이 자랄 수 있는 적절한 토양을 제공한다."[12]라고 기록했다. 『하나님, 당신께 실망했습니다』라는 책에서 필립 얀시(Philip Yancey)도 "가장 혼란스러울 때, 안개가 자욱이 꼈을 그때가 바로 믿음을 가장 잘 자라게 하며 하나님과 더 깊은 친밀감을 느낄 수 있게 하는 시기이다."라고 했다.[13]

하나님이 가까이 계신 것 같고 기쁨과 감격이 충만하며 기도가 놀랍게 응답되고 하나님의 인도하시는 손길이 분명할 때 하나님을 못 믿을 사람이 어디 있겠는가? 그러나 하나님이 멀리 떠나신 것 같고 아무리 부르짖어도 응답이 없으시며 아무런 도움의 손길이 보이지 않고 모든 것이 어둡고 실망스러울 때 하나님을 신뢰하는 것은 대단한 신앙을 요한다. 모든 것이 확실하고 더 이상 의심의 여지가 없을 때는 더 이상 믿어야 할 것도 없다. 모든 것이 혼란스럽고 불확실할 때, 하나님께서 나를 사랑하시는지, 하나님께서 나를 돌아보시는지, 하나님께서 참으로 존재하시는지조차 의심스러운 영적인 암흑기에 이를 때는 진정한 믿음이 필요하다.

우리의 신앙은 이 어두운 시기를 통과하며 다시는 쉽게 흔들리거나 요동하지 않는 온전한 믿음으로 성숙한다. 이 사실을 아는 이는 월터 카이저(Walter Kaizer)처럼 고백할 것이다. "나는 고통과 기다림의 골짜기를 통과하는 동안 주님의 은혜 가운데 가장 크게 성장해 왔다. 나는 골짜기에서 체험한 더 깊은 진리와 확신을 부드럽고 평탄한 삶과 바꾸지 않을 것이다."[14]

신앙의 어두운 측면을 무시한 채 축복이나 형통함, 그리고 능력만을 일방적으로 강조하는 번영신학, 영광의 신학은 신앙의 참된 성숙을 심각하게 저해하는 요소로 작용한다. 신자를 영적 유아 상태에서 벗어나지 못하게 하며, 피상적 영성의 수준을 결코 뛰어넘지 못하게 한다.

어두움 속에서 하나님을 신뢰하는 것보다 하나님을 기쁘시게 하는 것은 없다. "밝은 빛이 비치는 길을 달려가는 것보다 어둠 속에서 믿음으로 힘겹게 내딛는 한 걸음이 하나님을 더 기쁘시게 할 수 있다."[15] 고통스러운 상황이 우리를 짓누르고, 하나님마저 한 가닥 위로의 얼굴빛을 비춰주시지 않는 버림받은 것 같은 상황에서도 그분을 신뢰하는 것은 하나님을 참으로 놀라게 하는 신앙이다.

이는 짙은 먹구름을 뚫고 나를 향하신 하나님의 사랑의 얼굴을 볼 수 있는 특별한 믿음의 눈을 가진 신앙이다. 이런 신앙은 버림받은 것 같은 상황에서도 하나님의 영원한 사랑을 신뢰하며 감사하고 찬양한다. 스펄전은 우리가 어두움 속에서 하나님께 드리는 찬양을 하나님은 가장 듣기 좋아하신다고 했다.[16] 하나님의 귀에 가장 감미로운 찬송은 바로 '밤에 부르는 노래(Song in the night)'이다.

골고다 언덕에 메아리치는 절규 속으로

우리는 하나님께 버림받은 것 같은 고통스러운 경험을 통하여 우리를 위해 참으로 버림받은 예수님의 십자가 고난의 의미와 사랑을 깊이 깨닫게 된다. 하나님이 우리를 향해 얼굴을 잠시 가리시지만 그분의 진노하심으로 그 얼굴을 가리시는 것은 아니다. 주님이 우리 대신 하나님의 저주를 받아 처절하게 버리심을 당하셨기에 우리에게는 더 이상 참혹한 저주의 버리심이 없다.

하나님이 우리의 죄에 대한 징계로 잠시 얼굴을 숨기시지만 그것은 결코 죄에 대한 형벌이나 진노가 아니다. 우리의 많은 죄악에도 불구하고 하나님은 우리를 결코 버리지 않으시고 한순간도 떠나지 않으신다. 그 무엇으로도 하나님의 영원불변한 사랑을 조금이라도 약화시킬 수 없다. 우리를 무한한 기쁨과 사랑으로 바라보시는 하나님의 얼굴에는 전혀 변화가 없다. 다만 우리의 연단과 영적 유익을 위해 그 영광스러운 얼굴빛을 베일로 잠시 가리실 뿐이다.

그러나 그럴 때에도 성령이 떠나가신 것은 아니다. 젠킨(Thomas W. Jenkyn)이 지적한대로, 다만 성령의 교통하심(Communion)과 성령의 효과적인 사역(efficacious operations)을 거둬 가실 뿐이다.[17] 비록 성령의 기쁨(the joy of the Spirit)은 떠날지라도 그 기쁨의 성령(the Spirit of joy)은 여전히 내재하신다.[18] 그러므로 하나님의 부재는 단지 우리 의식의 차원에서 그렇게 느낄 뿐이지 실제는 전혀 그렇지 않다.

오히려 하나님의 부재를 느낀다는 것 자체가 하나님께서 임재하신다는 사실의 분명한 반증이다. 실제로 하나님이 부재하는 불신자는 그 부재를 깊이 인식하지 못한다. 더욱이 그로 인해 낙심하고 고뇌하지 않는다. 오직 하나님께서 실제 함께하시는 신자만이 그 부재를 더욱 깊이 느끼며 괴로워한다. 하나님은 그분의 부재의 느낌을 그분의 임재의 달콤함을 더욱 사모하게 하는 자극제로 사용하신다.

우리같이 하나님에 대한 깊은 신뢰와 사랑이 없는 자들도 하나님이 외면하시는 것 같을 때 견딜 수 없이 실망스럽고 고통스러운데, 영원 전부터 자신이 그토록 사랑하던 하나님 아버지께로부터 저주를 받아

버림받으신 주님의 참혹한 심경과 괴로움은 어떠했겠는가? 영원 전부터 자신을 향해 한순간도 가려지지 않은 하나님의 사랑의 얼굴빛이 진노와 저주의 얼굴빛으로 돌변하고, 그 진노의 무시무시한 형벌과 심판이 임하며, 하나님께 버림받아 음부의 고통에까지 내던짐을 받으실 때 그 심적 고통이 얼마나 극심했겠는가? 그 고통은 도저히 필설로 형용할 수 없는 것이다. <패션 오브 크라이스트(Passion of Christ)>라는 영화는 십자가 고난의 참혹함을 실감나게 묘사했다. 그러나 그분이 겪으신 영적인 고통은 육체적 고통과 가히 비할 수 없다.

성경은 주님이 십자가에서 당하신 육체적 고통에 대해서는 거의 언급하지 않는다. 이런 면에서 볼 때 그분의 육체적 고난을 자세히 묘사해서 사람들의 센티멘털한 감정을 자아내려 하는 것이 과연 성경적인지 의문스럽다. 상대적으로 성경은 하나님과 끊어지는 데서 오는 극심한 주님의 심적 고뇌와 참담한 심경을 심층적으로 묘사하였다. 겟세마네 동산에서 제자들에게 "내 마음이 매우 고민하여 죽게 되었다"(마 26:38)라고 그분의 괴로운 심정을 토로하셨고, 하나님께 "만일 할 만하시거든 이 잔을 내게서 지나가게 하옵소서"(마26:39)라고 기도하셨다. 누가는 "예수께서 힘쓰고 애써 더욱 간절히 기도하시니 땀이 땅에 떨어지는 핏방울 같이 되더라"(눅22:44)고 기록함으로써 주님의 심적 고통이 어떠했는지를 조금이라도 엿볼 수 있게 해준다.

고난의 절정에서 주님은 "나의 하나님, 나의 하나님 어찌하여 나를 버리셨나이까"(마27:46)라고 절규하셨다. 골고다 언덕에 울려 퍼진 이 처절하고 애처로운 외침 속에 우리들의 모든 부르짖음이 삼키어졌다. 이 골고다의 외침 때문에 우리들의 부르짖음은 더 이상 하나님께 저주받은 자의 절규가 아니라 하나님께 지극히 사랑받는 자의 애가가 된 것이다. 하나님과 끊어지는 처절한 비극의 울부짖음이 아니라 하나님과의 더 깊은 사랑의 연합으로 들어가는 구애의 외침이 되었다.

우리는 어두운 골짜기에서의 신음과 절규를 통해 주님의 부르짖음의 놀라운 구속적 의미를 깊이 깨닫게 된다. 그 고난의 깊은 사랑을 알게 된다. 종교개혁자 루터(Martin Luther)는 자신이 자주 겪었던 영적 침체와 고통의 심연에서 십자가의 의미를 더 온전히 이해하게 되었다고 고백했다. 그런 어두움의 경험이 없이 결코 십자가 고난의 신비를 알지 못했을 것이라고 했다.

토마스 굿윈(Thomas Goodwin)의 말대로, "자신이 '깊은 곳에' 있어 보지 않으면 그 깊이를 알지 못하고 측량하지 못할 것이다. 깊은 곳에 있어 본 사람만이 어느 누구도 보지 못했던 그 깊은 곳에서 하나님의 경이로움을 볼 것이다."[19] 결국 우리의 깊은 고통과 비참의 심연에서 우리는 주님의 무한한 사랑의 심연으로 들어간다.

성령충만,
실패한 이들을
위한 은혜

제4부

성화를 위한 성령충만

"왜 그리스도인들이 변하지 않는가?" 한국교회를 향해 끊임없이 제기되는 의문이다. 오늘날 한국교회가 직면한 영적 위기는 그 양적 팽창에 비해 영적 성숙과 성화의 진전이 매우 저조한 것이라고 한다.[1] 한국교회는 많은 사람들을 '구원'받게 하는 데는 성공했지만, 그들을 '성화'되게 하는 데는 실패한 것 같다.

이러한 문제는 꼭 한국교회에만 국한된 것이라고 볼 수는 없다. 정도의 차이는 있으나 현대교회에 보편적으로 나타나는 현상이다. 리처드 러브레이스(R. Lovelace)는 개신교의 중대한 실패 중 하나는 "성화의 공백(sanctification gap)"이라고 지적했다.[2] 달라스 윌라드(Dallas Willard)도 "기독교계에 '삶의 변화'에 대한 말들은 많지만 그 실체는 극히 드물다."라고 했다.[3]

왜 이렇게 현대교회에 성화의 부재로 인한 영적 침체가 만연하게 되었는가? 그 원인 중 하나는 성화론의 혼란에 있다고 볼 수 있다. 그동안 은혜에 치중한 설교가 한국교회 안에 윤리적인 나태와 방종을 조장했다면, 이에 대한 반작용으로 윤리를 강조하는 설교는 또 다른 극단인 율법주의로 치우쳤다. 이 무율법주의적 혼란과 율법주의적 폐단이 한국교회의 생명력을 갉아먹고 있고 교인들의 영적 성숙을 방해하고 있다. 그러므로 복음의 양면성, 즉 칭의와 성화의 긴밀한 연결성과 구별성을 균형 있게 강조하는 성화론의 정립을 통하여 이러한 문제를 극복하는 것이 한국교회가 당면한 시급한 과제이다.

11. 무율법주의와 율법주의를 넘어서

예수님을 위해 살려고 하지 말라

얼마 전 기독교서점의 신간서적 코너에 진열된 책들 중에 유난히 사람들의 눈길을 끄는 책이 있었다. 경건서적치고는 그 제목이 아주 희한했기 때문이었다. 지금까지 경건서적들의 제목들은 대개 다양한 표현으로 예수님을 위해 살도록 고무하는 것들이었는데, 이 책은 이에 대해 정면으로 반발이라도 하듯이 "예수님을 위해 살려고 하지 말라"는 타이틀을 내걸었다. 그러니 사람들의 호기심을 끌기에 충분했다.

사실 이 책의 내용은 그 제목과는 달리 별로 특이한 점이 없다. 원래 영문제목은 "예수님을 위해 살려고 하지 말라, 예수님이 내 안에 살게 하라(Stop trying to live for Jesus, Let Him live through you)"인데[4], 한글 번역판이 원제목의 앞부분만을 크게 부각시킨 것은 사람들의 관심을 끌려는 기획의도 때문이었을 것이다. 어쨌든 이 책은 제목의 덕을 톡톡히 본 셈이다. 그 제목으로 인해 실제 판매 부수가 많아졌는지는 알 수 없으나, 최소한 사람들의 눈길을 끄는 데는 성공했다고 본다.

왜 이런 제목이 교인들의 관심과 마음을 사로잡는 효력이 있을까? 그것은 아마도 특이한 제목에 대한 호기심과 함께 예수님을 위해 살아야 한다는 부담감으로 짓눌린 마음에 카타르시스를 안겨주는 경건의 비결을 바라는 기대감 때문이 아닐는지 모른다.

이 책의 제목은 전형적인 케직 운동의 구호인 "나의 노력을 그치고 하나님께서 일하시게 하라(Let go and Let God)"를 연상케 한다. 사실 이 책은 케직 사경회를 이끄는 한 지도자가 쓴 책이다. "예수님을 위해 살려고 하지 말라", 또는 "나의 노력을 그치라"는 말은 아무것도 하지 말고 가만히 있으라는 말이 아니라, 육적인 힘을 의뢰한 율법적 행위를 그치고 하나님만 전적으로 의지하는 믿음으로 초청하는 메시지이다.

그동안 한국교회의 성화에 대한 권면은 인간의 행함과 노력을 우선적으로 강조하는 율법적이고 윤리적인 메시지로 전락해버린 경우가 많았다. 그래서 교인들에게 칭의는 복된 소식이지만 성화는 아주 무겁고 고역스러운 짐을 안겨주는 달갑지 않은 소식으로 들리곤 했다. 예수님을 위해 살려는 수고와 그로 인한 신음과 탄식으로 점철된 성화의 고달픈 여정에서 피곤하고 지친 이들에게 '예수님 위해 살려고 하지 말라'는 파격적인 메시지는 무언가 새로운 성화의 돌파구를 열어줄 것 같은 기대감을 안겨 주기도 한다.

바르게 살라고 설교하지 말라

과거 필자가 가르치던 신학대학원에서 특강 강사로 초청받은 어떤 목사가 강의 중에 신학생들에게 이런 말을 했다. "제발 교인들에게 바르게 살라고 설교하지 말라." 듣는 이의 마음속에 여러 가지 반향을 불러일으킬 수 있는 말이다. 목사가 교인들에게 바르게 살라고 설교하지 않는다면, 도대체 무엇을 설교해야 한단 말인가? 그 목사는 어떤 의미로 이런 말을 한 것인가? 그는 한국교회가 안고 있는 가장 심각한 병폐가 교인들이 바르게 살지 못하는 윤리적 실패라는 것을 도무지 인식하지 못하고 있다는 말인가? 그 어느 때보다도 지금이 그런 설교가 한국교회에 가장 절실히 필요할 때가 아닌가?

그의 강의를 계속 들어보면 그가 어떤 취지로 그런 말을 했는지가 분명해진다. 여느 목회자와 같이 그의 관심 또한 교인들을 바르게 살게 하는 것이다. 그가 반대하는 것은 교인들을 바르게 살게 하는 설교가 아니라, 바르게 살라는 것을 누누이 강조하지만 바르게 사는 데는 도움이 안 되고 오히려 역효과만 내는 설교이다. 그의 말은 우리 교회의 강단에 만연해 있는 윤리적인 설교가 교인들에게 큰 부담만을 안겨 줄 뿐 진정한 변화와 성숙을 이끌어내지 못한다는 일침이라고 본다.

그가 지적했듯이, 교인들은 "한국에 교인들이 천만이나 되는데 왜이 사회가 이 모양인가, 그리스도인들이 정직하고 바르게 살지 못해서 그렇다."라는 것을 되뇌는 설교에 이제 아주 질렸고 식상해 한다. 교인들은 그런 당위적인 사실을 거듭 들추어내는 잔소리 같은 훈계를 듣기보다는 목사의 설교를 통해 그리스도인답게 살 수 있는 능력과 은혜를 받기 원한다는 것이다.

이 목사의 말은 한번 곱씹어 볼만한 가치가 있다. 그동안 축복과 은혜에만 초점을 맞춘 설교가 한국교회 안에 윤리적인 나태와 방종을 조장했다는 사실을 부인할 수 없다. 이에 대한 역반응으로 한국교회의 강단에 윤리를 강조하는 설교가 점증하고 있다. 그러나 여기에도 위험이 도사리고 있다. 은혜에 치중한 설교가 무율법적 혼란을 초래한다면, 윤리적인 설교는 다른 극단인 율법주의의 함정에 빠지기 쉽다.

은혜를 "거룩함의 열매를 반드시 생산하는 은혜"로 제시하지 못한 메시지가 한국교회에 윤리적 문제를 야기했다면, 신자의 윤리적 책임을 가능케 하는 그리스도 안의 은혜의 풍성함을 밝혀주지 못하는 윤리적 설교 또한 심각한 폐해를 끼친다. 윤리와 거룩한 삶을 강조하는 설교가 그 선한 의도대로 윤리적인 삶을 산출하지 못하고 오히려 교인들이 바르게 사는 데 거침돌이 될 수 있다는 것은 아이러니컬한 일이다. 이는 설교자들이 반드시 유념해야 할 사실이다. 그래서 스펄전은 자주 "윤리만을 설교하라, 그러면 신자들을 더 비윤리적인 사람들로 만들 것이다."라고 경고했다.

사실 우리 교회의 강단에서 은혜의 바탕 위에서 윤리를 강조하지 못하는 설교가 너무 많이 전파되고 있다. 많은 교인들이 도덕적으로 각색되어 복음의 핵심이 흐려진 율법적인 메시지에 짓눌려 그리스도 안의 자유와 생명력을 누리지 못하고 있다. "교인들에게 바르게 살라고 설교하지 말라."라는 그 목사의 권면은 이런 한국교회 강단의 문제를 간파한 데서 온 시의적절한 지적이라고 본다. 물론 이 말 자체만으로는 오해의 여지가 있을 수 있으나, 그 의미는 분명하다. 은혜의 확실한 제시 없이 윤리만을 강조하지 말라는 말이다.

바르게 살지 못하게 하는 두 거침돌

한국교회에 나타나는 무율법주의적 성향과 율법주의적 폐단은 모두 복음의 양면, 즉 은혜와 윤리의 균형을 상실한 데서 비롯된다. 이 양극단적인 경향 모두 교회의 진정한 윤리적 갱신과 영적 성숙을 방해하고 있다. 그러므로 이 복음의 균형을 회복함으로써 이러한 문제를 극복하는 것이 한국교회가 당면한 시급한 과제이다. 이 시점에서 우리는 설교, 교육, 상담, 영성훈련 등 교회의 제반 사역들이, 복음의 양면성이 조화롭게 이해되고 균형 있게 강조된 바탕 위에서 시행되고 있는지를 한번 면밀히 검토해 보아야 한다.

실제로 교회에서 은혜와 윤리를 서로 상충된 것으로 보아 어느 한쪽만을 강조하는 경우는 거의 드물다. 대부분 두 요소 모두 필요하다는 것을 인정한다. 문제는 어느 한 쪽으로 지나치게 편중되거나 두 측면이 긴밀하게 연결되지 못하는 데 있다. 은혜를 윤리와 깊은 연관성이 있게 가르치는 것이 쉽지 않은 것처럼, 윤리를 은혜의 분명한 근거 위에서 강조하는 것 역시 그리 수월치는 않다.

이렇게 설교에 있어서 이런 균형을 유지하기란 참으로 어려운 문제이다. 뿐만 아니라 사태를 더욱 악화시키는 요소가 듣는 사람들 안에도 도사리고 있다. 교인들 중에는 무율법주의적 성향이 강한 이들이 있는 반면에 율법주의로 치우치는 이들도 있다. 강단에서 전파되는 메시지가 듣는 이의 이런 성향에 따라 굴절되어 받아들여지고 뒤틀리게 해석되어 적용된다. 은혜를 좀 더 강조하는 설교를 자주 들을 때 무율법주의 속성을 가진 교인들은 자신들의 윤리적 실패를 합리화하는 수단으로 은혜를 남용하기 쉽다. 반대로, 윤리에 치중하는 설교가 빈번하게 전해질 때, 후자에 속한 교인들은 하나님의 은혜를 전적으로 의지함보다 자신의 경건의 노력과 도덕적 열심을 통해 하나님과의 바른 관계를 유지하려는 율법주의의 위험에 빠질 가능성이 많다.

이와 같이 교인들 중 어떤 이들은 율법주의로, 또 다른 이들은 무율법주의로 치우치기도 하지만, 사실 이 두 성향 모두가 교인들 안에 항상 공존하고 있다. 인간은 천성적으로 율법주의자인 동시에 무율법주의자이기 때문이다. 인간 안에는 하나님의 은혜를 거부하고 자신의 의를 의뢰하는 율법적인 교만이 뿌리박혀 있다. 동시에 하나님의 법에 굴복치 않고 육신의 소욕을 따라 제멋대로 살려는 무율법적 방종도 꿈틀거리고 있다.

인간의 율법주의적 성향은 은혜를 거부함으로써 결국 은혜로만 가능한 윤리까지 배격하게 된다. 역으로, 인간의 무율법주의적 성향은 윤리를 무시함으로써 결국 윤리적 삶을 위한 은혜를 껍데기 은혜로 변질시켜 버린다. 흥미롭게도 이렇게 서로 상반되는 양극적 경향, 율법주의와 무율법주의는 진정한 의미에서 은혜와 윤리 모두를 배격한다는 점에서 서로 일맥상통한다.

이러한 인간의 부패성으로 인해 복음이 교묘히 왜곡될 수 있기 때문에 설교자들은 은혜와 윤리의 균형을 유지하는 데 치열한 관심과 노력을 기울이지 않으면 안 된다. 교회역사 속에서 우리 선진들은 이러한 노력을 통해 복음의 핵심을 양극단적 오류로부터 보존해 왔다. 바울의 복음에서 볼 수 있는 은혜와 윤리의 적절한 조화는 율법주의와 무율법주의와의 논쟁의 배경 속에서 형성되었다. 바울은 유대 율법주의에 대응하여 구원이 하나님의 전적 은혜에 근거함을 역설한 동시에, 예상되는 무율법주의적 반론("은혜를 더하게 하려고 죄에 거하겠느뇨", 롬6:1)을 잠재우기 위해서는 은혜에 근거한 윤리를 강조했다.

루터나 칼빈과 같은 종교개혁자들도 한편으로는 율법주의적 요소를 안고 있던 로마 가톨릭의 구원관을 배격하기 위해 오직 은혜에 근거한 칭의론을 강조하였고, 다른 한편으로는 은혜가 반드시 윤리적 삶을 산출한다는 사실을 치밀한 논증으로 부각시켰다. 지금도 율법주의와 무율법주의의 위협은 우리 교회 안에 계속 존재하고 있다. 그렇기 때문에 복음 전파자들은 바울과 종교개혁자들의 가르침을 통해 이런 위험으로부터 복음의 순수성을 보존하기 위해 어떻게 은혜와 윤리를 적절히 연결하는가의 지혜를 터득할 필요가 있다.

값싼 은혜의 복음: 성화와 단절된 칭의

은혜만을 지나치게 강조하는 가르침이 한국교회에 도덕적 해이를 불러 왔다는 말을 자주 듣는다. 그러나 좀 더 엄밀히 말하자면, 한국교회의 윤리적 실패는 은혜만을 전했기 때문이라기보다는 은혜를 잘못 전했기 때문이라고 보아야 한다. 본회퍼(Dietrich Bonheoffer)의 말로 표현하자면, 값진 은혜를 "값싼 은혜"로 잘못 전했기 때문이다.[5]

그러면 한국교회에 무율법적인 혼란을 초래한 값싼 은혜의 복음은 어떤 것인가? 가장 보편적인 것은 아마도 칭의와 성화를 분리하여 구원은 칭의에만 근거하며 성화와는 무관한 것으로 보는 견해일 것이다. 이런 가르침에 의하면, 성화는 구원의 필수적인 요소가 아니라 부수적인 것이며 기껏해야 천국에서의 상급과 관련될 뿐이다. 그래서 삶과 인격에 아무런 실제적 변화가 없어도 칭의에 근거해서만 구원을 얻는다.

그러나 이러한 가르침은 비성경적일 뿐 아니라 종교개혁자들의 구원론과도 아주 거리가 멀다. 칼빈은 칭의와 성화를 구분하면서도 그 둘 사이의 긴밀한 연결성을 강조하였다. 그의 가르침에 의하면, 칭의와 성화는 항상 함께 가는 것이며 실제로는 결코 분리될 수 없다. 다만 논리적으로 구별될 뿐이다. 만약 칭의가 참된 것이라면 지체 없이 그리고 필연적으로 성화가 뒤따라오기 마련이다. 그러므로 의롭다 함을 받은 자는 그와 동시에 거룩하게 된다. "그리스도께서는 거룩하게 하시지 않고서는 그 누구도 의롭다 하지 않으신다."[6] 이와 같이 칭의와 성화는 영원한 끈으로 하나로 엮어져 있다.

그럼에도 이 둘을 논리적으로 구별할 필요가 있다. 중세 로마 가톨릭과 같이 칭의와 성화를 혼합하여 칭의가 어느 정도 신자의 실제적인 거룩함(성화)에 근거한 것으로 보게 되면, 구원의 확신이 심각하게 위협받을 뿐 아니라 하나님의 무조건적 구속의 사랑과 은혜의 성격이 흐려지기 때문이다. 그래서 칼빈은 로마 가톨릭의 오류에 대응하여 칭의와 성화를 날카롭게 구별하는 동시에, 성화의 중요성을 약화시키는 무율법주의 위험에 대비하여 칭의와 성화의 연결성을 강조했다.

이러한 칼빈의 가르침은 근본적으로 로마서에 제시된 바울의 구원론과 맥을 같이한다. 바울은 유대 율법주의에 맞서서는 성화와 구별된 칭의를 강조하였고(롬3-5장), 무율법주의 반론을 배격하기 위해서는 칭의와 연결된 성화(롬6장)를 논하였다. 이와 같이 칭의와 성화의 구별성과 연결성을 균형 있게 적용함으로써 율법주의와 무율법주의 양극단을 효과적으로 물리치는 전략적인 논증이 성경에 근거한 개혁주의 구원론의 핵을 이루고 있다. 이 귀한 신앙의 유산을 물려받았음에도 불구하고 개혁주의를 표방하는 교회의 강단에서조차 이러한 가르침과 동떨어진 값싼 은혜의 복음에 가까운 메시지가 전파되고 있다는 것은 참으로 안타까운 일이 아닐 수 없다.

'오직 믿음'에 대한 오해

하나님의 진귀한 은혜를 헐값의 은혜로 변질시키는 또 다른 요인은 믿음과 행함의 유기적 관계에 대한 이해의 부족이다. 종교개혁의 오직 믿음(sola fide)의 교리는 칭의에 있어서 행함의 역할을 배제한다는 것만을 의미하지 않는다. 벌카우어(G. C. Berkouwer)가 잘 지적했듯이, '오직'이란 표현은 믿음만이 참된 선행의 유일한 가능성이라는 점을 강조한다.[7] 오직 믿음만이 하나님의 은혜를 가로 막는 육신적 행함을 밀어내고 하나님의 전적인 은혜가 우리 안에 흘러들어오게 하는 통로가 된다. 나아가 오직 믿음만이 성령이 우리 안에 내주하며 역사하시는 채널이 된다(갈3:2-5). 더불어 오직 믿음만이 성령을 통하여 부활하신 그리스도가 우리 안에 살고 행하시게 하는 비결이다.

그러므로 오직 믿음만이 우리 안에 그리스도의 형상을 이루어가는 성령의 열매를 산출할 수 있다. 그렇기 때문에 오직 믿음이란 말은 육신의 열심과 교만에서 비롯된 율법적 행위를 배격한다는 의미뿐만이 아니라, 믿음만이 성령의 은혜로 인해 참된 선행을 가능케 하는 유일한 길이라는 의미를 강조한다.

따라서 오직 믿음의 교리를 행위의 중요성을 조금이라도 약화시키는 견해로 이해하는 것은 종교개혁의 가르침을 근본적으로 곡해하는 것이다. 루터와 칼빈은 의롭다 함을 받은 믿음은 반드시 선행의 열매를 맺는다는 것을 누누이 역설하였다. 그들은 믿음으로 의롭다 함을 받은 이들은 자원하는 마음으로 하나님의 뜻을 기쁘게 따르게 된다고 하였다. 이러한 견해는 제대로 순종하지 못해도 믿기만 하면 구원받는다는 교인들의 보편적인 생각과 아주 다르다.

믿음은 순종의 대용물이 아니라 오히려 온전한 순종을 가능케 하는 능력이다. 믿음은 결국 바울의 말과 같이, "사랑으로써 역사하는 믿음"이다(갈5:6). 이와 같이 믿음과 행함, 믿음과 회개, 믿음과 순종, 믿음과 사랑이 성령의 사역 안에서 긴밀히 연결되어 있다는 관점에서 믿음의 교리를 가르쳐야 한다. 그렇지 않으면 믿음은 그 참된 의미를 상실한 채 열매를 산출하지 못하는 병 들거나 죽은 믿음으로 전락해 버린다.

개신교 안의 새로운 율법주의

개신교의 생명력을 시들게 하는 것은 값싼 은혜가 빚어낸 무율법적 혼란만이 아니다. 최근 기독교상담과 내적치유를 다루는 저명한 학자들은 많은 개신교 신자들이 율법주의적 신앙의 덫에 걸려 신음하고 있는 것이 개신교의 심각한 문제라고 지적한다. 폴 투르니에는 "가톨릭 교도들보다 개신교 신자들 사이에 이러한(도덕주의적, 행위주의적) 왜곡으로 억압당하는 사람의 비율이 더 크다."[8]라고 하였다. 그는 이렇게 말한다. "도덕주의와 선행의 종교가 신교의 핵심으로 재진입하였다. 그 변화는 너무나 교묘했기 때문에 오랫동안 감지되지 않았다."[9] 그러면서 투르니에는 한 개신교 신자가 자신에게 들려준 의미심장한 말을 소개한다. "개신교는 은혜를 얻기 위해 엄청난 선행의 노력을 요구하는 것 같지만, 가톨릭은 신부에게 구하면 누구에게든지 이 은혜를 자유롭게 나눠주는 것 같습니다."[10]

『상한 감정의 치유』라는 저서로 잘 알려진 데이빗 A. 씨맨즈도 이런 문제가 수많은 개신교 신자들이 안고 있는 정서적, 영적 갈등의 근원이라고 했다. 그는 신자들의 신앙이 시간이 가면서 서서히 은혜 중심에서 행위 중심으로 전환되어 간다고 했다. 많은 그리스도인들이 은혜로 시작했다가 자기도 모르게 율법적 성향으로 치우친다는 것이다. 그들은 "은혜가 자격과 상관없는 것이라는 지점에서 제대로 출발한다. 그래놓고는 마치 갈라디아 사람들처럼 은혜로 시작했던 많은 사람들이 자신도 모르게 하나님의 은혜의 산물이 지속되는 것은 우리가 얼마나 잘 행하는가에 달려있다는 생각을 굳히게 된다. 즉 그들은 '하지만 이 시점부터는 하나님도 내가 적어도 어떤 수준의 삶을 수행해 내기를 기대하시는 것이 분명해.'라고 생각하게 되는 것이다. 우리는 알게 모르게 조금씩 우리 노력으로 하나님의 인정을 얻어낼 수 있고 행위로써 갭을 메꿀 수 있다고 생각하게 된다."[11]

씨맨즈의 지적과 같이, 많은 그리스도인들은 칭의에 있어서 하나님의 무조건적인 사랑과 은혜를 받아들이는 데는 별 문제가 없으나, 성화 과정에서 그 사랑과 은혜를 실제 의지하고 누리는 데는 많은 어려움을 겪고 있다. 구원받는 데는 하나님의 무조건적인 은혜를 믿지만, 구원 후 신앙생활에서는 자신의 경건의 노력과 열심을 의지해서 하나님의 은혜를 따내려는 고집스러운 집착에서 벗어나지 못한다. 하나님께 계속 사랑받고 인정받기 위해서는 바르게 살아야 한다는 당위감에 쫓기며 강박적으로 경건의 노력을 계속한다. 그러나 그들은 그런 신앙생활 속에서 평안과 기쁨을 누리기보다 오히려 가시지 않는 죄책감과 좌절과 두려움으로 시달린다.

이와 같이 율법주의의 위험은 구원받을 때뿐만이 아니라 성화의 과정에서도 항상 존재한다. 평생 율법주의와 싸운 은혜의 투사, 루터마저도 이 옛 습성에서 완전히 벗어나지 못했음을 고백하였다. "나는 과거

20년 동안 은혜의 메시지를 전해 왔고 그것을 나 자신이 스스로 믿어 왔다. 하지만 지금도 내가 무엇인가를 공헌할 수 있다는 생각으로 하나님과 거래하기를 원할 뿐 아니라 나의 거룩한 행위와 하나님의 은혜를 교환하려는 구습을 여전히 버리지 못하고 있다. 하나님의 전적 은혜만을 전폭적으로 의지해야 한다고 믿기가 여전히 힘들다."[12]

루터의 후예들인 개신교 신자들도 이론적으로는 철저히 은혜주의자임을 자처하면서도 실제적으로는 율법주의자처럼 행동할 때가 많다. 그것은 그들 머릿속의 지식보다 그들 안에 깊숙이 내재해 있는 율법주의적 성향과 욕구가 그들의 삶에 은밀히 더 큰 영향을 미치기 때문이다. 개신교 강단에서 전파되는 성화론이 이런 문제에 대응하는 적절한 처방책이 되지 못하고 오히려 사태를 더 심각하게 만들기도 한다. 칭의에 관하여는 은혜를 전하나 성화에 대한 권면에 있어서는 은혜와 행위가 온통 뒤섞인 혼합된 복음을 전하는 것이 개신교 안에 새로운 율법주의 양상을 악화시킨다. 믿음과 행함, 은혜와 윤리를 적절하게 연결시키지 못한 엉성한 성화의 메시지가 신자 안의 율법적 성향을 자극하여 하나님의 놀라운 사랑과 은혜에 대한 불감증을 심화시킨다.

종교개혁 덕분으로 개신교 신자들은 칭의를 얻는 데 있어서는 율법주의의 억압에서 해방되었으나, 성화의 과정에서 새로운 율법주의의 족쇄에 매여 신음하게 된 것 같다. 루터는 하나님 앞에서 의롭다 함을 얻는 문제에 있어서 자신 안의 율법주의적 성향 때문에 많은 어려움을 겪었다. 하나님의 사랑을 받을만한 자격을 갖춘 자가 되기 위해 그는 끊임없는 고행과 금욕으로 자신을 채찍질했지만 그럴수록 자신 안에 번민과 두려움과 좌절만이 깊어가는 영적 쓰라림을 맛보았다. 그러던 중 그리스도 안에서 값없이 주시는 은혜로 말미암아 의롭게 되는 진리를 깨달음으로써 자신의 선행으로 하나님의 사랑을 사려는 헛된 수고에서 벗어났다. 루터의 후예들은 루터가 대신 치른 영적 홍역 덕분에 그 곤욕스러움을 되풀이해서 맛보지 않고 무사히 칭의의 관문을 통과하는 혜택을 누리게 되었다.

그러나 그들 안에 율법주의 망혼이 이제 성화의 과정에서 다시 살아나 그들을 괴롭히고 있다. 종교개혁이 칭의의 복음을 밝혀준 공헌을 남겼다면, 지금 우리는 거룩하게 하는 은혜를 거스르는 신율법주의의 위협을 효과적으로 극복할 수 있는 성화의 복음을 분명히 제시해야 할 과제를 안고 있다. 그러면 그런 성화의 복음은 과연 어떤 것인가?

12. 성화도 복음이다

"구원받기는 쉽지만 거룩하게 살기는 참 어렵다." 이것이 아마 대부분의 개신교 신자들이 신앙생활하면서 맛보는 당혹스러움일 것이다. 칭의라는 희소식에 뒤이어 밀려오는 성화의 부담스러운 요구들이 구원의 감격을 금세 신앙생활의 고달픔과 신음으로 바꾸어 버린다. 언젠가 신앙생활을 시작한지 얼마 안 된 교인이 입가에 씁쓸한 미소를 지으며 이렇게 말했던 것이 기억난다. "개신교는 오직 믿기만 하면 구원받는다고 가르치고는 믿은 후에는 엄청나게 많은 의무와 행함을 요구하네요." 그분은 신앙의 연륜이 짧아서 그리스도 안에서 풍성한 생명을 누리게 하는 은혜를 미처 깨닫지 못했던 것 같다. 이 같은 푸념은 분명 복음에 대한 이해의 부족에서 비롯된 것이다.

그러나 개신교 강단에서 전파되는 성화론이 교인들 안에 이러한 그릇된 인식을 심어주기도 한다. 칭의 교리는 교인들에게 기쁜 소식으로 들리지만 성화에 대한 권면은 복음과는 거리가 먼 율법적인 메시지로 들릴 때가 많다. 이렇게 개신교 안에 일관된 성화론의 부재로 말미암아 많은 교인들이 믿음으로 의롭다 함을 받은 후 어떻게 역동적인 성화의 삶을 살 수 있는가에 대해 올바로 이해하지 못한 채 방종주의나 율법주의로 치우치고 있다.

헛된 성화의 노력을 그치라

필립 얀시(Philip Yancey)는 그의 베스트셀러『놀라운 하나님의 은혜』에서 개신교 안에 만연해 있는 고질적인 병폐인 무율법주의적 혼란보다 율법주의가 더 교묘하고 무섭게 은혜를 위협하는 요소라는 것을 탁월한 대중적인 필치로 아주 설득력 있게 밝혀 주었다.[1] 우리 강단에 성화의 복음을 회복하는 길은 먼저 개신교 안에 누룩처럼 은밀히 번져가는 새로운 율법주의를 경계하는 것이다.

율법주의적 성향은 신자 안에 항상 도사리고 있으며, 구원받는 단계에서뿐만 아니라 그 후 성화 과정에서도 나타난다. 그리하여 신자가 칭의의 은혜뿐 아니라 성화의 은혜까지 받아들이기 힘들게 만든다. 프린스턴 신학자였던 아키발드 알렉산더(Archibald Alexander)는 하나님께서 아무런 조건 없이 전적인 은혜로 인간의 모든 죄를 용서하고 의롭다고 하신다는 사실을 받아들이는 것은 아마 "이 세상에서 가장 어려운 일 가운데 하나"[2]일 것이라고 했다. 자신의 의로움을 고집스럽게 의존하는 교만한 성향 때문에 인간이 칭의의 은혜를 확신하고 누리기가 그렇게도 힘든 것이다.

그러나 이러한 문제는 단지 칭의에만 국한되지 않고 성화의 과정에서도 지속된다. 씨맨즈(David A. Seamands)가 지적했듯이, 신앙생활에서 "우리가 포기해야 할 가장 어렵고 가장 값의 지불이 큰 최후의 것은 곧 하나님과의 바른 관계를 얻어 내기 위해서 뭔가 내가 할 수 있는 일이 있을 것이라는 생각이다."[3] 많은 교인들은 하나님의 무조건적인 은혜로 의롭다 함을 받아놓고는 이제 하나님의 사랑과 은혜를 지속적으로 누리는 것은 자신들이 얼마나 신앙생활을 잘 하는가에 달려 있다는 생각에 사로잡힌다. 그들은 거의 무의식적으로 하나님의 사랑을 인간의 경건에 어느 정도 근거하는 조건부 사랑의 형태로 바꾸어 버리고는 그 사랑을 사기 위해 무엇인가 공헌해야 한다는 강박관념에 쫓기며 경건의 노력을 기울인다.

그러나 이러한 율법적인 열심은 성화를 다이내믹하게 진행하는 성령의 역사에 오히려 거침돌이 된다. 우리 마음속에 하나님의 놀라운 사랑이 스며들지 못하게 하는 딱딱한 차단막을 형성한다. 그리하여 우리가 하나님의 무조건적인 사랑 속에 살고 있는데도 그 사랑을 쉽게 받아들이고 누리지도 못하게 한다.

칭의와 마찬가지로 성화의 과정에서도 우리에게 가장 힘든 일은 하나님의 은혜보다 인간의 힘을 의지해 살아가려는 헛된 율법적인 수고를 그치는 것이다. 하나님의 은혜에만 계속 신세 지며 사는 것은 자기의를 숭배하는 인간의 교만한 자존심을 심히 상하게 한다. 은혜만을 의존하는 '오직 믿음'의 원리는 너무도 단순하고 쉬운 성화의 길로 보이기에 우리 안의 일종의 직관이 이를 거부한다. 그래서 심슨(A. B. Simpson)은 신자들에게 "가장 큰 위험은 그들이 행하지 못하는 데 있는 것이 아니라 그들이 행하려 하는 데 있다."[4]라고 했다.

"예수님 위해 살려고 하지 말라", 또는 "나의 노력을 그치고 하나님이 일하시게 하라"는 슬로건은 바로 이러한 율법적 노력의 포기를 요구하는 구호이다. 즉 하나님의 일하심을 오히려 방해하는 행함을 그치고 하나님께서 자유롭게 행하실 수 있도록 길을 열어드려라, 다시 말해, 그분을 전폭적으로 의존하는 믿음의 삶으로 돌이키라는 메시지를 전달하는 것이다.

성화와 '오직 믿음(sola fide)'

이같이 하나님의 은혜만을 의지하는 '오직 믿음'의 비결은 은혜의 통로를 가로막고 있는 율법적 행함을 몰아냄으로써 하나님의 풍성한 은혜가 밀려들어오는 채널을 활짝 열어 놓는 데 있다. '자기 의'의 성곽으로 둘러싸인 인간의 마지막 보루를 허물어뜨림으로써 우리를 자신 안에 더 이상 의지할 것이 없는 철저히 연약한 자로서 하나님만을 바라보는 자리에 서게 한다. 이렇게 우리가 자신을 의지하는 삶의 마지막에 이르렀을 때, 하나님이 우리 안에서 강력하게 역사하기 시작하신다. 그래서 우리는 약함 중에 강해지는 것이다. 이런 연약함의 영성은 "하나님의 능력의 진정한 통로가 되도록 우리를 열어 주시는 하나님께 전적으로 그리고 무조건적으로 의지하는"[5] 영성이다. 우리의 성화의 메시지는 무엇보다도 먼저 신자들을 이러한 믿음으로 인도할 수 있어야 한다.

그러나 애석하게도 개신교 강단에서 가장 빈번하게 나타나는 성화론적 오류는 성화와 '오직 믿음'과의 긴밀한 관계를 바르게 이해하고 가르치지 못하는 것이다. 칭의를 논할 때는 믿음의 역할을 강조하지만, 성화를 다룰 때는 믿음보다는 행함을 더 강조하기 십상이다. 대체로 '오직 믿음'의 원리는 칭의에만 적용되는 것으로 생각한다. 성화 과정에 들어서면 신자는 이 원리를 떠나 신인협동체제의 삶으로 전환하는 것으로 이해한다. 이러한 일반적인 오해가 율법주의가 잠입할 틈새를 열어준다.

그러나 칭의뿐 아니라 성화의 전 과정이 오직 믿음의 바탕 위에서 진행된다. 우리는 오직 믿음으로 의롭게 될 뿐 아니라, 오직 믿음으로 거룩하게 된다. 이 말은 개신교 신자들에게 생소하게 들릴지 모른다. 오직 믿음으로 거룩하게 된다면 성화를 위한 인간의 노력과 행함이 필요 없다는 말인가? 물론 그렇지 않다. 이 말은 성화의 과정에서 인간의 행함이 '오직 믿음'이라는 채널을 통해서 주어지는 하나님의 은혜로만 가능하다는 것을 의미한다.

여기서 '오직'은 인간의 역할을 배제하는 것이 아니라 그것을 진정으로 가능하게 하는 근거를 밝히고 있다. 이는 오직 십자가만이 칭의의 공로인 것같이 또한 성화의 근거임을 주목하게 한다. 우리는 오직 십자가를 바라보는 믿음으로 죄 사함과 의롭다 함을 얻은 것같이, 오직 십자가의 효력을 의지하는 믿음으로 성화를 이루어간다. 그것은 십자가에서부터 죄를 이기는 능력, 거룩하게 사는 효력이 흘러나오기 때문이다.

단번에 이루어진 성화: 결정적 성화

오늘날 강단에서 전파되는 성화에 관한 설교는 온통 신자의 책임과 사명, 그리고 열심을 고취시키는 윤리적인 지침과 권면으로 가득하다. 하지만 예수님과 그분의 십자가에 대해, 그리고 예수님 안에 주어진 은혜의 풍성과 영광에 대해서는 좀처럼 들을 수 없다. 칭의뿐 아니라 성화에 관해서도 우리는 예수님과 그분의 십자가를 전해야 한다. 예수님보다 윤리를 더 전하려는 유혹에서 벗어나야 한다. 그 어떤 것도 우리의 설교에 예수님보다 더 우선적인 것이 되어서는 안 된다. 오스왈드 챔버스(Oswald Chambers)가 경고했듯이, 예수님보다 성화를 전하려는 것까지도 복음사역의 초점이 빗나간 것이다.[6)

성화의 설교도 예수님과 그분의 십자가와 부활에 초점을 맞추어야 한다. 그것은 예수님이 성화의 근원이시며, 능력이자 목표이시기 때문이다. 로마서 6장에서 바울 사도는 성화도 칭의와 마찬가지로 예수님의 구속 사역에 기초한다는 사실을 분명히 밝히고 있다. 그는 예수님의 죽음과 부활이 성화와 어떻게 밀접하게 연관되는가를 잘 보여준다.

바울에 따르면, 신자의 성화는 신자가 예수님의 죽음과 부활에 연합하는 것에 뿌리를 내리고 있다. 예수님의 십자가와 부활에서부터 신자가 죄에 대해 단번에 죽고 새 생명 가운데 다시 살게 하는 효력이 유출된다. 그래서 바울은 우리가 예수님의 죽음과 부활에 연합함으로써 죄에 대해 죽고 새 생명 가운데 다시 살게 되었다고 말한다(롬6:2-6). 여기서 죄에 대해 죽었다는 말은 우리 안에 죄가 죽었다는 것이 아니라 "우리가 죄와 결정적으로 결별했다, 죄의 지배에서 전격적으로 해방되었다."라는 것을 의미한다.[7)

이와 같이 예수님을 믿었을 때 우리는 신분적으로 의롭게 되었을 뿐 아니라 죄와 획기적으로 분리된 거룩한 자가 되었다. 칭의와 함께 '결정적인 성화(definitive sanctification)'[8)가 일어난 것이다. 보통 성화는 점진적으로 이루어지는 것으로 이해하는데, 신약에서 성화에 대한 용어들은 주로 "어떤 진행과정이 아니라 단번에 완성된 결정적인 사건을 의미하는 데 사용되고 있다."[9)라는 사실을 기억할 필요가 있다.

하나님이 그리스도의 구속 사역을 통하여 우리 안에 근본적인 성화를 이루어 주셨기에 오직 그 바탕 위에서만 점진적인 성화가 가능하다. 그래서 바울 서신에서 죄를 이기고 거룩하게 살라는 성화의 명령(imperative)은 그리스도 안에서 이미 거룩하게 되었다는 복된 사실(indicative)에 항상 기초한다.[10)

그러므로 성화 과정에서 '행함'보다 선행되어야 할 것은 이 사실에 대한 '믿음'이다. 예수 그리스도의 구속의 은혜가 우리 안에 얼마나 놀랍고 획기적인 변화를 이루어 주었는가를 바로 알고 믿어야 한다. 우리의 영적 빈곤은 이 복된 사실에 대한 인식과 믿음이 결핍된 데서 비롯된다. 동시에 이 믿음을 삶에 구체적으로 적용하는 영성훈련이 부족한 데서 기인한다.

어떻게 매일의 삶 속에서 죄의 세력을 극복하고 옛 사람의 욕심과 구습에서 자유로울 수 있는가? 죄에서의 자유, 우리의 옛 사람을 죽이는 것은 우리가 아무리 애쓰고 몸부림쳐도 우리의 노력으로 불가능한 일이다. 우리의 힘으로 도저히 이룰 수 없는 것을 주님께서 십자가와 부활로 이루어 주셨다. 우리는 주님과 연합함으로 말미암아 주님께서 이루어 주신 죄로부터의 자유로움과 승리에 참여하게 되었다.

그러므로 우리가 매일의 삶 속에서 죄를 이기는 유일한 비결은 예수님을 바라보는 믿음이다. 스펄전이 그의 설교에서 자주 강조했듯이, 우리는 구원받는 것과 똑같은 방법, 즉 예수님을 전적으로 의존하는 믿음으로써 우리의 옛 성품, 즉 교만과 정욕에서도 자유로울 수 있다. 그것은 십자가와 부활의 능력 외에 다른 방법으로 결코 죄를 죽일 수 없기 때문이다. 그래서 스펄전은 이렇게 말한다. "당신은 죄 사함을 위해 예수님께 나아가면서 죄와 싸울 수 있는 능력을 위해서는 율법으로 돌아갑니까? 당신은 그다지도 어리석은가요."[11)

은혜와 책임

우리의 죄와 옛 사람을 죽일 수 있는 것은 오직 예수님의 보혈의 권세와 부활의 능력밖에 없다. 그러기에 우리는 성화 과정에서도 계속 예수님을 바라보아야 하며, 예수님과 연합함으로 말미암아 참여하게 된 결정적인 성화의 은혜를 의존해야 한다. 그와 함께 이렇게 변화된 사람으로 살도록 인도하시는 성령의 은혜를 의존해야 한다.

성령은 예수님 안에 일어난 결정적인 성화의 사실을 신자의 삶 속에 구체적으로 실현하신다. 성령은 예수님의 죽음과 부활에서부터 유출되는 거룩하게 하는 효능을 우리 안에 적용하여 우리가 실제 죄에서 자유로운 삶을 살게 하신다. 이와 같이 결정적인 성화와 성령의 사역은 상호 긴밀하게 연결되어 성화의 근본 바탕을 이룬다.

따라서 성화의 명령(imperative)을 따라 사는 것은 우리 자신의 힘과 노력에만 맡겨진 사안이 아니라 오직 이 예수님의 은혜에 대한 믿음과 성령의 은혜에 대한 의존을 통해서만 가능하다. 성화 과정에서의 신자의 책임은 반드시 이 은혜의 토대 위에서 강조되어야 한다. 그럴 때만 이 성화의 메시지가 복음적인 특성을 분명히 드러냄으로써 모든 율법적이고 경직된 윤리적 가르침과 확실히 구별될 것이다.

설교자는 성화가 우선적으로 인간의 행함이 아니라 삼위 하나님의 크고 놀라운 행하심에 근거한다는 진리에 좀 더 깊이 주목할 필요가 있다. 삼위 하나님이 예수님 안에 행하셨고 지금도 성령을 통해 우리 안에서 강력하게 행하시기에, 오직 이 신적 사역의 토대 위에서만 우리도 행할 수 있다는 사실을 잊어서는 안 된다. 따라서 성화에 대한 설교는 우리를 거룩하게 하시려는 하나님 아버지의 경륜과 부르심, 그 뜻을 구체적으로 실현하는 예수님의 십자가와 부활, 그리고 성령의 사역에 초점을 맞추어야 한다. 예수님의 십자가와 부활 사건에 내포된 성화론적 함축과 우리를 날마다 새롭게 하는 성령 사역의 다이내믹을 심도 있는 고찰을 통하여 밝히 증거함으로써 교인들이 이에 대한 확신 있는 믿음 위에 서게 해야 한다.

그와 동시에 이 믿음의 채널을 통해 주어지는 은혜의 바탕 위에서 신자의 책임의 특성과 중요성을 선명하게 밝혀 주어야 한다. 하나님의 은혜는 신자의 책임을 면제해 주는 것이 아니라 오히려 신자가 그 책임을 온전히 감당할 수 있게 하는 것이다. 하나님의 은혜만을 의존하는 믿음은 아무것도 하지 않는 정적주의 신앙이 아니라 은혜를 힘입어 능동적으로 책임을 수행하는 신앙이다.

그러나 이러한 신자의 노력은 '은혜를 향한' 행위가 아니라 '은혜로 인한' 행위이다. 은혜를 얻기 위한 노력이 아니라 은혜의 산물이다. 다시 말하면 하나님의 은혜를 받는 조건이 아니라 그 은혜의 결과이며 열매인 것이다. 항상 하나님의 은혜가 신자의 책임보다 앞선다. 그리하여 신자의 노력을 헛된 수고가 아니라 풍성한 열매를 산출하는 생산적인 수고가 되게 한다.

칭의의 바탕 위에서 진행되는 성화

한국교회가 그동안 칭의 교리를 지나치게 강조했기에 교인들의 윤리적 수준을 저하시켰다고 주장하는 이들이 있다. 하지만 사실 한국교회의 문제는 칭의를 너무 많이 전한 데 있는 것이 아니라 칭의를 바르게 전하지 못한 데 있다. 칭의에 대한 올바른 가르침과 이해는 항상 성화를 증진시킨다. 그것은 칭의가 성화의 참된 바탕과 원동력을 제공하기 때문이다. 성화의 진전은 오직 칭의의 바탕 위에서만 가능하다. 성화가 진행됨에 따라 칭의의 단계를 벗어날 수 있는 것이 아니라, 성화의 전 과정이 칭의에 의존한다. 신자가 아무리 높은 거룩함의 경지에 이르렀을지라도 칭의의 바탕을 떠나서는 한순간도 바로 설 수 없다.

이런 의미에서 칭의는 즉각적인 동시에 계속적이다. 이는 성화와 같이 칭의가 점진적으로 완전해진다는 것을 뜻하지 않는다. 신자는 예수님을 믿음으로 말미암아 즉각적으로 완전한 칭의의 은혜를 받았다. 라일 감독이 지적했듯이, 비록 "하늘에 있는 성도라 할지라도 지상에 있는 신자보다 더 많이 의롭게 되지 않았다."[12] 그러나 칭의는 구원의 문으로 진입하는 은혜만이 아니라 신자의 삶의 전 과정을 힘차게 떠받치고 있는 영원한 은혜의 반석이다.

신앙의 여정에서 칭의의 진리는 우리가 항상 불변하는 하나님의 무조건적인 사랑 안에 살고 있다는 것을 거듭 확인시켜 준다. 그리하여 하나님의 사랑을 얻기 위해 우리가 부단히 애쓰고 수고해야 하는 율법적 강박에서 자유롭게 한다. 비록 우리가 죄 속에 빠져 영적으로 방황할지라도 우리를 향한 하나님의 무조건적인 사랑은 전혀 변함이 없다. 이러한 사실을 일깨워주는 칭의의 메시지는 우리를 타락에서 돌이키는 가장 효과적인 은혜의 방편이다. 칭의는 신자가 영적 침체에서 헤어나 다시 회복할 수 있는 견고한 영적인 바탕을 제공한다.

칭의는 신자가 하나님의 사랑과 은혜 가운데 다시 시작할 수 있는 제2의 찬스를 끊임없이 부여한다. 그래서 범죄한 자기 백성을 부르시는 하나님의 말씀에는 항상 칭의의 복음이 담겨 있다. 구약의 선지자들은 타락한 백성들의 죄에 대한 하나님의 경고와 징계에 대한 말씀과 함께 위로와 사유를 약속하는 칭의의 메시지를 전하였다. 하나님은 범죄한 그분의 백성을 엄중하게 징계하셔서 정신 차리고 회개하게 하시는 동시에 칭의의 메시지로 그들을 위로하신다.

죄를 지적하며 책망하는 설교만으로 타락한 이들을 돌이킬 수는 없다. 그들의 많은 죄악에도 불구하고 그들을 향한 하나님의 지극히 큰 사랑은 변함이 없다는 사실을 성령의 감화로 다시 깨닫게 될 때, 비로소 그들이 사랑하는 아버지 품으로 돌아오게 되는 것이다. 교회역사 속에서 주기적으로 나타난 부흥의 시기에 다시 부활했던 메시지는 죄에 대한 날카로운 지적과 함께 하나님의 사랑과 은혜를 강조한 칭의의 복음이었다. 지금은 그 어느 때보다 부흥의 도래가 절실히 필요한 시기이다. 그만큼 우리 한국교회에 시급하게 요구되는 것은 진정한 회개와 칭의를 전하는 설교가 부흥하는 것이다.

성령충만과 사랑의 강권

교회역사 속에서 항상 그래왔듯이, 칭의의 교리는 자칫 잘못하면 남용되기 쉬운 위험한 교리가 될 수 있다. 성령의 은혜 없이 메마른 이론으로만 칭의의 진리를 전할 때, 그런 메시지는 죄인의 심령을 변화시키기보다 오히려 죄악을 심상히 여기게 하는 교리로 오용되기 쉽다.

개신교가 말씀과 성령의 긴밀한 연결성에 대한 중대한 통찰을 소홀히 한 결과, 강단이 말씀의 불씨를 지피는 성령의 불길을 잃고 이론적으로 바른 교리에만 매달리는 주지주의적이고 교조주의적인 경향으로 치우칠 때가 많았다. 그 결과 오늘날 많은 개신교 신자들이 은혜에 대한 건전한 교리를 가지고 있지만, 그 교리가 가리키는 실체인 하나님의 은혜와 사랑의 부요함을 삶 속에서 체험하며 누리지는 못하고 있다. 곧 은혜의 교리가 "다 머릿속에만"[13] 갇혀 있고, 우리의 전 인격과 삶을 관통하여 우리의 전 존재를 바꾸어 놓는 능력 있는 말씀으로는 역사하지 못하는 것이다.

복음사역의 두 축은 십자가의 도와 성령이다. 십자가를 통해 밝히 계시된 죄인을 향한 하나님의 놀라운 은혜와 사랑에 대한 설득력 있고 논리적인 진술과 함께, 이 십자가의 도가 증거하는 사랑과 은혜의 실체를 죄인의 심령에 체험적으로 와 닿게 하는 성령의 사역이 한데 어우러질 때, 효과적인 복음사역을 낳는다. 십자가를 통해 계시된 하나님의 사랑을 성령의 감동으로 전파할 때, 죄인은 자신의 죄인 됨을 깊이 자각하고 그런 죄인을 사유하고 받아주시는 하나님의 놀라운 사랑에 압도된다. 이 큰 하나님의 사랑이 성령으로 말미암아 그들 마음속에 부은 바 될 때, 죄인들은 복음에 설복된다. 이 하나님의 사랑만이 죄인들을 구원할 수 있는 비결이며 그들의 강퍅한 마음을 녹이는 능력이다.

우리는 변치 않는 하나님의 사랑 안에 계속 살고 있다. 그런데 왜 이 사랑이 머릿속으로만 이해되고 가슴에 와 닿지는 않는가? 어떻게 칭의 교리가 말하는 놀라운 사랑의 실체가 우리의 마음에 체험되며 우리의 삶을 움직이는 추진력으로 작용될 수 있는가? 그것은 성령의 사역으로 가능하다. 성령은 사랑의 영이시다. 성령은 하나님의 사랑을 우리의 영혼 안에 깊숙이 스며들게 하여 우리의 전 존재와 인격이 이 사랑에 흠뻑 젖게 한다. 그래서 바울 사도는 성령으로 말미암아 하나님의 사랑이 우리의 마음에 부은 바 되었다고 하였다(롬5:5).

성령충만은 이 사랑의 영으로 충만함을 의미한다. 우리가 두려움으로 가득하면 두려움이 우리를 사로잡고 지배하듯이, 우리가 성령으로 충만하면 하나님의 사랑에 사로잡힌다. 그리고 그 사랑이 우리의 삶을 지배하는 강력한 영향력으로 작용하여 그 사랑의 강권함에 이끌림을 받으며 살게 된다. 이렇게 우리의 심령이 하나님의 사랑에 매료되고 우리가 이 사랑에 사로잡힌 바 되면 어찌 거룩하게 살지 않을 수 있으랴.

간혹 하나님의 사랑을 전하는 설교보다 죄책감과 두려움을 불러 일으켜 하나님께 복종하도록 겁박하는 윤리적 설교가 더 효율적으로 보이기도 한다. 물론 신자의 삶 속에 두려움과 죄책감이 필요할 때가 있다. 그러나 두려움과 의무감에 이끌리는 삶 속에서는 하나님께서 원하시는 순종과 거룩함의 열매를 맺을 수 없다. 하나님의 사랑만큼 인간의 마음을 움직이는 강력한 힘이 없다. 두려움이나 죄책감은 결코 이 사랑만큼 강한 힘이나 순수한 동기가 되지 못한다. 하나님의 사랑만이 우리를 얽어매는 율법주의의 사슬을 끊을 수 있는 강력이며, 범죄를 불가능하게 하는 유일한 비결이고, 우리를 죄책감과 두려움에서 해방하여 진정한 거룩함을 추구하게 하는 원동력이다. 그러므로 율법주의의 위험을 극복하는 가장 강력한 대책은 은혜의 교리와 성령충만의 은혜를 잘 접목시킨 설교사역을 통해 신자들이 하나님의 사랑에 강권함을 받는 삶을 살도록 인도하는 것이다.

성령 안의 자유로움과 율법준수

이 사랑의 영으로 인도함을 받을 때 우리는 율법주의에서부터 진정한 자유로움을 누린다. 어거스틴은 "만약 당신이 하나님을 참으로 사랑한다면 당신의 마음이 원하는 대로 행할 수 있을 것이다."라고 했다.[14] 이 말은 하나님을 사랑한다는 명분하에 아무렇게나 방종하게 살아도 된다는 것이 아니라 하나님을 사랑하는 삶 속에 진정한 자유로움이 있다는 것을 의미한다. 하나님을 진정으로 사랑하면 자연히 하나님의 기쁘신 뜻을 사랑하게 되며 그 뜻대로 살고 싶어진다. 그래서 자기가 하고 싶은 대로 행하지만 그것이 다름 아닌 하나님께서 원하시는 바를 행하는 것이 된다.

이런 의미에서 챔버스는 우리가 믿음의 온전한 단계에 이르면 우리 일상의 모든 평범한 선택과 결정들이 결국 우리를 향한 하나님의 기쁘신 뜻이 된다고 하였다.[15] 하나님의 뜻을 아는 비결은 하나님을 사랑하는 마음, 즉 그리스도의 마음을 갖는 것이다. 하나님의 뜻은 딱딱하고 차가운 마음으로 율법의 조항들을 법적으로 따지고 교리적으로 분석하여 알 수 있는 것이 아니다.

전통적으로 개혁교회에서는 신자의 삶을 율법의 제3용법을 따라 계명을 지키는 삶으로 이해해 왔다. 웨스트민스터 신앙고백서, 하이델베르크 요리문답은 신자의 삶을 십계명을 지키는 삶이라는 관점에서 논의하였다. 이러한 접근은 그리스도인의 삶이 무율법주의적인 삶이 아니라 율법의 참된 의미를 실현시키는 삶이라는 점을 부각하는 장점을 안고 있다.

그러나 신약성경, 특별히 바울의 가르침은 신자의 삶을 우선적으로 성령 안의 삶이라는 관점에서 조명한다. 성령으로 인도함을 받는 삶은 외부적인 율례에 얽매이는 삶이 아니다(갈5:18). 물론 아무런 객관적인 지침이 없이 주관적인 충동과 욕망과 소견을 따라 무질서하게 사는 삶도 아니다. 성령은 주님의 새 계명, 사랑의 법을 따라 신자를 인도하신다. 그러나 이 새 계명은 돌비가 아니라 심비에 새겨졌으며, 성령은 이 마음에 쓰인 그리스도의 법을 따라 신자를 인도하시는 것이다. 따라서 성령을 따라 사는 것은 율법과 상충된 삶이 아니라 율법의 요구를 온전히 이루는 삶이다. 성령을 따라 살 때 성령의 열매를 맺게 되며, 이것이 곧 율법의 요구, 즉 사랑을 구체적으로 실현하는 삶이 된다. 그래서 바울 사도는 "육신을 따르지 않고 그 영을 따라 행하는 우리에게 율법의 요구가 이루어지게 하려 하심이니라"(롬8:4)고 하였다.

나아가 성화의 과정을 성령 안의 삶으로 보는 관점은 율법을 지키는 어떤 '바른 행위'보다 율법의 참된 의미를 전인적으로 구현하는 '새로운 인격', 즉 성령의 열매에 더 초점을 맞춘다. 또한 계명을 지키는 삶을 가능케 하는 능력이 신자 안에 내주하시는 성령으로부터 주어진다는 점을 주지시킨다. 따라서 그리스도인의 삶을 계명을 지키는 삶만이 아니라 성령의 자유와 능력 안에서의 삶으로 가르칠 때, 성화의 메시지는 율법적인 경향을 벗어버린 참된 복음으로 새롭게 거듭날 수 있을 것이다.

13. 제2의 축복

내게 찾아온 뜻밖의 은혜

스티브 맥베이 목사는 그가 쓴 베스트셀러 『내게 찾아오시는 하나님의 은혜』에서 그의 삶과 사역을 획기적으로 변화시킨 은혜체험을 소개하였다.[1] 그는 매우 성공적인 목회를 해왔으며 장래가 촉망된 젊은 목사로 인정받아 왔다. 새로운 교회로 청빙 받아 온 그는 자신감과 의욕에 넘쳐 교회를 부흥시키려고 열심히 뛰었다. 그러나 전과 같이 교회가 성장하리라는 기대와는 달리 교회는 오히려 쇠퇴해 갔고 교인 수는 점점 줄어만 갔다. 그는 17년 동안의 목회생활 가운데 최악의 상황을 맞이하면서 처음으로 실패의 압박감으로 질식할 것 같았다. 지혜는 막다른 길에 도달했고 그의 몸과 마음은 지칠 대로 지쳐 더 이상 버틸 수 없을 정도로 비참한 지경에 이르렀다. 그는 어느 날 완전한 실의와 절망에 빠져 흐느껴 울며 이렇게 기도했다. "주님, 이 종은 삶에서 승리하려고 노력하다가 지쳤고, 목회에서 성공하려는 열심에도 지쳐 있습니다."

그러면서 그는 지금까지 자신이 중요하다고 생각했던 모든 것—목회성공, 명성과 인정 등—을 내려놓기로 결심했다. 그리고 그날 밤 그는 그의 삶과 사역에 획기적인 전환점이 되는 은혜를 체험했고, 그것을 이렇게 기록하였다. "오늘 자정과 새벽 두시 사이 하나님의 성령이 내 마음에 임하시어 나를 사로잡으셔서 구속의 일을 행하셨다. 자세한 내용을 기록하기엔 너무 개인적이고 신령한 것이지만, 내게는 과거 18년 동안 일어났던 그 어떤 것과도 비교할 수 없는 하나님의 은혜에 대한 소중한 체험이었다."[2] 이 체험 이후 그의 삶은 결코 전과 같지 않았다. 실패의 삶에서 승리의 삶으로, 곤고하고 비참한 삶에서 풍성한 삶으로 전환되었다. 그리고 다시는 옛 생활로 돌이키는 일은 없었다.

맥베이는 자신이 새롭게 발견한 그리스도 안에서 안식하는 삶으로 독자들을 초청한다. "그리스도를 위해 살려고 노력하지 말라." "당신이 그렇게 살려고 노력하면 할수록 당신은 반드시 실패할 것이다. 그런 노력은 항상 좌절과 실패를 가져온다. …… 하나님은 결코 그리스도인의 삶이 투쟁이 되도록 의도하지 않으셨다. 호흡하는 것과 같이 자연스럽게 그리스도인의 삶으로부터 성령이 흘러 나와야만 한다. …… 하나님께서는 결코 당신에게 그리스도인의 삶을 살도록 의도하지 않으셨다. 그분이 당신을 통해 일하시도록 당신이 허용한다면, 그분은 당신을 통해 그분의 삶을 사실 것이다! 많은 현대교회의 교인들은 하나님을 섬기기 위해 노력하다가 완전히 지쳐있다."[3]

이는 얼마나 기쁜 소식인가? 성화의 과정에서 지쳐있는 영혼들에게 금세라도 새로운 돌파구가 확 열릴 것 같은 희망을 안겨주는 메시지이다. 바로 그 점이 많은 독자들을 끄는 마력이다. 그러나 이런 메시지는 결코 새로운 것이 아니다. 오래 전부터 유행하던 '제2의 축복' 성화론의 리허설일 뿐이다.

제2의 축복은 있는가?

과연 신자의 삶과 사역을 획기적으로 변화시키는 성화의 은혜는 존재하는가? 웨슬리는 이러한 은혜가 있다고 보았다.[4] 웨슬리는 이를 즉각적인 또는 온전한 성화(Instantaneous sanctification, or Entire sanctification)라고 칭했다. 이 은혜를 체험하면서부터 하나님의 사랑 안에 온전해지며 그리스도로 충만한 삶을 살게 된다는 것이다.

웨슬리와 성결운동에 이어 일어난 "더 풍성한 삶 운동(Higher-life, or Deeper-life movement)"과 유명한 케직 사경회(Keswick movement)에서는 이 획기적인 성화의 은혜를 자주 제2의 축복(second blessing)이라고 불렀다. 케직 사경회를 주도했던 마이어(F. B. Meyer), 머레이(Andrew Murray), 토레이(R. A. Torray), 그리고 그 가르침을 전파한 무디(D. L. Moody), 심슨(A. B. Simpson), 고든(A. J. Gordon), 모울(H. C. G. Moule) 같은 이들을 통해서 이러한 성화론은 그동안 수많은 사람들을 매료시켜 왔으며, 지금도 그들이 남긴 경건서적을 통하여 우리에게 많은 영향을 끼치고 있다.

그들은 이 은혜체험을 '자아가 죽는 체험' 또는 '로마서 7장에서 8장으로 넘어가는 체험', '육적인 삶에서 영적인 삶으로 전환하는 체험' 등으로 묘사하였다. 이 은혜를 받는 순간부터 신자의 삶과 사역은 그 전과는 완전히 달라진다고 주장했다. 마치 물이 포도주로 변화되듯이, 신자의 삶이 실패와 좌절과 신음으로 점철된 곤고한 삶에서 능력과 기쁨과 평강이 가득한 승리의 삶으로 급전환된다는 것이었다. 간혹 제2의 축복을 '성령세례(baptism in the Holy Spirit)' 또는 '성령충만(filling of the Holy Spirit)'이라고도 불렀는데, 20세기 초부터 성령에 대한 관심이 급증하면서 점차 이러한 명칭이 선호되었다.[5]

이런 배경에서 오순절 교회의 성령세례의 가르침이 등장한 것이다. 본격적으로 오순절 운동이 진행되면서 성령의 이차적 체험을 암시하는 것 같은 사도행전의 본문들은 그들의 견해를 뒷받침하는 성경의 본문으로 사용되기 시작했다. 이런 측면에서 볼 때 오순절 성령세례의 가르침은 20세기에 와서야 등장한 새로운 교리가 아니다. 그 역사적인 기원은 웨슬리-성결운동-케직 사경회로 거슬러 올라간다. 웨슬리의 '즉각적인 성화'의 가르침, 성결운동과 케직 사경회의 '제2의 축복'의 메시지, 그리고 현대 성령운동의 '성령세례'의 교리는 세부적인 내용에서는 차이가 있으나 획기적인 제2의 은혜체험을 강조한다는 점에서 서로 맥을 같이 하고 있다.

앞에서 살펴보았듯이, 이러한 가르침은 성경적인 근거가 희박하다. 신약성경에 의하면, 죄와 분리된 성결한 삶은 회심 후 제2의 축복을 체험할 때까지 유보되는 것이 아니라 예수님을 처음 믿을 때부터 시작된다. 신자가 믿음으로 그리스도와 연합할 때 죄에 대해 죽고 새사람으로 부활하는 결정적인 성화가 일어나며 동시에 성령으로 인도함을 받는 특권이 주어진다. 따라서 성경이 제시한 정상적인 성화의 삶은 예수님을 믿을 때부터 성령으로 충만하여 죄와 결별된 거룩한 삶을 사는 것이다. 현대 교인들의 문제는 바울 사도가 고린도교인들에게 지적했듯이, 그들이 이미 그리스도 안에서 거룩하고 새로워진 성령의 사람들(신령한 사람)인데 자신들의 변화된 실재와 본분대로 살지 않고 영적으로 방황하고 있다는 점이다(고전1:2; 3:1-3).

영적인 조급증

제2의 축복 성화론은 교리적인 면뿐만 아니라 실천적인 면에서도 여러 가지 문제를 야기한다.[6] 많은 경우 극적인 은혜를 은근히 바라는 마음은 성화의 긴 여정을 참지 못하는 영적 조급함에서 비롯된다. 우리는 죄와 실패와 좌절이 되풀이되며, 내적 싸움이 끊임없이 계속되는 성화의 점진적인 과정을 견디는 데 힘겨워한다. 이런 죄와 갈등의 문제를 일격에 해결해 주고 지겨운 연단의 과정 없이 단숨에 영적 성숙의 단계로 도약하게 해줄 은혜체험을 갈망한다. 우리 안에는 이런 영적 횡재를 바라는 요행심이 도사리고 있다.

우리의 영적인 조급증은 자주 은혜에 대한 열정으로 가장된다. 우리는 하룻밤 사이에 거룩해지고 은혜가 충만해지며 수십 년 동안 형성되어 온 죄의 습관을 단숨에 제거해 달라고 과도한 요청을 하곤 한다. 그러나 이것은 거룩함을 간절히 추구하는 것 같지만, 사실은 우리 자신이 스스로 초래한 죄의 결과에 대해 하나님을 비난하는 태도와 별다름이 없다. 한 번의 획기적인 순종과 헌신으로 우리의 죄와 실패가 결코 끝장나지 않는다. 그 어떤 은혜체험도 과거의 죄와 완전히 결별된 삶을 살게 하지 못한다. 그러므로 큰 은혜를 받은 후 자신의 삶이 다시는 전과 같지 않다는 간증은 자칫 잘못하면 듣는 이들에게 비현실적이고 그릇된 기대감을 심어줄 수 있다.

맥베이 목사와 그와 같은 은혜체험을 했다는 이들의 증언을 평가절하할 필요는 없다. 그들은 귀한 은혜를 체험한 것이며, 또한 그런 식의 극적인 변화는 얼마든지 일어날 수 있다. 그러나 그것이 모든 교인들이 체험할 수 있는 것은 아니다. 사실 그런 은혜를 체험한 이들은 극소수에 불과하다. 소수의 선택된 이들만 자신들에게 하사된 특별한 은총을 자랑할 수 있는 특권을 누린다. 나머지 무수히 많은 유기된 자들, 즉 그런 특혜의 대상이 되지 못한 자들은 할 말을 잃고 있을 뿐이다. 그러니 성공사례만이 알려진 것이다. 사람들은 그것이 실현 불가능한 것일지라도 극적인 성공담을 듣기 원하지 실패한 자의 밋밋한 경험담을 들으려고 하지는 않는다.

맥베이 목사가 처했던 것과 똑같이 절박하고 비참한 상황에서 그런 은혜를 간절히 구했던 수많은 사람들은 그것을 끝내 경험하지 못했다. 맥베이 목사가 깨달았던 성화의 비밀을 다 알고 그대로 실천했음에도 불구하고 아무리 구해도 그런 은혜를 맛보지 못했다. 이것이 제임스 패커(J. I. Packer)같은 이들이 겪었던 당혹스러운 경험이었다. 패커는 이런 가르침을 따라 자기를 비우려는 수년에 걸친 처절한 몸부림에도 불구하고 그들이 소위 누리고 있다고 주장하는 승리의 삶이란 점점 더 자신에게 요원한 것이라는 것만을 절감하게 되었다고 고백했다.[7]

그러므로 이런 메시지가 교인들에게 희망과 위로를 줄 수 있는 반면에 교인들을 실의와 혼란에 빠지게 할 수도 있다는 점을 잊지 말아야 한다. 『상한 감정의 치유』를 쓴 데이빗 씨맨즈는 이러한 가르침이 내적 치유의 과정에 심각한 폐해를 끼친다는 점을 지적하였다. "우리는 빠른 치료에 대한 모든 생각을 버려야 한다. 극적인 치료를 받으면 순식간에 고칠 수 있다는 말에 현혹되지 말라. 실제로 빠른 해결책을 찾는 것 자체가 이 병의 일부분이 될 수 있다."[8]

마찬가지로 심리학자이며 복음 전도자인 존 화이트(John White)도 이런 가르침에 주의하라고 당부한다. "성화나 승리의 '단순한 비밀'을 가르쳐 주려는 책이나 가르침을 경계해야 한다. (성화) 과정에 그런 비밀이란 없다. 그런 책이 혹 어떤 유익을 줄 수도 있다. 그러나 어떠한 믿음도, 포기하고 하나님이 일하시게 하는 것(Letting go and letting God)도 당신 안에 거룩하게 하는 과정을 시작하게 할 수 없다. 어떤 비밀도 그 과정을 하룻밤 사이에 끝내게 할 수 없다."[9]

은혜체험의 다양성

교인들 중 간혹 획기적인 계기를 통해 회개하고 새롭게 되는 은혜를 받는 이들이 있다. 이들은 그 체험이 자신에게 너무도 새롭고 획기적이기에 이것을 회심 후 제2의 축복처럼 생각하기도 한다. 그래서 다른 이들도 자신과 같이 이 은혜를 체험하기를 바란다. 이런 선한 의도에도 불구하고 그들은 자신의 특별한 경험을 다른 이들도 모두 따라야 할 패턴으로 정형화하는 오류를 범하곤 한다.

그러나 회심 후 제2의 축복이라는 구도 속에 모든 신자들의 체험을 획일화하는 것은 은혜체험의 다양성을 무시하는 것이다. 어떤 이에게는 회심이 가장 획기적인 전환점인 반면, 다른 이는 회심 후 새로운 헌신과 회개를 통해 극적인 변화를 체험하기도 한다. 스탠리 존스(Stanley Jones)가 말했듯이, 우리 영혼은 여러 차례에 걸친 위기를 통해 자란다.[10] 성화의 과정에서 제2의 축복이라 불릴만한 획기적인 은혜체험이 여러 번 거듭될 수도 있고 전혀 없을 수도 있다. 또한 다양한 형태의 극적인 은혜체험들과 점진적인 성숙이 공존하기도 한다.

따라서 은혜체험의 다양성에 대한 균형 잡힌 이해가 필요하다. 이차 은혜에 대한 반대로 모든 획기적인 은혜체험의 가능성까지 부인해버리는 것은 바람직하지 못하다. 성화가 진행되는 점진적인 과정에는 위기적이고 극적인 성격을 띤 특별한 체험도 있다는 점을 부인할 수 없다. 윌리엄 제임스는 그의 종교체험 분석에서 삶을 변화시킨 체험은 자주 갑자기 일어났다고 주장하였다.[11] 위대한 설교자 스펄전은 그의 설교에서 죄인들을 즉각적이면서도 획기적으로 변화시키는 복음의 은혜를 줄기차게 강조하였다[12] 그는 즉각적인 구원과 변화의 체험에서 우리를 새롭게 하시는 하나님의 은혜와 능력의 부요함이 가장 극명하게 드러난다고 본 것이다.

어떤 경우에는 극적인 은혜체험이 있은 후에야 점진적이고 정상적인 성숙이 가능하다. 로저스(A. Rogers)가 지적했듯이, "우리가 성령님께 우리의 모든 것을 굴복시킬 때 중대한 하나의 고비가 되는 경험이 있다. 그러나 그 고비가 되는 사건 뒤에는 진보가 따른다."[13] 많은 교인들이 성령 안에서 다이내믹한 성화가 진행될 수 있는 기본 스텝을 밟지 않는다. 성령이 그들을 주관하고 인도하실 수 있도록 성령께 굴복하지 않는다. 그들은 성령을 거스르고 살기에 점진적으로 성화되기보다는 오히려 점점 더 퇴화되어 가며 강퍅해져 간다.

현대교회에는 과거 이스라엘 백성들이 광야에서 그랬듯이 영적인 불모지에서 끝없이 맴도는 이들이 많다. 그들에게 점진적인 성화의 권면은 통하지 않는다. 그들은 자라기보다는 계속 정체되어 있다. 아니 거꾸로 자라고 있다는 말이 더 맞을 것이다. 그러기에 그들에게는 획기적인 각성과 돌이킴의 은혜가 필요하다. 이 특별한 은혜는 영적인 방황과 병적 미성숙의 상태를 종료시킨다. 동시에 그들이 정상적인 성숙의 과정으로 진입하도록 새로운 계기를 마련한다. 그러므로 이런 극적인 은혜는 점진적인 성숙을 필요 없게 하는 것이 아니라 오히려 진정한 성숙을 촉발시킨다.

획기적인 은혜의 필요성

이것이 하나님께서 종종 타락한 그분의 백성을 회복해 주시는 방법이다. 그래서 선지자들은 하나님께서 이스라엘 백성들을 회복하실 때 그들의 영적인 상태가 마치 삭막한 광야가 화초가 만발한 물댄 동산으로 급전환하는 것 같게 되리라고 예언했다(사41:18-19; 렘31:12). 영적 황무지에 은혜의 소낙비가 쏟아지면 그곳은 어느새 만개한 꽃들로 뒤덮인 동산으로 바뀐다. 은혜의 급습으로 오랜 불모의 시절은 막이 내리고 영적 풍요의 시대가 도래한다. 기다림에 지친 긴 포로생활이 종료되고 해방의 기쁨을 만끽할 때가 오듯이, 우리의 상황이 급전환되는 은총의 순간이 온다. 이같이 "여호와께서 시온의 포로를 돌려 보내실 때에 우리는 꿈꾸는 것" 같게 하신다(시126:1).

이러한 비상한 은혜 없이 우리의 고질적인 불순종과 불신앙의 문제는 근본적으로 해결되지 않는다. 우리는 결코 영적 침체의 늪에서 빠져 나오지 못하며 죄와 실패의 악순환에서 헤어 나오지 못할 것이다. 오직 하나님의 주권적인 은혜만이 우리에게 새 출발을 가능케 한다. 부흥과 회복은 하나님의 주권적인 은혜로부터 시작한다. 그래서 부흥은 자주 인간적으로 가장 소망이 없고 기대할 수 없는 상황에 임한다. 성령충만도 이렇게 처절하게 실패한 이들에게 주어지는 은혜이다. 앞에서 살펴봤듯이, 성령충만은 즉각적인 동시에 점진적이다. 성령충만은 즉각적으로 임하는 주권적인 은혜이며, 이 획기적인 체험은 우리를 지속적으로 성령충만해지는 새로운 차원의 삶으로 들어가게 한다.

현대교회에 이런 부흥과 회복의 은혜가 절실히 필요하다. 제2의 축복이나 성령세례의 가르침이 이런 필요성에 대한 인식에서부터 비롯됐는지도 모르겠다. 그러나 다른 모든 은혜와 차별화되는 이차은혜가 회심 후에 꼭 있어야 하며 이것이 성화의 진전에 결정적인 역할을 한다는 가르침은 성경적 지지기반을 확보하기 힘들다. 교회가 전반적으로 침체되어 있는 현 상황에서 그들이 말하는 획기적인 변화의 체험이 존재할 수 있다. 그러나 그런 식의 은혜체험은 성경이 제시한 정상적인 패턴이 아니라 교회가 신앙의 정도를 떠나 방황한 결과로 일어난 특별한 현상이다. 죄의 세력으로부터 자유롭고 성령으로 충만해지는 획기적인 성화의 체험은 그들이 주장하는 것처럼 꼭 나중에 가서야 가능한 것이 아니라 믿음으로 예수님과 연합하는 순간부터 누릴 수 있는 특권인 동시에 누려야 하는 의무이다.

오순절 성령충만은 성화의 원동력

비록 제2의 축복이나 성령세례의 가르침이 이와 같은 신학적인 문제를 안고 있지만, 이 교리는 성화와 오순절에 임한 성령충만 사이에 중요한 관련성이 있다는 것을 간접적으로 일깨워주는 공헌을 하였다.[14] 곧 거룩한 삶, 능력 있는 사역은 오직 성령충만할 때만 가능하다는 것을 강조함으로써 오순절 성령충만의 축복이 성화의 원동력을 제공한다는 점을 우리에게 상기시켜 주고 있다.[15] 이러한 도전에 직면하여 정통신학은 성화를 예수 그리스도의 구속사건뿐 아니라 성령충만이 주어진 오순절 사건과도 연결시킴으로써, 성화가 그리스도와의 연합의 바탕 위에서 성령의 능력으로 다이내믹하게 진행됨을 밝혀주어야 한다.

이 결정적인 성화와 성령충만이 성화의 두 기둥이다. 예수님 안에서 결정적으로 성화된 새 사람은 오직 성령 안에서만 존재하며 제 기능을 발휘한다. 성령으로 충만해야 죄의 지배에서 자유로운 거룩한 사람으로 살 수 있는 것이다. 이처럼 결정적인 성화와 성령충만은 상호 긴밀하게 연결되어 성화의 근본 바탕을 이룬다. 우리는 이 바탕으로 다시 돌이켜야 한다. 현대교회에는 그리스도 안에서 결정적으로 죄에서 해방되고 거룩하게 된 자신의 새로운 실재를 알지 못한 채 성령을 거스르며 사는 교인들이 많다.

그들이 자신의 새로운 정체성에 대해 눈 뜨도록 성화의 복음을 바르게 전해야 한다. 믿음으로 그리스도와 연합할 때 죄에 대해 죽고 새 사람으로 부활하는 획기적인 성화와 함께 성령충만의 특권이 자신들에게 주어졌다는 놀라운 사실을 깨닫게 해야 한다. 그리고 오랫동안 성령을 근심케 한 삶에서 돌이켜 거룩하게 된 자의 본분대로 살도록 인도해야 한다.

불완전주의

제2의 축복을 주장하는 이들은 이 은혜를 체험한 후에는 우리가 다시는 죄와 침체의 수렁으로 미끄러져 떨어질 수 없는 영적 상태에 계속 머무르게 될 것처럼 말한다. 마치 영 단번에(once-and- for all) 약함과 패배와 탄식의 삶이 능력과 승리와 기쁨의 삶으로 바뀌게 될 것같이 말한다. 과연 그러한 삶이 가능한 것인가? 전통적인 입장은 이에 대해 매우 부정적이다. 워필드(B. B. Warfield)는 그러한 주장은 칼빈주의 입장에서 볼 때 완전주의의 오류를 범하는 것이라고 비판하였다.[16]

워필드의 말대로 칼빈은 그러한 주장을 철저히 배격했다. 칼빈에게 있어서, 이 땅 위에서 신자의 삶은 계속되는 죄와의 싸움과 시험과 고난이 있는 십자가의 삶이다. "거듭난 자 안에도 연기가 피어오르는 탄재와 같은 악이 남아 있어서 끊임없이 그를 죄 짓도록 유혹하고 자극한다."[17] 신자는 죄의 세력으로부터 구원하는 성령의 은혜를 받았지만, 그는 결코 죄에 대한 완전한 승리와 모든 약함으로부터 자유를 누리는 단계에 이를 수는 없다. 오히려 그의 삶은 불완전과 허물로 점철되어 있기에 그는 매일 하나님의 용서의 은혜와 긍휼을 의지할 수밖에 없다. "신자들은 결코 육신의 거짓된 소욕에 전혀 치우치지 않을 정도로 완전하게 하나님께 순종하지 못한다."[18] 그러므로 신자의 최선의 행위도 여전히 죄의 자국으로 얼룩져 있으며,[19] 흔들리지 않는 확고한 믿음에도 의심이 자리 잡고 있다.[20] 그러기에 "이생의 가장 탁월한 최상의 상태마저도 오직 하나의 과정에 불과할 따름이다."[21]

이런 칼빈의 가르침을 따라 칼빈주의 신앙고백서들은 성화의 불완전성을 크게 부각시켰다. 웨스트민스터 대요리문답은 십계명을 자세히 해설하면서 신자는 이 계명을 철저히 지키는 삶을 살아야 한다고 역설한다. 그리고는 지금까지 강조해 온 것을 깡그리 부인하기라도 하듯이 이렇게 결론짓는다. "자신의 힘으로나, 이생에서 받은 어떤 은혜로 하나님의 계명들을 완전하게 지킬 수 있는 이는 아무도 없으며, 우리 모두는 매일 생각과 말과 행동으로 이것을 범할 뿐이다."[22] 하이델베르크 요리문답에서도 이와 비슷한 언급을 발견할 수 있다. "이생에서는 가장 거룩한 사람일지라도 이 순종의 미미한 시작만을 했을 뿐이다."[23]

이런 표현은 성화에 대해 매우 부정적이고 회의적인 것처럼 들린다. 자연히 많은 의문과 반론을 불러일으킨다. 안토니 후크마는 하이델베르크 요리문답의 표현방식에 대해 불만을 토로하며 이렇게 반문한다. "만약 가장 거룩한 사람마저도 다만 순종의 작은 시작밖에 할 수 없다면, 어떻게 신자가 자신에 대해 부정적인 자아상을 갖지 않을 수 있겠는가?"[24]

후크마의 지적대로, 이런 신조의 진술에 의하면, 거룩함의 성취도와 죄로부터의 구원에 대한 기대치가 너무 낮다는 인상을 피할 수 없다. 또한 아무리 힘써도 지키지 못할 것을 애써 지키려고 노력할 필요가 꼭 있느냐는 자포자기적 심리를 조장할 수 있다. 교육심리학적으로 매우 부정적 영향을 끼칠 수 있다. 그래서 신자들을 낮은 윤리적 수준에 만족하게 하며, 거기에 안주케 하기 쉽다. 더불어 거룩함을 간절히 추구하는 이들은 이런 전통적인 가르침에 실망하여 좀 더 나은 성화론을 찾아 방황하게 된다. 그 대표적인 예가 웨슬리라고 할 수 있다.

완전주의

웨슬리가 특별히 그리스도인의 완전을 추구하게 된 배경에는 성화의 불완전성을 강조하는 전통적인 교리에 대한 그의 불만이 깔려 있었음을 주목할 필요가 있다. 칼빈주의의 불완전 성화론이 안고 있는 약점, 또는 그 잠재적 위험성이 웨슬리의 '완전 성화(entire sanctification)'에 대한 열정을 자극했다고 볼 수 있다.[25] 그는 불완전 교리가 거짓된 삶을 합리화하는 방편으로 남용되는 것을 염려하였다. 칼빈주의에서 가르치듯이, 하나님의 계명을 결코 온전히 지킬 수 없으며 죄를 지을 수밖에 없다는 고정관념은 "우리의 부패한 마음에 온갖 종류의 합리화"를 제공한다. "얼마나 우리 마음은 항상 준비된 핑계로서 이 '어쩔 수 없음(inevitability)'에 초점을 맞추기가 쉬운가? 도저히 이룰 수 없는 것을 자신감을 가지고 흔들림 없이 계속 추구할 사람이 어디 있겠는가?"[26]

웨슬리는 그의 완전 성화론이 또 다른 극단에 치우칠 수 있음을 잘 알고 있었다. 그래서 그는 완전주의의 가르침이 빠지기 쉬운 함정, 즉 영적 교만과 기만에 대해 경계하였다. 그는 누누이 "교만과 열광주의를 조심하고, 그것을 아주 멀리해야 한다."라고 경고했다.[27] 또한 조금이라도 가식적으로 완전을 표방해서는 안 되며, 자신의 있는 그대로의 모습 또는 허물과 죄를 솔직히 인정하기를 회피하려고 해서는 안 된다고 권면하였다.[28]

사실 웨슬리는 엄밀한 의미에서 절대 무오한 완전을 주장하지 않았다. 그는 온전한 성화의 은혜를 경험한 이도 연약함과 무지와 실수가 있으며, 그에 대한 용서의 은혜가 필요함을 인정하였다. 그는 생의 말년에 이렇게 고백했다. "나는 내가 완전하지 않다는 것을 온 세상에 말해 왔다. …… 나는 내가 묘사한 성품에 아직 도달하지 못했다."[29] 웨슬리는 성화를 점진적인 과정으로 보는 칼빈의 견해에 전적으로 동의한다고까지 말했다. "칼빈이 그랬던 것과 꼭 같다. 이 점에서 나는 그와 털끝만큼도 다르지 않다."[30]

웨슬리는 칼빈주의 입장에서 볼 때 불완전한 상태에 불과한 성화의 수준을 완전이라는 용어를 사용하여 묘사함으로써 큰 혼란을 야기하였다. 이 외에도 그의 견해에는 여러 가지 문제점이 내재해 있다. 그중에 하나는 죄를 '아는 계명을 고의로 범한 것'으로 정의한 점이다. 그런 식으로 죄를 규정함으로써 웨슬리는 죄가 신적 계명의 객관적이고 절대적인 요구보다 인간의 상대적이고 주관적인 인식 여부에 근거하여 결정되는 결과를 초래했다.

나아가 칭의 후 즉각적 성화(instantaneous sanctification)가 일어난다는 그의 가르침은 죄책으로부터의 구원과 죄의 세력으로부터의 구원을 이 단계적으로 분리함으로써 성결운동과 케직 사경회가 강조한 제2의 축복과 오순절 운동이 주창한 중생 후 성령세례의 가르침에 초석을 제공한 셈이 되었다.[31]

'이미'와 '아직도'의 균형

'완전에 대한 추구'는 웨슬리에게만 특유한 것이 아니다. 죄에서 자유로워 온전히 거룩하게 사는 것은 모든 진정한 그리스도인들이 바라는 바이다. 칼빈 또한 웨슬리 못지않게 거룩에 대한 열망과 온전한 삶에 대한 염원을 가진 사람이었다. 이렇게 같은 성화에 대한 관심과 갈망을 가졌음에도 그들의 성화론은 대조적인 특색을 띤다. 칼빈은 온전한 거룩함을 이루는 것이 그리스도인의 갈망이며 목표이지만 그 소원은 오직 종말론적으로 성취될 뿐이며, 그 전까지 신자의 삶은 죄의 세력에서 벗어날 수 없는 아주 불완전한 삶이라는 점을 강조했다.

반면에 웨슬리는 성령의 은혜는 신자를 죄의 결박에서 획기적으로 자유롭게 하는 완전 성화(entire sanctification)에 이르게 한다고 주장했다.

이런 강조점의 뚜렷한 차이는 그들이 성화론을 썼던 상황에서 직면했던 요구와 도전과 대적이 다른 데서 기인했다고 본다. 칼빈이 로마 가톨릭과의 논쟁 속에서 성화의 불완전성을 크게 부각시킬 필요가 있었다면, 웨슬리는 불완전 교리가 남용되는 상황 속에서 '온전한 그리스도인의 삶'에 대한 관심과 추구를 새롭게 불러 일으켜야 할 사명을 느꼈다.

웨슬리의 완전성화론이 안고 있는 근본 문제는 현재 실현된 것과 아직도 성취되지 않은 것 사이에 균형 잡힌 시각을 견지하지 못한 점이다. '이미(already)'쪽으로 편중되므로 과장된 승리주의에 빠질 수 있는 위험을 극복하지 못했다. 대조적으로 칼빈은 '아직도'라는 종말론적 포커스를 통해 성화를 고찰함으로써 이미 이루었다고 생각하는 완전주의적 망상과 영적 우월주의를 추방해 버린다. 동시에 성화의 참된 다이내믹인 겸손을 불러일으킨다. 우리 안에 계속 내재하는 죄성에 대한 강조는 우리의 죄와 불완전에 대해 좀 더 사실적인 안목을 갖게 하며 그로 인해 경성하는 삶의 자세를 취하게 한다.

칼빈에게 있어서 영적으로 성숙한다는 것은 자신의 부패성에 점점 더 예민해짐을 의미한다. 더 거룩해지고 은혜가 충만해질수록 하나님께서 요구하시는 성결의 높은 수준을 더욱 선명하게 보게 되며, 동시에 상대적으로 자신이 이룬 거룩함과 거리가 멀다는 것을 점점 더 깊이 인식하게 된다.[32] 그러므로 은혜 안에서 성숙한다는 것은 자신의 불완전함을 더 깊이 절감하며 생생하게 볼 수 있는 겸손의 밑바닥으로 점점 내려가는 것이다.[33] 만약 겸손을 통해서 거룩해진다(holiness through humility)는 역설적인 진리를 제대로 깨닫지 못한다면, 우리는 쉽게 영적 교만과 자기기만에 빠지게 된다.

그러나 '아직도'의 측면, 즉 신자의 죄성과 불완전에 역점을 둔 칼빈의 가르침은 간혹 그 문맥 속에서 이해되지 못하고 그 본래 의도와는 달리 성화에 대해 염세적이고 부정적인 견해로 오도되곤 하였다.[34] 그리하여 그의 불완전 교리가 온전히 주님의 뜻을 따라 살아야 하는 신자의 중대한 의무를 교묘히 회피하는 좋은 구실로 남용되는 경우가 많았다. 불순종의 삶을 살면서 그것을 불완전하기 때문이라고 합리화하기 십상이다. 현대교회는 칼빈이 불완전을 강조해야만 했던 종교개혁의 상황과 대조적인 국면에 처해있다. 지금은 웨슬리가 가졌던 관심과 강조점이 필요한 때라고 볼 수 있다. 그러나 웨슬리가 치우친 또 다른 극단적 오류를 답습해서는 안 될 것이다.

칼빈의 불완전 성화론은 완전주의적 오류를 원천에 봉쇄하는 논리적 장점을 안고 있다. 그러나 웨슬리가 반발했듯이, '아직도'의 측면에 대한 지나친 강조는 승리의 가능성에 대한 기대를 약화시켜 신앙의 나태와 방종, 패배주의를 조장할 수 있는 위험을 안고 있다. 그러기에 비록 웨슬리의 성화론에 여러 가지 문제점이 있지만, 성화의 가능성에 대한 그의 긍정적인 시각과 확신은 칼빈주의 성화론의 자체 점검과 발전을 위해 필요한 도전을 제공한다. 우리를 변화시키는 성령의 능력을 제한하기를 거부하는 웨슬리의 긍정적인 믿음과 그리스도인의 삶을 온전한 사랑과 기쁨과 감사로 충만한 삶으로 이해한 그의 입장은 성화에 대한 모든 부정적인 견해와 불신앙을 교정하는 순기능을 발휘하기도 한다. 전통적인 교회가 성령 안의 승리와 역동적인 성화에 대한 믿음을 잃고 있는 한, 이러한 도전을 통해 우리 신앙의 '불완전'과 '완전', '이미'와 '아직도' 사이의 균형을 회복하는 노력이 절실하게 요구된다.

로마서 7장 14-25절의 해석

이러한 균형을 잘 유지하는 성화론을 위해서는 로마서 7장 14-25절에 대한 올바른 이해가 중요하다. 어떤 성화론적 입장을 취하느냐에 따라 이 본문의 해석이 아주 달라진다. 이 성경구절에 대한 불완전주의와 완전주의의 해석은 극명하게 대조를 이룬다. 칼빈은 이 구절을 거듭난 자의 경험을 묘사한 것으로 보았다. 칼빈의 불완전에 대한 역점이 이 본문의 해석에서도 그대로 반영된다. 그는 여기에 묘사된 내적 갈등을 신자의 죄성과 불완전함의 확실한 증거로 보았다.[35] 구원을 바라는 부르짖음, 죄의 억압과 실패로부터 오는 신음과 고뇌는 '아직도'의 상태에 있는 신자의 어쩔 수 없는 탄식이다. 신자들은 비록 "자신들의 이 비참함에 생각을 몰두하지 말고 이미 받은 은혜에 마음을 둠으로써, 그들의 슬픔에 기쁨이 가미되게 해야"[36] 하지만, 이 땅 위에 사는 동안 '비참한 상태'를 결코 완전히 벗어날 수 없다. 그러므로 그 어떤 신자도 이 생에서 로마서 7장을 졸업할 수는 없다.

칼빈과 대조적으로 웨슬리는 이 본문을 거듭나지 않은 자의 상태와 경험을 묘사한 것으로 보았다. 거기서 바울 사도가 의도한 바는 거듭나지 않은 자가 자신의 힘으로 율법을 지키려는 헛된 노력의 무익함을 밝히는 데 있다고 보았다. 그렇게 죄의 결박에 매여 비참한 상태에 있는 사람을 거듭난 그리스도인으로 보는 것은 그가 주장한 완전 성화론의 입장과 완전히 상반되는 것이다.

이런 해석상의 대립은 칼빈과 웨슬리 사이에서만 존재한 것이 아니라 2천년 교회역사 속에서 계속되어 온 논쟁이었다. 칼빈이 전통적인 입장을 대변한다면 웨슬리는 반대 입장의 대표적인 옹호자이다. 전통적인 해석을 따르는 이들은 칼빈을 비롯해 어거스틴, 조나단 에드워즈, 찰스 스펄전과 대부분의 청교도 목사와 신학자들, 찰스 핫지(Charles Hodge), 존 머레이(John Murray), 존 스토트(John Stott), 제임스 패커, 제임스 던(James Dunn) 등이다. 웨슬리와 같은 입장을 취하는 이들로서는 미국의 부흥사 찰스 피니(Charles Finney)와[37] 개혁주의 신학자 안토니 후크마(Anthony Hoekema), 헤르만 리델보스(Herrmann Ridderbos), 막스 터너(Max Turner)를 비롯한 많은 국내외 신약학자들을 들 수 있다. 최근 신학계에서는 비전통적인 해석이 오히려 주류를 이루고 있는 상황이다.

이 사람은 누구인가?

바울 사도가 본문에서 묘사하고 있는 사람은 과연 신자인가, 아니면 불신자인가? 그것이 불신자라고 주장하는 이들이 제시하는 가장 강력한 논리적 근거는 여기에 묘사된 사람이 아직 죄의 지배에서 벗어나지 못한 상태에 있다는 점이다. 그 사람은 비록 하나님의 법을 행하려는 선한 뜻과 의지를 가지고 있을지라도 죄의 결박에서 자유롭지 못한 사람이다. 선을 행하려는 마음의 원함은 있어도 그 의지와는 반대로 결국 죄를 짓고 마는 죄의 지배 아래 있는 사람이다. 곧 죄의 종인 것이다. 이것은 바울이 바로 앞에서(롬6장) 천명한 복된 사실, 그리스도인은 죄의 지배에서 결정적으로 자유롭게 되었다는 메시지를 정면으로 부인하는 것이 된다. 그렇기 때문에 신자의 상태를 묘사한 것으로 본문을 해석할 수 없다는 것이다.

그러나 전통적인 해석을 따르는 이들은 그 사람은 결코 불신자일 수가 없다고 본다. 왜냐하면 그에게는 하나님의 뜻을 행하려는 간절한 원함이 있기 때문이다. 그는 하나님의 법을 즐거워한다고 했다(롬7:22). 거듭나지 않은 이가 하나님의 법을 즐거워 할 수 있을까? 어떤 신약학자는 불신자들 가운데 양심적이고 선을 사모하는 이들의 예를 들어 그것이 어느 정도 가능하다고 주장한다. 그러나 거듭나지 않은 이들은 율법주의자들처럼 자신들이 설정한 윤리적 기준을 추구하고 그러한 의로움을 사모할 수는 있어도 하나님이 정하신 법의 참된 의미를 즐거워하지는 않는다. 바울 사도는 거듭나지 않은 육신의 마음은 하나님과 원수가 되며 하나님의 법에 굴복치 않는다고 했다(롬8:7-8). 불신자도 하나님의 법을 즐거워할 수 있다는 주장은 바울의 가르침과 상반된다.

또한 여기에 묘사된 사람은 자신의 부패성을 깊이 인식하고 있는 사람이다. 그는 "내 속 곧 내 육신에 선한 것이 거하지 아니하는 줄 안"다. "나는 육신에 속하여 죄 아래 팔렸도다"라고 고백했다(롬7:14, 18). 이것은 거듭나기 전의 바울 사도의 모습과는 전혀 다른 것이다. 바울은 주님을 만나기 전까지는 자신이 율법의 의로는 흠 없는 자라고 생각했던 바리새인 중 바리새인이었다. 그러나 다메섹 도상에서 주님을 만난 후에는 율법의 참된 의미를 깨닫고 그 빛 가운데 드러난 자신의 부패함을 보게되었다. 그래서 그는 "율법은 신령한 줄 알거니와 나는 육신에 속하여 죄 아래에 팔렸도다"라고 부르짖었던 것이다(롬7:14).

이러한 이유 때문에 여기에 묘사된 사람을 불신자라고 볼 수도 없고, 그렇다고 그를 정상적인 그리스도인이라고 보기도 어렵다. 그리스도인은 마음으로 선을 원하지만 결국은 악을 행할 수밖에 없는 존재인가? 하나님을 순종하고 그 법을 따르려는 것은 오직 마음뿐이고 실제로는 불가능한 일인가? 죄에 대한 승리의 가능성은 이다지도 희박하다는 말인가? 그것이 그리스도인의 삶의 전부인가? 그리스도인의 삶이란 마음으로는 간절히 원하나 그대로 살지 못하는 좌절을 끊임없이 맛보고 살 수밖에 없는 곤고하고 비참한 삶인가?

여기서 우리는 어느 쪽 입장도 택하기 어려운 딜레마에 봉착한다. 양측의 해석 모두 일리가 있는 동시에 문제가 있기 때문이다. 그래서 택한 중도적 입장은 이 본문을 거듭나기 전에서 거듭난 상태로 전환하는 개종이나 회심 때의 경험을 묘사한 것으로 보는 견해이다. 20세기의 저명한 강해 설교자 로이드 존스[38]와 칼빈 신학교의 신약학 교수였던 밴스트라(Bandstra)가 그런 식으로 본문을 해석했다.

또 다른 대안으로 제시된 것은 케직 사경회에서 유행했던 견해인데, 제2의 축복과 밀접한 관련이 있다. 이 견해에 의하면, 본문은 거듭난 자의 경험을 묘사한 것이지만 정상적인 그리스도인의 모습이 아니라 미성숙한 그리스도인, 즉 육적인 그리스도인의 상태를 말한다.[39] 많은 그리스도인들이 그와 같이 죄의 지배에서 벗어나지 못하고 실패와 좌절과 신음이 계속되는 곤고한 삶을 살고 있다는 것이다. 제2의 축복은 이렇게 실패가 거듭되는 무력한 삶을 승리와 기쁨으로 가득한 풍성한 삶으로 전환한다. 제2의 축복은 곧 '로마서 7장에서 8장으로 전환되는 체험'인 셈이다. 그러나 이 땅 위에 사는 동안 로마서 7장에 묘사된 내적 갈등의 상태에서 완전히 벗어날 수 있는지가 의문이다. 알렉산더 휫트(Alexander Whyte) 목사는 자주 교인들에게 자신이 그들의 목사인 한 그들은 로마서 7장을 결코 졸업할 수 없다고 말했다.[40]

탄식과 감사의 공존

이 난해한 구절을 원만하게 해석하는 열쇠는 로마서 7장을 8장과의 긴밀한 연관관계 속에서 이해하는 것이다.[41] 로마서 7장만을 분리시켜 거기에 묘사된 상태가 거듭나기 전인지 후인지를 따지는 것은 그 자체가 적절치 못한 질문이다. 로마서 7장에 바울의 경험의 한 면(바울 자신의 경험이 아니라 인간의 보편적인 실존을 자전적으로 묘사한 것일 수도 있음)이 묘사되었다면, 다른 한 면은 로마서 8장에서 발견할 수 있다. 로마서 7장과 8장이 서로 합쳐져 그 경험을 온전히 묘사한 한 폭의 그림을 이루고 있다. 로마서 7장에서 그 반쪽을 볼 수 있다. 그러나 나머지 반쪽은 8장에 그려져 있다.

로마서 7장에서 바울은 인간의 실존을 율법과 육신의 관점에서 조명하였다. 그리하여 인간은 육신의 약함 때문에 율법의 요구를 지킬 수 없다는 사실과 그 안에 역사하는 죄와 사망의 법과 세력을 밝혀주었다. 반면에 8장에서는 인간의 실존을 내주하시는 성령의 관점에서 조명하므로 생명의 성령의 법이 어떻게 죄와 사망의 법에서 인간을 해방하여 육신의 약함 문제를 해결하고 율법의 요구를 지킬 수 있게 하는지를 설명하였다(롬8:1-4). 이렇게 이중적인 관점에서 우리의 실존을 고찰함으로써 우리를 죄의 지배와 율법의 저주에서 자유롭게 하시는 그리스도와 성령의 은혜가 얼마나 풍성한지를 한층 더 효과적으로 부각시킨 것이다.

이러한 접근을 통해 로마서 7장과 8장은 우리에게 꼭 있어야 할 두 가지 깨달음과 확신을 제공한다. 곧 로마서 7장은 우리 안에는 죄와 사망의 법과 세력이 역사하기에 내 힘만 의지하면 쓰러질 수밖에 없고 하나님의 법대로 살 수 없다는 깨달음을 안겨준다. 동시에 로마서 8장은 우리는 약하나 우리 안에 내주하시는 성령으로 말미암아 우리는 넉넉히 승리할 수 있다는 확신을 갖게 한다. 우리의 신앙생활에 이 두 가지 확신이 항상 공존해야 한다. 내 힘만 의지하면 쓰러질 수밖에 없다는 자신의 철저한 무력감에 대한 인식과 더불어 내게 능력 주시는 이 안에서 내가 모든 것을 할 수 있다는 믿음의 확신이 있어야 한다.

우리의 신앙생활의 문제는 어느 한쪽의 확신이 결여된 데서 기인한다. 어떤 이는 자신의 약함은 뼈저리게 절감하지만 자신의 무력함만을 바라보고 우리에게 이김을 주시는 성령의 능력을 온전히 신뢰하지 못한다. 신자의 부패성과 불완전을 지나치게 강조하는 성화론이 이런 패배주의적 신앙을 조장할 수 있다. 반대로 주 안에서 승리할 수 있다는 긍정적인 확신은 있으나 자신의 연약함에 대한 깊은 인식이 부족해서 실제로는 성령의 능력보다는 자신의 힘과 열심을 더 의지하는 경우가 있다. 성령만을 의존하기에는 아직 육신이 너무 강한 것이다. 긍정적인 믿음마저 성령이 아니라 육신에서 산출될 수 있다.

베드로처럼 자만심에 빠져 주님을 온전히 의지하지 않을 때, 우리는 로마서 7장에 묘사된 것과 유사한 실패의 경험을 맛볼 수 있다. 또한 육신의 소욕을 좇는 삶이나 습관적인 죄악으로 인해 성령이 우리 안에서 능력으로 역사하지 않으실 때 이와 비슷한 영적인 곤고함을 체험한다. 우리의 삶이 로마서 8장에 약속된 승리와 자유를 누림보다 로마서 7장에 묘사된 실패와 죄의 억압을 더 자주 체험하는 것은 우리에게 성령충만의 은혜가 결핍되었다는 증거이다. 우리들이 성령으로 충만하면 우리 안에는 죄의 세력과의 치열한 내적 싸움은 계속되지만, 생명의 성령의 법이 우리를 죄와 사망의 법에서 해방한다(롬8:2). 우리가 이 땅에서 사망의 몸을 입고 있는 한 "오호라 나는 곤고한 사람이로다"라는 탄식은 계속되지만, 그 탄식은 절망으로 끝나는 것이 아니라 "항상 우리에게 이김을 주시는 예수 그리스도로 말미암아 감사하리로다"라는 감탄과 찬송으로 이어진다.

성령충만한 삶에는 이 탄식과 감탄이 공존한다.[42] 성령으로 충만하면 이 탄식이 없어지리라는 잘못된 기대가 가장 큰 탄식거리이다. 이 탄식이 없을 때 우리에게는 감사도 사라진다. 죄의 비참으로부터 오는 탄식과 신음은 죄로부터의 해방에서 오는 감격과 기쁨을 한층 더 크게 한다. 동시에 우리는 여전히 우리 몸의 구속을 기다리며 탄식한다. 성령이 충만할수록 이 탄식은 더 깊어지며 더 완전한 구원에 대한 소망을 고조시킨다.

성령충만,
실패한 이들을
위한 은혜

제5부

성령충만한 교회의 회복

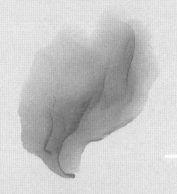

1960년대 '하나님이 죽었다'라고 주장하는 사신신학이 유행할 때 한 신학자는 '교회의 죽음'을 예고했다. 60년이 지난 오늘날에도 하나님은 여전히 살아 역사하시지만 영원히 존속할 것 같았던 서구교회들은 그 찬란했던 과거의 영광을 잃고 서서히 죽어가고 있다. 판넨베르크(W. Pannenberg)는 유럽에는 '교회 없는 그리스도인(Churchless Christian)'들이 급증한다고 했다.[1] 소위 크리스천이라는 사람들 중에 교회를 다니지 않는 이들이 많다는 것이다. 그들은 예수는 좋으나(Yes) 교회는 싫다고 한다(No). 이런 반교회적인 분위기 속에 서구교회는 급속히 몰락해 가고 있다.

서구사회를 휩쓴 이 '교회의 죽음'이라는 해일이 한국에도 밀려오고 있다. 한국에도 가나안 교인(교회에 안 나가는 교인을 뜻함)이 2백만에 육박했다고 한다. 과거 경이로운 양적인 성장을 이룩했던 한국교회는 이제 침체의 내리막길을 치닫고 있다. 외적 성장이 둔화된 것보다 더 심각한 문제는 교회가 현대세속주의에 침식당하고 있다는 점이다. 이대로 가다간 한국교회가 서서히 세속화되어 몰락해 버린 유럽교회의 비극적인 운명을 면치 못할 것이라는 우려의 목소리가 높다.

지금 한국교회는 사활의 기로에 서 있다. 진정한 개혁과 부흥이 없이는 한국교회의 미래는 어둡다. 이 시점에서 우리는 부흥에 대한 막연한 기대가 아니라 교회가 과연 어떤 모습으로 회복되어야 하는지에 대한 분명한 청사진을 가져야 한다. 성경적 교회, 즉 성령충만한 교회의 비전을 가슴에 품고 그 설계도에 따라 교회를 개혁해가야 한다. 그럴 때에 한국교회는 이 위기를 새로운 영적 도약의 기회로 삼을 수 있을 것이다.

성령충만은 우선적으로 공동체적인 체험이다. 성령충만은 고립된 개인이 아니라 그리스도의 몸인 교회 안에서 온전히 드러나며 체험된다.

14. 성령으로 충만한 교회

교회란 무엇인가? 설계도 없이 지어진 건축물이 부실할 수밖에 없듯이, 정밀한 설계도 없이 주먹구구식으로 세워져 가는 교회가 온전할 수는 없다. 한국교회에는 교회성장에 관한 이론과 프로그램은 무성하지만 정작 꼭 있어야 할 성경적 교회에 관한 청사진은 결여되어 있다. 한국교회의 위기는 교회론의 부재 내지 혼돈에서 기인했다고 말해도 과언이 아닐 것이다. 교회의 부흥과 개혁을 위해서 무엇보다 시급한 것은 교회에 대한 올바른 설계도이다. 한국교회가 돌이켜야 할 성령충만한 교회의 모습은 어떤 것인가? 그런 교회가 되기 위해서 무엇을 회복해야 하는가?

성령의 전

오순절 성령의 부으심의 결과는 영광스러운 교회의 탄생이었다. 새 언약의 실현으로 이루어진 새로운 하나님의 거처요, 성전으로서 교회가 탄생한 것이다. 신약교회는 성령강림의 첫 열매이며 처음부터 성령 충만한 공동체로 출범하였다. 레온 모리스(Leon Morris)의 말대로, "교회는 오순절에 일어난 사건과 단절될 때 더 이상 참된 의미에서 교회가 아니다. 오직 교회가 성령으로 충만해야만 진정한 의미에서 교회라고 할 수 있다."[2] 성령충만이 교회의 가장 중요하고 근본적인 특징이라는 것이다. 참된 교회는 성령이 충만히 임재하시는 성령의 전이다.

동일하게 에베소서 5장 18절에서 암시하고 있는 성령충만의 결과도 이런 교회론적 맥락에서 이해해야 한다. 바울은 에베소서 2장에서 교회를 "주 안에서 성전", "성령 안에서 하나님이 거하실 처소"로 보았다(엡2:21-22). 여기서 우리는 바울이 도입한 성전 이미지를 통해 바울의 성령 이해가 구약 성령론의 토양 속에 깊이 뿌리 내리고 있음을 엿볼 수 있다. 바울에게 있어서 교회 안에 성령의 임재하심은 곧 성전 안에 하나님의 영광이 충만한 구약 모티브의 실현이다.[3] 하나님께서 말세에는 손으로 만든 장막이나 성전을 통해서가 아니라 친히 성령으로 우리 가운데 임재하시겠다는 새 언약의 성취인 것이다(고전6:19-20; 3:16-17; 6:16).

이렇게 교회를 새 언약의 실현으로 이루어진 새로운 성전으로 보는 관점에서 바울은 교회가 하나님의 임재로 충만해지고 더 나아가 만물 안에 하나님의 영광이 충만해지는 종말론적인 비전을 조망하였다. 그는 특별히 '충만'이라는 단어를 '그리스도의 몸', '성전'이라는 교회의 이미지와 연관시켜 새롭게 표현함으로써 교회의 우주적 사역의 특성을 부각시켰다. 그래서 교회를 그리스도의 몸으로서 "만물 안에서 만물을 충만하게 하시는 이의 충만"이라고 묘사하였다(엡1:23). 교회가 만물을 충만하게 하시는 그리스도로 충만할 때 만물을 새롭게 하고 회복하는 우주적 사명을 수행할 수 있다.

바울은 교회를 그리스도로 충만할 뿐 아니라 하나님으로 충만한 성전으로 보았다. 그래서 그는 교회가 하나님의 모든 충만으로 충만해지기를 기도했다(엡3:19). 더 나아가 교회가 성령으로 충만해야 한다(엡5:18)고 하였다. 결국 교회는 하나님과 그리스도와 성령이 충만히 거하시는 성전이다.

따라서 오순절 성령충만으로 말미암아 삼위 하나님이 충만한 성전으로서 교회가 탄생한 것이다. 교회는 성령 안에서 삼위 하나님이 임재하시는 공동체이며, 삼위 하나님의 우주적 통합의 경륜을 이루어가는 새 언약의 백성들이다. 삼위 하나님이 통치하시는 하나님 나라가 부분적으로 실현된 천국공동체이다.

비록 현실교회의 모습이 보잘것없고 실망스러워도 그 교회는 본질적으로 영광스러운 공동체이다. 교회는 단순히 인간의 믿음과 경건에 기초해 형성된 인간의 모임이 아니라 삼위 하나님께서 만들고 통치하시는 삼위일체적 공동체이다. 이렇게 교회를 삼위일체적 관점에서 이해할 때 교회의 근원적인 축복과 특권의 부요함, 그리고 교회를 세우신 하나님의 뜻과 경륜을 잘 밝힐 수 있다. 교회의 모든 사역과 활동, 예배의 성격과 내용은 교회의 삼위일체적 본질에 근거하여 특징지어져야 한다. 곧 교회의 예배, 설교, 교제, 기도, 봉사, 선교는 삼위일체적인 내용과 특성을 풍성히 반영해야 한다.[4]

하나님의 백성

신약교회는 하나님의 백성에 관한 언약의 성취이다. 구약에서부터 하나님의 백성을 선택하고 불러 모으시는 하나님의 선택과 부르심의 연장이며 발전이다. 그래서 바울 사도는 이 구약의 하나님의 백성이란 개념을 통해 교회를 이해하였다. 교회를 "내가 그들 가운데 거하며 두루 행하여 나는 그들의 하나님이 되고 그들은 나의 백성이 되리라"는 구약 언약의 성취로 이루어진 백성, 새로운 이스라엘로 본 것이다(고후 6:16-18).

이렇게 교회를 하나님의 백성이란 맥락에서 이해하려는 의도는 교회를 에클레시아(ἐκκλησία)라는 단어로 칭하고 있다는 점에서도 잘 드러난다. 에클레시아는 '~로부터 불러내다'라는 의미를 띄는데, 구약의 헬라어 번역본(70인역)에서는 이 단어를 '회중(קָהָל, 카할)'이란 단어를 번역하는 데 사용하였다. '회중'은 특별히 언약 관계를 통해 불러 모아진 이들의 모임, 야웨의 백성을 의미한다. 70인역은 이 '회중'을 에클레시아로 번역했고, 신약에 와서 교회를 이 단어로 표현한 것은 구약의 하나님의 백성이란 개념으로 교회를 이해한 것이라고 볼 수 있다. 에클레시아라는 단어는 신약의 교회와 구약의 하나님의 백성을 연결하는 중요한 연결고리가 된다.

교회는 신약에 와서야 갑자기 등장한 것이 아니다. 세대주의 신학자들은 교회는 원래 하나님의 계획에 없던 것인데 이스라엘의 불순종으로 인해 하나님 나라의 도래가 지연되었기에 그 공백을 메우기 위한 임시방편으로 세워진 것이라고 주장한다. 많은 진보주의 신학자들도 예수님의 본래 의도는 하나님 나라 건설이지 교회를 세우는 것은 아니었다고 말한다. 이런 주장에 대응하여 교회를 하나님의 백성으로 보는 관점은 교회의 구약적 배경과, 신약교회와 구약의 이스라엘과의 연속성을 잘 부각시켜준다. 즉 세대주의처럼 교회와 이스라엘을 이원론적으로 분리하는 오류를 피하고, 구약의 하나님의 백성과 신약의 교회가 하나님의 언약이라는 맥락 속에서 하나로 엮어져 있다는 점을 바르게 이해할 수 있게 해준다.

결국 교회는 하나님의 선택과 그분의 영원한 사랑에서 기인한다. 교회는 신자들의 모임으로 이루어진다. 그러나 인간이 모이기 전에 하나님께서 그분의 선택과 부르심을 통해 먼저 불러 모으시기에 인간이 모일 수 있는 것이다. 구원론뿐만 아니라 교회론에서도 하나님의 은혜의 선제성이 분명히 강조되어야 한다. 인간의 믿음과 경건, 종교적인 체험이 교회를 형성하는 중요한 요소이기는 하지만, 그것이 결코 교회의 출발점이 될 수는 없다. 교회는 우선적으로 인간의 불완전한 경건과 믿음에 근거하여 성립된 것이 아니라 우리를 무조건적으로 선택하시는 하나님의 영원한 사랑에 근거한 것이다. 교회는 하나님의 영원한 사랑의 발로이며, 하나님께 영원히 사랑받는 특권을 누리기 위해 특별히 선택되어 부르심을 받은 이들의 모임이다.

그리스도의 몸

오순절 성령강림은 신약교회, 즉 그리스도의 몸으로서의 교회를 출범시켰다. 교회 안에 성령이 충만함으로써 그리스도가 교회의 머리되심이 구체적으로 실현될 뿐 아니라 교회가 그리스도의 몸으로서 기능을 하게 된다. 성령은 부활하신 주님을 교회의 머리로 교회 안에 실제 임재하게 하신다. 부활하신 주님은 성령이라는 방편을 통해 교회 안에 임재하셔서 교회를 주관하고 교회에 그분의 지상사역의 효력을 전달하신다. 성령은 교회가 그리스도의 몸으로서의 역할을 감당할 수 있도록 은사와 직분을 부여하신다. 그래서 그리스도의 몸이 정상적으로 성장하게 하시고 그리스도의 장성한 분량이 충만한 데까지 이르게 하신다.

그리스도의 몸이라는 개념은 교회와 그리스도의 생명적이고 유기적인 연합을 강조한다. 교회는 예수님의 죽으심과 부활과 연합함으로써 공동의 존재론적 운명에 참여하게 되었다. 교회는 죄와 사망의 권세가 지배하는 영역에서 벗어나 부활의 능력과 권세가 왕 노릇하는 영적 영역, 종말의 영역, 하늘에 속한 영역에 존재하게 되었다. 따라서 음부의 권세가 교회를 이기지 못한다. 교회에 속한 이는 이제 아담 안에서의 옛 사람을 벗어버리고 하나님의 형상을 따라 새롭게 지음 받은 새 사람에 참여하였다.

또한 교회가 그리스도의 몸이라는 것은 교회가 그리스도의 사역의 현장이라는 점을 상기시켜 준다. 부활하신 그리스도는 우선적으로 그분의 몸인 교회 안에 임재하고 교회를 위해 역사하신다. 부활하신 주님은 일차적으로 그분의 몸인 교회에 그분의 구속 사역의 열매를 전달하고 적용하신다. 그러나 그분의 사역은 교회에만 국한되는 것이 아니라 교회를 통해 온 세상 속에 하나님 나라를 확장하는 것이다.

따라서 교회가 그리스도의 몸이라는 말은 동시에 교회가 세상 속에서 그리스도 사역의 연장임을 의미한다. 주님께서는 지상에서 육신을 입고 사역하셨던 것같이 부활하신 후에는 교회를 그분의 몸으로 삼아 세상에서 계속 일하신다. 성령을 통하여 우리와 함께하시는 주님의 임재는 보이지 않는 무형적 존재 방식을 띤다. 이 주님의 영적 임재와 활동은 교회를 통해 세상 속에 유형화된 실존의 형태로 나타난다.

천국이 임한 공동체

이같이 교회를 '하나님의 백성, 그리스도의 몸, 성령의 전'이라는 세 관점에서 이해하는 것은 교회의 삼위일체적 근원과 특성을 잘 파악할 수 있게 한다. 성부 하나님의 영원한 사랑에 근거한 교회에 대한 경륜은 성자의 구속 사역을 통하여 역사 속에 객관적으로 성취되었고, 성령의 강림으로 인해 세상 속에 주관적으로 실현되었다. 따라서 교회는 이 삼위 하나님의 공동 사역의 결과이며 작품이다. 교회는 성령 안에서 삼위 하나님께서 임재하고 통치하시는 하나님의 나라가 현실화된 공동체이다. 종말론적인 하나님 나라의 축복과 권세를 누리며 하나님 나라의 원리를 따라 살므로 이 땅 위에서 하나님 나라의 현현을 증거하며 확장하는 천국공동체이다.

교회는 성령 안에 '이미(already)' 임한 하나님 나라를 체험하고, '아직(not-yet)' 완성되지 않은 하나님 나라를 대망하며, 그 나라의 확장을 위해 일하는 종말론적인 공동체이다. 성령은 종말의 영이시기에 성령 안에 있는 교회의 본질적인 특성은 종말론적 관점에서 이해해야 한다. 오순절 성령충만으로 인해 구약에서 대망한 하나님의 종말론적인 현존과 통치가 교회 안에 실현되었다. 성령의 내주하심은 종말이 이미 교회 안에 하나의 현실이라는 것을 의미한다. 성령의 사역은 개인과 교회와 세상 속에 종말론적 하나님 나라를 선취적으로 실현한다. 성령은 하늘의 영역(heavenly realm), 즉 종말의 영역에 속한 축복들을 교회에 전달하신다. 스펄전은 성령으로 충만하면 신자가 두 개의 천국을 경험한다고 했다. 즉 죽은 후에 하늘에서 천국을 누릴 뿐 아니라 현재 이 땅 위에서부터 천국을 누린다는 것이다.[5]

전통적으로 종말론은 세상의 마지막 때의 일들을 다루는 것으로 이해해 왔다. 그러나 성령론적 관점에서 재고해 볼 때, 종말론은 기독교 신앙의 모든 측면을 주관하는 전포괄적인 모티브이다. 그리스도인의 삶도 종말론적인 삶이며, 교회도 종말론적인 공동체이다.

종말론은 신약성경의 중심적인 모티브이다. 특별히 이런 특성이 바울의 가르침에 두드러지게 나타난다. 게르할더스 보스(Geerhardus Vos)가 지적했듯이, 바울의 사상은 처음부터 종말론의 틀 속에 주조되었다.[6] 바울 사상의 출발점은 예수 그리스도가 모든 구속의 은택들을 안고 올라간 하늘의 영역(heavenly realm), 즉 종말의 영역이다. 통상적으로 우리 신학은 현재에서부터 미래로 올라가며 사유하지만, 바울은 종말에서부터 현재로 내려오는 역전적인 사고를 하였다. 그리하여 현재의 체험을 종말의 관점에서 이해했다.

성령이 하늘의 영역에서부터 임하여 종말에 맛볼 축복과 능력을 미리 앞당겨 현재의 삶 속에서 누리게 하신다. 현재의 성령체험은 미래의 능력과 생명을 미리 맛보는 것이다. 성령은 종말에 맛볼 부활의 능력을 미리 앞당겨 현재의 삶 속에서 누리게 하신다. 그리스도인의 삶은 한마디로 성령 안에서 부활의 생명력을 미리 맛보며 살아가는 삶이라고 정의할 수 있다. 성령의 은혜는 미래 축복의 부분적인 현존이며 앞으로 임할 훨씬 더 큰 축복에 대한 보증이다.

그러므로 이 종말의 영역이 성령 안에 있는 그리스도인의 현재 상태와 정체성을 규정하는 일차적 범주이다. 그리스도인들은 근본적으로 하늘의 영역에 속한 자들이다. 그들은 그리스도와 함께 하늘에 앉힌 바 되었으며(엡2:6), 그들의 시민권은 하늘에 있다(빌3:20). 그러기에 그들은 땅의 것을 생각지 말고 위의 것을 생각하고 추구해야 한다(골3:1-2). 그들의 성령체험은 이 땅에서 하늘을 미리 맛보는 것(foretaste)이며, 장차 임할 완전한 천국의 보증이며 첫 열매이다. 성령 안에서 천국을 미리 맛보고 부분적으로 누릴수록 더욱 완전한 천국의 복을 사모하게 된다. 성령으로 충만할수록 더 큰 충만함의 은혜에 목마르게 된다.

따라서 성령으로 충만한 삶에는 현재 누리는 은혜에 대한 감사와 함께 미래의 더 충만한 은혜에 대한 갈증이 공존한다. 성령충만은 우리 안에 종말론적인 갈망과 소망을 심화시킨다. 그래서 성령으로 충만하면 할수록 소망으로 충만해진다. 이 소망이 그리스도인의 삶과 사역의 원동력이다. 성령으로 충만한 삶은 믿음으로 사는 삶이다. 그러나 이 믿음은 과거 정체적인 믿음이 아니라 종말론적 비전에 의해 계속 고무되고 주관되는 소망의 믿음이다. 소망 없이 믿음은 미래를 향한 추진력을 잃고 현실 속에 좌초되어 버린다. 소망 없는 믿음은 세상을 이길 수 없으며 참된 경건의 열매를 맺을 수 없다.

따라서 이 소망은 현실도피적인 것이 아니라 현실의 삶을 더욱 의미 있고 부요케 하는 원동력이다. 보스(G. Vos)가 지적했듯이, 초대교인들의 경건의 비결은 종말론적인 소망이었다. 이 소망이 "그의 깨끗하심과 같이 자기를 깨끗하게"(요일3:3) 하였다. 종말이 임박했다는 의식은 그들로 서로 열심히 사랑하게 하였다(벧전4:7-8).

현대교회는 언제부턴가 이 종말론적 소망과 열정을 상실했다. 천성을 향해 올라갈 수 있는 종말론적 날개가 꺾임으로 하늘에 속한 사람들이 땅에 속한 사람들로 추락하였다. 한국교회의 타락은 교인들의 '욕망의 세속화'에서부터 그 원인을 찾아야 한다. 한국교회는 시급히 종말론적인 신앙을 회복해야 한다. 성령으로 충만한 삶은 옛 자아와 세상에 대해 못 박힌 삶이다. 우리의 삶 속에 죽음이 살아 있게 해야 한다. 교회가 세상에 대해 죽을 때 세상을 참으로 살릴 수 있다.

성화공동체

성령은 교회를 세상 속에 존재하나 세상에 속하지 않은 거룩한 무리로 살게 하는 성결의 영이시다. 성령은 교회를 죄와 세상에 대해 죽고 부활하신 그리스도와 연합하여 부활의 새 생명을 누리게 하신다. 부활의 능력은 마지막 날 우리의 육체가 부활할 때만 체험할 수 있는 것이 아니라 성령 안에서 현재적으로 누릴 수 있는 능력이다. 그래서 바울은 믿는 자에게 베푸신 지극히 큰 능력이 그리스도를 죽은 자들 가운데서 다시 살리신 능력이라고 했다(엡1:19-20). 이 부활의 능력만이 우리 안에 역사하는 죄와 사망의 권세를 깨뜨리고, 우리를 죄에서 해방하여 거룩한 새 사람으로 살 수 있게 한다. 성령으로 충만하다는 것은 죄와 사망의 법에서 우리를 해방하는 생명의 성령의 법이 주관함을 뜻한다(롬8:2). 오늘날 교회가 입으로는 부활의 신앙을 고백하나 삶 속에서는 부활의 생명력을 상실한 것은 성령으로 충만하지 않기 때문이다.

성령은 우리를 죄와 사망의 권세에서 해방하시고(liberate), 그와 동시에 죄로 망가진 영혼과 육체를 고쳐 창조 시에 하나님께서 보시기에 심히 좋은 상태로 회복하신다(heal). 그리하여 하나님 안에서 안식케 하며 (rest), 풍성한 생명을 누리게 하고(flourish), 주의 형상으로 아름답게 하며 (beautify), 능력을 입혀주신다(empower). 성령은 새 창조의 영으로서 아담 안에 부패한 옛 성품에 속한 이들을 하나님의 형상을 회복한 새 사람으로 변화시키신다. 패트릭 셰리(Patrick Sherry)의 말대로, 성령은 아름다우신 분이며 우리를 아름답게 하시는 분이다(the Spirit is both beautiful and beautifier).[7]

따라서 성령충만의 결과는 성령의 열매로 나타난다(갈5:22-23). 성령충만의 확실한 표지는 예수님을 닮은 성품(Christlike character)이다. 이 열매를 맺는 것은 그리스도 안의 구속의 목적이 실현되는 것과 관련된다. 하나님께서 우리를 택하고 구속하신 목적은 그리스도의 형상이 우리 안에 이루어지게 하시기 위함이다(롬8:29). 바울의 가르침에서 성령의 열매는 그리스도의 형상을 본받는 새 사람의 구체적인 표현이다.

이러한 성화의 다이내믹한 과정은 교회 안에서 성령의 교제와 은사 활용을 통하여 진행된다. 교회 안에서 신자는 삼위 하나님과의 영원한 사랑의 교제와 연합으로 들어가며, 성령 안에서 서로 연합하게 된다. 성도의 교제는 근본적으로 이 삼위 하나님과의 교제에 근거한다. 바울은 "우리가 다 하나님의 아들을 믿는 것과 아는 일에 하나가 되어 온전한 사람을 이루어 그리스도의 장성한 분량이 충만한 데까지"(엡4:13) 자라야 한다고 말한다. 교회가 이렇게 성장하도록 하기 위해 삼위 하나님은 교회에 여러 가지 성령의 은사를 주시고(엡4:7-11), 교회 안에서 부활의 권세로 역사하신다(엡1:19-22).

그러기에 성화론은 근본적으로 교회론의 맥락 속에서 논의되어야 한다. 개신교에서는 보편적으로 구원론을 먼저 다룬 후 개인의 성화를 위한 일종의 보조적인 방편으로 교회를 논했다. 개인의 성화가 교회라는 공동체의 콘텍스트와 분리되어 고립된 개인 경건생활의 좁은 범주에서 이해되었다. 그 결과 개신교 안에는 공동체의식의 결여, 영적 엘리트주의, 자기중심적이고 폐쇄적인 경건주의의 경향이 나타나게 되었다.

우리의 신학이 그 내용뿐 아니라 그 구조적인 면까지 성경에 충실하기 위해서는 기독론 다음에 교회론의 문맥 속에서 개인의 구원과 성화를 다루어야 한다. 중세 로마 가톨릭에서는 성화의 은혜가 교회의 예식과 제도를 통해 개인에게 기계적이고 자동적으로 수여되는 것으로 보았다. 그에 반하여 일부 개신교에서는 성화의 은혜를 개인적인 차원으로 제한시키는 경향을 나타냈다. 교회를 성령충만한 공동체로 보는 견해는 이런 성화에 대한 제도주의적 혹은 개인주의적 이해의 두 극단을 피하고 성화의 은혜가 교회 안에서 성령의 교제와 은사 활용을 통해 다이내믹하게 역사한다는 사실을 바르게 인식할 수 있게 한다.

천국복음이 바로 전파되는 공동체

교회가 성령충만한 공동체가 되기 위해서는 먼저 성령이 자유롭게 역사하실 수 있는 채널로서의 말씀사역이 회복되어야 한다. 참된 교회의 표지는 바른 말씀의 전파에 있다. 성령은 진리의 영이시다. 복음의 진리가 명쾌하게 제시될 때 그 메시지에 성령이 함께하신다. 성령은 새 언약의 영이시다. 신구약성경에 증거된 '언약과 성취(Promise and Fulfillment)'를 구속사의 맥을 따라 잘 밝혀주는 설교가 성령의 효과적인 도구가 될 수 있다.

구약 전체에 증거된 하나님의 언약이 예수 그리스도의 구속 사역을 통해 어떻게 성취되고 성령 안에서 그 효력을 발휘하며 그 언약의 부요한 축복이 무엇인가를 밝히 드러내는 설교를 통해 성령이 강력하게 역사하신다. 그러나 오늘날 강단에서 전파되는 메시지에는 이러한 복음의 진수가 온전히 드러나지 못하고 있다. 인간의 반역에도 불구하고 그 언약을 성실하게 이행하시는 삼위 하나님의 위대한 구원사역과 그 은혜가 제대로 증거되지 못하고 있다. 그리스도의 구속으로 말미암아 성령 안에서 임한 하나님 나라의 능력과 축복에 대한 설교를 듣기 힘들다.

또한 성령은 그리스도의 영이시다. 성령은 그리스도를 증거하며 영화롭게 하신다(요16:13-14). 그러므로 그리스도와 그분의 십자가가 바로 전파되는 곳에 성령이 충만히 임재하고 역사하신다. 오늘날 강단에서 전파되는 설교들은 온통 신자의 책임과 사명, 그리고 열심을 고취시키는 윤리적인 지침과 권면으로 가득하다. 이에 반해 예수님의 십자가와 부활의 부요한 의미와 효력과 우리를 성결케 하는 성령의 사역을 잘 밝혀주는 복음을 제시하는 설교는 접하기 힘들다.

많은 교인들이 복음의 핵심이 흐려진 율법적인 메시지에 짓눌려 그리스도 안의 자유와 생명력을 누리지 못하고 있다. 한편에서는 축복에만 초점을 맞춘 '값싼 은혜'의 복음이 윤리적인 방종을 조장하고, 다른 한편에서는 윤리를 강조하는 설교가 다른 극단, 즉 율법주의의 폐단을 낳는다. 부실한 말씀사역의 틈새에서 자라난 무율법주의와 율법주의의 독충이 교회의 생명력을 갉아먹고 있다.

성령으로 충만한 설교자

우리는 지금 말씀의 홍수 속에 살고 있다. 그러나 웬일인지 성령의 능력이 함께하는 권세 있는 말씀이 희귀한 때를 맞이했다. 왜 이런 현상이 초래되었는가? 그 우선적인 원인은 설교의 내용이 부실함에 있다고 본다. 말씀사역에 성령의 능력이 부재하게 된 또 다른 요인은 설교자의 삶과 인격에 있을 것이다. 설교의 내용이 성경적이고 복음적이어야 함은 설교의 기본 요건이다. 그러나 좋은 내용의 설교에 항상 성령의 능력이 자동적으로 함께한다는 보장은 없다. 설교자는 성경에 충실할 뿐 아니라 성령의 능력을 전적으로 의존해야 한다.

칼빈이 강조했듯이, 성경과 성령은 항상 같이 가야 한다.[8] 바울 사도는 복음을 전할 때 오직 성령의 능력과 나타남만 의존했다고 하였다 (고전2:4). 제자들은 성령으로 충만한 후에야 복음 전파 사명을 감당할 수 있었다. 그러므로 말씀사역에 있어서 성령충만은 필수적이다.

성령은 교회에서 선포되는 메시지를 통해 말씀하실 뿐 아니라 행동하는 인격으로 역사하신다. 말씀으로 천지를 창조하셨듯이, 이제는 그리스도 안의 말씀으로 죄로 파괴되고 오염된 세상을 재창조하신다. 성령이 충만히 임재하면 우리가 전하는 메시지에 새 창조의 능력이 역사한다. 암울한 현실 속에 하나님 나라가 능력으로 임한다. 하늘이 열리고 그리스도 안의 신령한 복이 내려온다. 이렇게 하늘이 열리고 새 창조의 능력이 역사하는 설교사역을 감당하기 위해서는 필히 성령으로 충만해야 한다.

따라서 목사가 성령으로 충만하지 않은 것만큼 심각한 죄악은 없다. 그것은 자신뿐 아니라 교회전체에 엄청난 영적 손실을 입히는 결과를 초래한다. 하늘이 닫혀 은혜의 이슬이 내리지 못하게 한다. 영혼을 자유롭게 하고 새롭게 하는 새 창조의 능력이 역사하지 못하게 한다. 결국 교인들을 영적으로 피폐하게 만든다. 그러므로 설교자가 성령으로 충만하는 것은 교회의 사활이 달린 문제이다.

복음사역자가 성령으로 충만하지 못하는 이유 중 하나는 성령을 사역의 도구로 이용하려 하기 때문이다. 강대상 위에서 설교할 때는 성령충만함을 간절히 원하나 강대상 밑에서는 성령으로 충만하기를 그렇게 원하지 않는 것이 문제이다. 평상시 조심스럽게 성령과 동행하는 삶을 살지 않고 자행자지하며 살다가 설교하기 전에 발작적으로 기도해서 성령의 사람으로 돌변할 수는 없는 일이다.

하나님은 일상 속에서 항상 성령과 동행하는 사람을 통해 말씀하신다. 설교준비는 일주일 동안 성령을 온전히 따르는 삶으로 해야 한다. 우리의 바르지 못한 삶이 주일 강단에 큰 영향을 미친다. 우리의 진실하지 못한 삶, 깨끗하지 못한 심령, 더러워진 양심으로 성령을 자주 거스르고 근심케 하기에 우리 강단에 능력이 떠나간 것이다. 교회에 영적 어두움과 재앙이 임한 것이다.

성령은 죄에 대해 아주 예민하시다. 설교자가 하나님께 진실함과 정직함을 잃어버리고 양심이 무뎌지면 성령의 음성을 듣지 못하고, 성령의 인도하심을 받지 못한다. 그 사람을 통해 성령은 말씀하지 않으신다. 그가 비록 알량한 성경지식과 신학지식으로 그럴싸하게 설교할 수 있을지는 모르나 그 안에 성령의 불은 없다. 성령의 능력은 함께하지 않는다. 사람은 얼마든지 속일 수 있어도 하나님은 속일 수 없다. 강단에 하나님의 능력과 영광이 떠난 지도 모를 정도로 영적으로 어두워진 설교자들이 많다는 것이 한국교회의 비극이다.

교회강단에 능력이 떠나니 이제 만담과 같이 웃기는 설교가 성령의 기쁨과 감동을 대신하고 있다. 말씀을 가장 중요한 은혜의 수단이라고 굳게 믿고, 말씀 중심을 그렇게 강조하는 개혁교회가 그 말씀의 권위를 한없이 추락시키는 커다란 모순을 범하고 있다. 만약 이런 식으로 간다면 우리는 개혁교회의 간판을 내려놓아야 할 판이다. 그렇지 않으려면 우리 모두가 가슴을 치면서 통곡하고 회개하여 성령충만을 회복해야 한다.

성령충만은 선교를 위한 능력부여

오순절 성령강림은 교회가 "땅 끝까지 나의 증인"이 되는 선교사명을 잘 감당하기 위한 능력부여의 사건이다(행1:8). 칼 헨리(Carl Henry)의 말로 표현하면, "하나님께서 세계선교를 위해 성령의 능력을 받은 종말론적 공동체를 세상 속으로 출범시키신 사건"[9]이다. 성령의 은사는 교회 자체의 유익과 발전만을 위해서가 아니라 세상 속에서의 선교사역을 위해 주어진 것이다. 따라서 성령의 인도하심을 받는 교회는 자신의 안녕과 영광만이 아니라 세상 속에 하나님 나라를 확장하기 위해 존재한다.

이렇게 성령론적인 관점에서 볼 때 교회의 존재 목적과 본질적인 사명은 선교이며, 그러기에 교회론은 근본적으로 선교론적 맥락에서 고찰되어야 한다. 안타깝게도 그동안 선교는 교회론에서 그다지 중요한 주제로 다루어지지 않았다. 대부분의 교의학 책에서 선교는 무시되거나 교회의 보편성과 관련해서 잠시 언급될 뿐이었다. 그 결과 전통적 교의학의 논리적인 틀 속에 선교론이 들어갈 자리를 찾지 못하고 독립된 신학 분야처럼 발전되어 왔다.

다행히 교회론을 선교론적 맥락에서 재조명하려는 시도들이 나타나고 있다. 일찍이 칼 바르트(Karl Barth)가 교회론의 선교론적 지평을 새롭게 제시한 데 이어,[10] 몰트만(J. Moltmann)과 판넨베르그(W. Pannenberg)를 비롯한 많은 현대 신학자들이 주로 하나님 나라의 관점에서 선교를 주요한 신학적 주제로 다루고 있다.[11] 보수신학자들도 이에 못지않게 교회의 선교사명의 중요성을 인식하고 교회론을 선교론적 방향으로 확장하려는 노력을 기울이고 있다.

레너드 스윗(Leonard Sweet)은 개신교가 지난 500년간 계속되어온 '개혁 패러다임'에서 이제는 '선교 패러다임'으로 전환해야 한다고 하였다.[12] 그러나 교회는 개혁적인 동시에 선교적이어야 한다. 교회가 현대 문화를 향해 열려 있으면서도 그 부패한 요소에 동화되지 않기 위해서는 계속 새로워지고 성결해져야 한다. 이런 회개와 개혁이 그칠 때 교회는 속화되어 더 이상 세상 속에서 효과적인 선교사역을 수행하지 못할 것이다.

성령으로 충만한 교회는 그 내적 충만함이 세상 밖으로까지 드러나 만물 위에 하나님의 영광을 드높이는 강력한 우주적 영향력을 발휘하는 공동체이다. 누가와 바울은 모두 성령충만을 하나님 나라의 확장, 즉 선교와 연결했다. 누가는 성령충만을 땅 끝까지 복음을 전파하는 사역을 위한 능력부여로 이해했다. 바울에 따르면, 교회 안에 충만히 거하시는 성령은 그리스도 안에서 만물을 새롭게 하고 통합하는 우주적 갱신의 원동력이시다.

성령의 사역은 이미 성취된 예수 그리스도의 구속사건에 그 바탕을 두고 있으며 동시에 그리스도 안에서 만유의 완성이라는 종말론적 성취를 겨냥한다. 따라서 선교는 그리스도의 초림과 재림 사이에 출범하며, '이미' 실현된 하나님 나라와 '아직' 완성되지 않은 하나님 나라 사이의 긴장 속에 존재하는 교회의 중요한 특징이다. 아직 미완성된 하나님 나라에 대한 인식으로 말미암아 교회의 선교적 관심이 심화되며 선교 활동이 더욱 자극된다.

성령은 부활하신 그리스도의 생명을 주는 능력을 온 창조세계에 전달하시며, 그리스도 안에서 이미 이루어진 승리와 새 창조가 인간 역사와 문화 그리고 세계 속에서 실제적인 효력이 있게 하신다. 따라서 교회의 선교는 개인 영혼구원에만 국한되지 않고, 그리스도 안에서 만물을 새롭게 하는 성령사역의 우주적 차원을 포괄한다.[13] 교회는 성령의 능력에 사로잡혀 온 세상을 새롭게 하는 선교사역에 앞장섬으로써 만물 위에서 만물을 충만케 하시는 이의 몸 된 교회의 임무를 충실히 수행해 가야 한다. 교회가 성령으로 충만하면 복음의 확산만이 아니라 사회의 전 영역에 변화를 초래한다.

앞으로 한국교회는 선교지향적 패러다임으로 전환해야 한다. 교인들을 교회생활과 종교적인 일에만 익숙한 이들이 아니라 세상의 한복판에서 사회를 변혁시키는 영적인 에너지를 발산하고 세속의 거센 풍향을 바꾸어 놓는 성령충만한 선교사들로 양육해야 한다.

15. 공동체성의 회복

고슴도치의 딜레마

우리는 그 어느 때보다 진정한 공동체가 그리운 시대에 살고 있다. 개인주의가 팽배해 가는 현대사회 속에서 점점 서로 소외되고 고립되어 간다. 수없이 많은 사람들과 관계하며 사람들 속에 묻혀 살지만 정신적으로나 영적으로 고립되어 있음을 느낀다. 참된 교제를 갈망하면서도 그것을 또한 두려워한다. 친밀한 관계를 통해 서로 상처 받는 것보다 차라리 서로 거리를 두고 사는 것이 낫다고 생각한다.

어떤 이가 이런 인간의 모습을 고슴도치 무리와 비교하여 설명하였다. 추운 겨울에 고슴도치들이 홀로 떨어져 있다가 따스한 온기를 느끼려고 서로 모이기 시작한다. 그러나 서로 가까워질수록 가시가 서로를 찔러 고통스럽게 하니 뿔뿔이 헤어진다. 혼자 고립되어 있으면 다시 추워지고 따스함을 찾아 모이면 또 다시 고통이 반복되어, 모였다가 흩어지고 붙었다가 떨어지는 고슴도치의 댄스가 계속된다.

인간이 처한 딜레마도 이와 비슷하다. 고슴도치와 같이 인간에게도 고약한 가시가 돋쳐 있다. 인간은 혼자 있기에는 너무 외롭고 쓸쓸하고 추워서 좀 더 따뜻한 인간관계를 위해 모이기 시작한다. 그러나 서로 가까이하면 가시가 서로를 찔러 고통스럽게 한다. 그래서 다시 고독 속으로 기어들어간다.

현대사회는 유난히도 길고 추운 개인주의라는 겨울의 끝자락을 지나고 있는 듯하다. 실존주의 철학자들이 진단했듯이 현대인의 실존의 특성은 '고독과 소외'로 볼 수 있을 것이다. 현대의 개인주의 문화는 인간관계의 따스함을 느낄 수 있는 공동체로부터 개인을 분리시켜 모래알같이 소외된 개체로 존재케 한다. 인간과 사회를 결속시키는 응집력을 약화시켜서 이 사회의 근간을 이루는 공동체의 해체를 가속화시키고 있다. 현대인들은 서로 고립되고 공동체로부터 절단되어 마치 신체로부터 잘려나간 손발처럼 흉측하게 손상된 실존을 경험하고 있다. 현대사회는 공동체성의 해체로 인해 붕괴의 위기에 처해 있다고 할 수 있다.

세속화가 극에 달하면 다시 원점으로 회귀하는 운동이 일어나듯이 포스트모던 시대에 접어들면서 사람들은 다시 공동체를 그리워한다. 미래 교회를 예측하는 신학자로 잘 알려진 레너드 스윗(Leonard Sweet)은 21세기에 디지털 문화가 발달되면서 사람들 간에 진정한 공동체에 대한 갈망은 더 자극될 것이라고 말했다. "컴퓨터를 통한 관계가 많을수록 개인들은 서로 소원해질 수밖에 없다." 그러나 사이버 상에서 "그들과의 접속은 얼굴을 직접 대하는 공동체에 대한 갈망을 자극할 것이다."[1]

21세기 교회가 직면한 도전은 공동체 회복에 앞장서는 것이다. 교회가 먼저 신약성경이 제시한 참된 공동체의 모습을 회복할 때 이 사회 속에 붕괴된 다른 공동체들이 재건될 것이다. 이 세상을 개인주의 문화의 속박에서 해방시키기 위해 교회가 먼저 그 속박에서 해방되어야 한다. 오늘날 교회는 현대 세속문화에 포로가 되어 있다. 이 세속문화의 가장 두드러진 특징인 개인주의가 교회 안으로 침투하여 기독교 신앙의 본질을 심각하게 왜곡시키고 있다. 하워드 스나이더(Howard Snyder)가 지적했듯이, "오늘날의 교회는 공동체성, 즉 교회의 위기를 맞고 있다." 이것은 단순히 교회의 위기만이 아니라 우리 사회가 전반적으로 겪고 있는 공동체의 위기와 깊이 연관되어 있다. 왜냐하면 "교회 내의 공동체성의 파괴는 세상의 공동체가 회복되리라는 최선의 희망과, 사회의 공동체를 재건할 최선의 기회를 파괴하는 것이기 때문이다. 교회가 먼저 진정한 '코이노니아'를 경험하는 순전한 공동체가 될 때라야 세상 공동체의 가장 강력한 원천이 된다."[2]

성령충만한 공동체

레너드 스윗은 "기본적으로 교회가 세상에 줄 수 있는 것은 그리스도와 공동체 둘 뿐이다."라고 말했다.[3] 그러나 둘이라기보다는 하나라는 말이 더 맞을 것이다. 그리스도와 그 몸인 공동체는 분리할 수 없기 때문이다. 그리스도는 그 몸인 공동체 안에서 그리고 그것을 통하여 세상에서 역사하신다. 몸이 존재의 방식이란 점에서 그리스도는 공동체로 존재하신다고도 말할 수 있다. 그러므로 교회는 공동체 없이 그리스도만 세상에 줄 수 없다. 그리스도의 임재와 활동이 구체화된 그분의 몸인 공동체를 줄 때 우리는 참으로 그리스도를 주는 것이다.

마찬가지로 세상은 공동체 없이 그리스도만 가질 수 없다. 그 몸의 일부가 되지 않는 한 머리이신 그리스도와 연합할 수 있는 길은 없다.

신약성경에 의하면, 그리스도와 연합하는 것은 그와 동시에 그분의 몸된 교회에 접붙임 받는 것을 의미한다. 이 둘을 분리할 수 없다. 리델보스(Hermann Ridderbos)의 지적대로, 바울 사상에서 그리스도 안에 있는 것은 구체적으로 그리스도의 몸 안에 있음을 뜻하며, 성령 안에 있는 것은 성령의 전인 교회 안에 있음을 의미한다.[4] 그러므로 기독교 신앙은 근본적으로 공동체의 토양에 뿌리내리고 있다고 할 수 있다.

하나님은 세상에 그리스도와 함께 성령충만한 공동체를 주셨다. 오순절 성령강림으로 세상에 성령충만한 공동체가 탄생한 것이다. 이 공동체가 부활하신 그리스도가 사역하는 현장이며 그 부활의 생명력이 세상으로 흘러나가는 채널이다. 성령충만한 공동체는 만물 안에서 만물을 충만하게 하시는 그리스도로 충만한 공동체이며, "성령의 사역을 통해 역사 속에서 삼위일체 하나님의 임재를 담는 저장소이다."[5] 따라서 교회가 성령충만한 공동체가 될 때만 만물을 새롭게 하시는 그리스도의 임재와 활동을 세상에 전달할 수 있는 것이다. 하나님은 성령충만한 공동체를 통해 세상을 구원하고 새롭게 하시며 세상 속에 하나님의 영광과 그분을 아는 지식이 충만하게 하려고 하신다. 따라서 요즘 모두가 외치는 공동체의 회복은 단순히 따뜻한 인간관계의 회복이 아니라 성령이 자유롭게 역사하고 주관하시는 공동체의 회복이어야 한다.

일찍이 에밀 브루너(Emil Brunner)는 고도로 조직화되어 공동체성을 상실해 가는 현대교회를 향하여 사도행전에 나타나는 성령충만한 공동체로 돌아갈 것을 촉구했다.[6] 브루너는 교회가 제도나 조직보다 성령에 의해 주관되는 공동체와 친교와 카리스마에 더 역점을 둔 교회가 되어야 한다고 역설했다. 물론 교회의 제도적인 측면(institution)과 공동체적인 측면(community)이 날카롭게 대립되는 것으로 보아서는 안 될 것이다. 종교개혁 시에 성령을 교회의 제도와 조직 속에 삼켜버린 로마 가톨릭의 제도주의적 교회관에 대응하여 일부 급진적 개혁파에서는 성령이 신자의 심령과 교제 속에서만 역사할 뿐 형식이나 제도와는 별 연관성이 없는 것으로 보았다. 그리하여 제도화된 유형교회를 거부하기도 했다.

교회를 성령충만한 공동체로 보는 견해는 제도주의와 개인주의의 양극단을 피하고 교회의 제도성과 공동체성, 직분과 카리스마, 개인과 집단과 조직이 성령 안에서 긴밀하게 연합된 것으로 본다. 그래서 성령이 교제와 은사 활용을 통해 다이내믹하게 역사하신다는 점을 새롭게 부각시키면서도 성령이 제도와 직분을 통해 질서 있게 일하신다는 점을 결코 간과하지 않는다. 오히려 교회의 제도와 직분을 카리스마적인 측면과 긴밀하게 연결시켜 재고함으로써 그 참된 의미와 역할을 재발견하게 된다. 교회의 제도와 조직은 성령의 자유로운 역사를 가로막고 제한하는 경직된 틀이 아니라 성령의 교통하심을 오히려 윤활하게 하는 통로가 되어야 하며, 성령의 충만한 은혜를 잘 담아 보존할 수 있는 새 부대(wine skins)이어야 한다. 결국 교회를 성령충만한 공동체로 보는 견해는 성령의 자유로운 역사를 방해하는 현 교회의 제도와 구조의 개혁을 촉구한다.

공동체의 토양 속에 뿌리내린 신앙

성령충만한 공동체의 회복은 교회 성장뿐 아니라 개인의 영적 성숙을 위해서도 시급한 일이다. 성령충만한 공동체가 영혼이 건강하게 자랄 수 있는 토양이며 성화가 활발하게 진행될 수 있는 장이다. 많은 교인들이 성화의 부진과 영적 미성숙의 문제를 안고 있는 것은 교회가 그들이 자랄 수 있는 토양을 제공하지 못하기 때문이다. 현대교회는 제도적으로 경직되었고 영적으로 침체하여 성령충만한 삶이 배양되기에 불가능한 상태에 처해 있다.

성령으로 충만한 삶을 사는 것은 개인 혼자 힘쓴다고 되는 일이 아니다. 성령충만한 공동체 없이 성령충만한 개인이 존재할 수 없다. 개인적으로 아무리 경건하게 살고 영적으로 풍성함을 누리려 해도 그가 만약 영적으로 피폐한 교회의 일원이 되었다면 성령으로 충만한 신앙생활을 하기 어려울 것이다. 성령의 능력이 함께하는 말씀 선포와 성령의 임재가 나타나는 예배와 교제를 경험할 수 없고, 성령충만한 삶과 사역의 구체적인 모범을 볼 수 없는 교회에서 어떻게 영적으로 충만한 삶을 살 수 있겠는가? 그러나 초대교회와 같이 성령으로 충만한 교회에 접붙임을 받아 성령의 충만한 임재와 능력을 맛보는 말씀과 예배와 교제 속에 신앙생활을 한다면 그 은혜로운 분위기에 쉽게 젖어들어 갈 것이다.

이와 같이 성령충만한 교회와 개인은 긴밀하게 연결되어 있다. 오순절에 성령충만은 개인적인 동시에 집합적으로 체험되었다. 성령이 120명의 공동체에 주어졌을 때 그 안의 각 개인들이 성령으로 충만하였다. 이 초대교회는 사도들의 가르침을 따라 성령 안에서 긴밀히 교제하며 각자의 은사를 활용하여 서로를 섬기는 공동의 삶 속에서 성장했다. 성령 안에서 제도적인 면, 즉 사도적 감독과 가르침, 그리고 예식과 직분은 카리스마적인 면, 즉 교제, 은사, 그리고 섬김과 하나로 어우러져 개인의 영적 성숙과 공동체의 성장이라는 두 열매를 산출하였다.

이렇게 성령충만의 개인적 차원과 공동체적인 차원이 유기적으로 연합되어 있다는 측면에서 볼 때, 개인의 구원과 성화는 공동체와의 밀접한 관계 속에서 이해해야 한다. 그것은 성령충만한 공동체의 토양 속에서만 개인의 영적 성숙과 성화가 가능하기 때문이다. 개신교에서는 자주 개인의 성화가 교회라는 공동체의 콘텍스트와 분리되어 고립된 개인 경건생활의 좁은 범주 속에서 이해되어 왔다. 그 결과 교인들에게 공동체적 의식이 심각하게 결여되었으며, 개인주의적이고 폐쇄적인 신앙이 팽배해졌다. 교인들에게 중요한 것은 개인의 구원과 성화이며, 교회는 개인의 영적 성숙을 위한 보조적인 방편 정도로 여기는 경향이 개신교 안에 만연해 있다.

이러한 문제를 극복하기 위해서는 개인의 구원과 성화를 교회론의 문맥 속에서 논의해야 한다. 구원과 성화가 서로 단절된 방식이 아니라 통합된 형태로 다루어질 때 서로를 새롭게 하는 활력소를 제공하게 될 것이다. 교회는 성령의 자유로운 역사를 방해하는 제도주의적인 경직성을 벗어버리고 다이내믹한 영적 성숙이 이루어지는 성화공동체로 거듭나게 되며, 성화는 개인주의적 고립을 탈피한 공동체적 성화로 새로워질 것이다. 교회가 직면한 공동체의 위기는 곧 성화의 위기이며, 공동체의 상실은 개인으로부터 진정한 개인이 될 수 있는 자아성숙과 실현의 기회를 박탈하는 것이다. 그러므로 공동체의 상실은 결국 개인의 상실이며, 역으로 공동체의 회복은 개인을 새롭게 발견하는 것이다.

공동체는 자아발견의 장이다. 진정한 나는 '우리' 속에서만 발견할 수 있다. 칼빈은 자신에 대한 참된 지식은 오직 하나님과의 관계 속에서만 얻을 수 있다고 했다. 여기서 한 걸음 더 나아가 우리는 우리 동료와의 교제 속에서만 우리 자신을 알 수 있다고 말할 수 있다.[7] 그렇다면 우리 자신을 발견할 수 있는 장은 바로 하나님과 이웃과의 관계가 맺어지는 공동체이다. 하나님과의 수직적인 교제와 이웃과의 수평적인 교제가 교차하는 성령의 공동체가 바로 자아가 발견되고 실현되는 현장이다. 이 공동체로부터 단절된 개인은 결국 하나님과 이웃과 분리될 뿐 아니라 자신의 참 자아로부터도 단절된다. 결국 하나님과 이웃을 잃을 뿐 아니라 자기 자신까지 잃어버린다. 그러나 공동체 안에서는 하나님과 이웃뿐만이 아니라 나 자신까지 되찾는다.

세상에서는 하나님뿐 아니라 '너'도 찾을 수 없다. 세상에서는 진정한 '너'가 존재하지 않으며, 오직 내가 이용할 '것'으로서의 너만 널려 있을 뿐이다. 실존주의 철학자 사르트르(J. Paul Sartre)가 말했듯이, 세상에는 두 종류의 인간관계만이 존재한다. 내가 다른 이를 이용할 대상으로 대하는 I-it 관계 아니면, 다른 사람이 나를 그같이 대하는 It-you 관계만이 있을 뿐이다. 그러기에 다른 사람은 지옥이라고 사르트르는 말했다.[8] 비록 사르트르는 극단적인 무신론자였지만 인간을 매우 사실적으로 이해했다고 볼 수 있다. 당신이 없기에 나도 없다. 진정한 나는 너와의 관계 속에서만 존재하기 때문이다. 너와 나의 단절은 곧 하나님과의 단절을 초래하며, 급기야는 하나님 없는 삶, 즉 지옥을 만들어낸다. 지옥이 뒤틀린 관계에서 온다면, 천국은 그런 관계의 회복으로부터 온다. 천국은 근본적으로 하나님과 이웃과의 관계가 회복된 곳이다. 교회는 이 천국의 모형이 이루어지는 하나님 나라의 공동체이다. 지지울라스(John Zizioulas)의 말대로, 교회는 인간의 궁극적인 목표인 하나님과 인간 사이의 교통함의 역사적 실현인 동시에 종말론적 사인(sign)이다.[9]

사이로 가시는 하나님

교회가 세상에게 줄 수 있고 또 꼭 주어야 할 것은 이 관계 회복 속에 임하는 천국이다. 교회가 세상에 제공하는 구원과 하나님 나라의 핵심은 바로 관계 회복이다. 예수 그리스도의 십자가는 하나님과 원수가 된 것뿐 아니라 인간 서로 간에 원수가 된 것을 소멸하였다(엡3:15-18). 테일러(J. Taylor)는 성령을 "사이로 가시는 하나님(Go-between God)"이라고 재미있게 표현했다.[10] 성령은 우리와 하나님 사이, 그리고 우리와 형제들 사이로 가신다. 그래서 우리를 하나님과 교제케 하고 또한 형제들과도 교제케 하신다.

마르틴 부버(Martin Buber)는 성령이 "내 안에"가 아니라 "나와 너 사이에" 계신다고 했다.[11] 그러나 "내 안에" 계신 성령을 무시한 채 "나와 너 사이에" 계신 성령만을 일방적으로 강조하는 것은 하나님과의 수직적 관계를 부인하는 사신신학(초월적으로 존재하는 하나님은 죽었다고 주장하는 신학)의 오류로 치우치는 것이다. 반대로 전통적인 신앙은 자주 "내 안에" 계신 성령만을 강조한 채 "나와 너 사이에" 계신 성령을 간과하는 우를 범한다. 그래서 성령 안의 교제의 중요성을 망각한다.

"나와 너 사이에" 계신 성령을 누리지 못하면 "내 안에" 계신 성령도 온전히 경험하지 못한다. 나와 너 사이에 계신 성령이 근심하실 때 내 안에 계신 동일한 성령이 근심하시는 것이다. 그래서 주님께서는 하나님께 예물을 드리려 할 때 형제에게 원망 들을 만한 일이 생각나거든 가서 형제와 먼저 화해하고 예물을 드리라고 말씀하셨다(마5:23-24). 성령 안의 교제의 결핍은 영적으로 메마르고 빈곤한 예배를 낳는다. "나와 너 사이에" 성령의 활동이 약해지면 "내 안에" 성령의 역사도 빈약해진다. 성령으로 충만한 교회가 되기 위해서는 예배의 회복만으로는 충분치 않다. 진정한 예배의 회복은 반드시 참된 교제의 회복을 수반해야 한다. 성령 안에서 온전한 예배와 교제가 하나로 어우러진 삼차원적인 교통함 속에서 성령의 충만한 임재와 역사가 회복된다.

그러므로 성령 안의 교제는 성령충만한 교회의 핵심요소이다. 이러한 인식 때문에 초대교회에서는 성도의 교제를 교회의 본질로 보았다. 그러나 현대교회는 이 교회의 근본 요소를 잃어가고 있다. 월리스(Jim Wallis)가 지적했듯이, 우리 교회에 가장 결핍된 것이 참된 교제이다.[12] 전통적인 교회는 하나님께 엄숙하게 예배드리고 기도하는 개인의 책임의식은 강화시켰으나 그에 상응하는 공동체 의식은 고취시키지 못했다.

대부분의 교인들은 서로 잠깐 만나 지극히 형식적인 교제만을 나눌 뿐 실제로는 서로 단절된 채 하나님 앞에 홀로 고독하게 살아가는 '외로운 군중'들이다. 그들은 주일예배에 참석해서 청중이나 관람객처럼 서로의 옆에 조용히 앉아 있다가 예배가 끝나면 군중 속에 이름 없는 얼굴들로 사라진다. 각자가 안고 있는 문제와 아픔과 염려와 두려움을 누구와도 나누지 못하고 참된 자신을 최대한 은폐하는 종교적 가면으로 서로를 대한다. 교회가 진정한 나와 너를 발견하는 성령의 공동체가 되지 못하고 그 허상만을 접할 뿐 나와 너의 참된 정체성은 더 깊은 미궁 속으로 잠적해 버리는 유령 집단으로 변해 간다.

교회가 대형화 되면서 이러한 현상은 더욱 두드러지게 나타난다. 교회가 세상의 비인격적인 조직이나 집단과 같이 변해 가며, 그 안에서 개인은 소외되고 있다. 교회가 세상의 연장일 뿐이다. 교회 성장은 많은 경우 세상적인 확대이다. 성화보다는 세속화의 증진을 초래한다. 교회의 성장을 교인 숫자의 증가와 재정적 규모의 확대와 같은 가시적인 증거로 판단하려는 추세는 이런 세속화를 가속화시킨다. 물론 교회 성장의 증거는 수적 증가로 나타날 수도 있다. 그러나 그보다 더 우선적이고 본질적인 증거는 관계의 회복이며 성령 안의 참된 교제이다. 파괴된 인간관계가 회복되는 교제의 풍성함을 누릴 수 있는 공동체가 참으로 부흥한 교회이다. 양적으로 엄청나게 팽창했지만 그에 반비례하여 교인들 간에 친밀한 교제가 질적으로 형편없이 수축해 버린 대형교회는 사실 부흥한 것이 아니라 타락한 것이다.

진정한 교회 성장과 부흥은 교제의 회복으로 나타난다. 사도행전은 성령충만의 구체적인 모습이 제자들의 아름다운 교제와 공동체의 삶으로 나타남을 증거하였다(행2:42-47; 4:32-36). 바울 역시 교제를 성령충만한 삶의 근본 특성으로 보았다(엡5:18-21). 존 스토트(John Stott)는 에베소서 5장 18-21절을 강해하면서 "성령충만의 첫째 사인(sign)은 교제"라고 했다.[13] 우리가 아무리 하나님과 깊고 친밀하게 교통할지라도 형제들과의 진정한 교제가 없다면 우리는 성령으로 충만하다고 말할 수 없다고 그는 힘주어 말한다. 개인적인 경건과 특별한 내적 체험에 근거해서만 성령충만을 이해하는 것은 개인주의적이고 신비주의적인 혼란을 초래한다. 성령충만은 고립된 개인이 누릴 수 있는 것이 아니라 다른 교인들과의 교제 속에서만 맛볼 수 있는 것이다. 교제가 성령이 충만히 임재하고 활동하는 현장이며 성령의 활동반경이다. 그러므로 성령 안의 새로운 삶은 교제의 삶을 의미한다.

새 사람의 존재 특성이 교제라면 육신에 속한 옛 사람의 존재 특성은 고립과 소외이다. 옛 사람의 자기중심적 성향이 마치 고슴도치의 고약한 가시와 같이 서로를 찔러 아프게 하므로 교제를 불가능하게 한다.

자기중심적 옛 사람은 타자를 자기만족을 위한 '것'으로 취급하지 참된 인격으로 대하지 못한다. 그들의 독한 자기중심성은 '나와 당신(I and Thou)'의 관계를 불가능하게 하며, 그들을 단절시키고 고립시키는 근원이 된다.

교제를 통한 옛 자아의 죽음

성령은 자아 중심에서 돌이켜 공동체를 지향하는 새 사람을 창조한다. 교제 속에서만 존재할 수 있는 개인, 즉 "본질적으로 사회적인 새로운 개인(new individuality which is essentially social)"을 탄생케 한다.[14] 성령은 자기를 내어 주는(self-giving) 사랑의 영이시기에 그 안에서는 타자를 인격이 아니라 수단으로 취급하는 자기중심성이 허용되지 않는다. 성령은 하나님을 자기 성취를 위해 이용하려는 종교적 야망을 날카롭게 대적한다. 성령과의 인격적인 교제를 사모하기보다 성령으로부터 은사와 능력을 끌어내어 성공적인 목회를 하고 능력 있는 사역자가 되려는 자기중심적인 야망이 죽지 않는 한 우리는 결코 성령으로 충만할 수 없다. 마찬가지로 성령은 형제를 자기만족과 실현을 위한 방편으로 삼으려는 육신의 소욕을 대적한다. 성령 안에 있는 교회는 결단코 교인들을 도구화해서는 안 된다. 교회성장이라는 명분하에 인간의 야망을 성취하기 위해 교인들의 열심과 에너지를 교묘히 유도하는 것은 성령을 거스르는 일이다.

성령 안의 삶은 옛 자아와 그 모든 소욕의 죽음을 요구한다. 교제가 바로 옛 자아가 죽는 현장이다. 성령의 교제 속에서 옛 자아의 세력이 파괴된다. 그러므로 교제를 떠나서는 죄를 극복할 수 없다. 죄의 죽임 (mortification)은 고립된 개인 안에서 일어나는 것이 아니라 교제 속에서만 가능하다. 전통적으로 자기 부인과 옛 사람의 죽음을 개인주의적 범주 속에서 이해해 왔으나 이제부터는 교제의 문맥에서 새롭게 고찰해야 한다.

교제의 관점에서 볼 때 죄의 특성은 더 뚜렷하게 드러난다. 하루투니언(Haroutunian)이 말했듯이, "죄를 짓기 위해서는 두 사람 또는 그 이상이 필요하다. 죄는 교제에서 발생한다. 그것은 교제의 실패이다."[15] 죄의 심각성은 공동체의 연합을 깨고 교제를 파괴하는 것이다. 오직 나에게만 해를 입히는 사적인 죄란 존재하지 않는다. 개인이 은밀히 지은 죄 또한 공동체 전체에 영향을 미친다. 아간 한 사람의 죄로 인해 하나님께서 이스라엘 민족 전체와 함께하시지 않았다. 그와 같이 교회 직분자 한 사람의 은밀한 죄로 인해 교회 전체에 영적인 어두움과 피폐함이 임할 수 있다.

서로가 고립되고 단절된 삶 속에서 죄의 세력은 더욱 강화된다. 그러나 서로 연합하여 교제할 때 죄의 세력은 현저히 약해지고 무력화된다. 늑대가 양 무리에서 이탈된 양을 노획물로 노리듯이 사탄은 교제의 장에서 분리된 신자를 희생물로 삼는다. 그러므로 교제로부터 끊어지는 것은 곧 죄와 사탄이 지배하는 영역으로 내몰리는 것을 의미한다. 초대교회에서는 교제를 단절하는 것이 가장 무서운 징계였다. 현대 교인들은 교제를 회피하므로 스스로 징계를 자초하고 있는 셈이다.

고립된 삶 속에서 좀처럼 풀리지 않던 죄의 결박은 교제 속에서 쉽게 와해될 수 있다. 난공불락처럼 보이던 자아의 아성이 성령의 교통하심 속에서 허물어진다. 도무지 불가능해 보이던 자기부인이 사랑의 영이 운행하는 교제의 장에서 꿈같은 현실로 체험된다. 성령 안에서 우리는 자아를 넘어서 하나님과 이웃을 향해 무한히 확장된다. 결국 자기가 소멸되는 것이 아니라 자기가 실현되고 확장된다. 개인이 집단적 개체 속에 삼켜져 버리는 것이 아니라 오히려 개인의 정체성과 존엄성이 한층 더 고조된다. 개인은 하나님과 이웃을 향한 본래적 지향성(orientation)을 회복한 새로운 자아를 얻는다. 새로운 자아는 하나님과 이웃과의 교제 속에서 그 존재의 궁극적 목적, 즉 하나님 나라의 공동체를 실현한다.

나 홀로 거룩함을 추구하는 고독한 신앙생활은 결코 옛 자아를 극복하지 못한다. 이기적 경건은 자기중심성을 초월하지 못하기에 영적 우월주의를 조장하며 공동체의 덕을 세우기보다 갈등과 분열을 야기하는 역기능을 한다. 개인주의적 경건은 신앙성경의 가르침과는 거리가 먼 것이다. 미니어(Paul Minear)가 지적했듯이, 신약성경에 기록된 성화에 대한 모든 권면은 복수형으로 쓰였으며 공동체에 주어진 명령이었다.

> 성도라는 말이 단수형으로 쓰인 예가 없듯이, 신약성경에는 사적, 개인주의적 윤리라는 것은 존재하지 않는다. 거룩함에 대한 모든 요구들은 …… 하나님께서 모든 성도들에게 주신 명령들이다. 성도가 된다는 것은 성령께서 성도를 이미 공동의 유익을 도모하는 자들로 세우심같이 공동의 선을 이루는 일에 참여하는 자가 되는 것을 의미한다. 이 요구를 이루기 위한 모든 행동들은 성령의 열매라는 척도로 평가될 것이다. 이 열매들은 성도들에 대한 사회적 판단의 기준을 제공하며, 교회라는 인간 공동체에 일치와 성장을 가져온다.[16]

성령의 열매로서의 그리스도인의 덕목은 모두 교제와 공동체의 삶 속에서만 배양될 수 있는 것이다. 영적인 성숙은 상호의존과 긴밀한 영적 교류 속에서 이루어진다. 내가 성숙하기 위해서 나 자신만의 믿음으로는 불충분하다. 내 형제의 믿음이 꼭 필요하다. 우리는 서로의 기도와 사랑과 용서와 섬김을 절실히 필요로 한다. 우리는 '나 홀로'가 아니라 형제들과 '더불어' 자라간다. 그러기에 성화의 첫 걸음은 고립에서 벗어나 교제 속으로 들어가는 것이라는 브루너(Brunner)의 말은 타당하다.[17]

'홀로'와 '함께'의 균형

그러나 이 교제의 삶에도 위험이 도사리고 있다. 키르케고르가 지적한 대로, 인간은 하나님 앞에 홀로 서는 고독을 필사적으로 회피하려고 한다. 인간은 자기 자신만의 그 무엇이 되는 모험을 피하고 안전하게 다른 사람과 같은 복제물이 되려 한다. 군중의 일원이 되어 집단 속에 묻혀가는 이가 되려 하는 것이다.[18] 하나님 앞에 선 자신의 적나라한 모습을 직시하기를 두려워한다. 그래서 하나님으로부터 달아나 공동체 속에 숨는다. 신앙공동체를 자신에게 안위를 안겨주는 방편으로 교묘히 이용한다. 자신이 공동체의 일원이기에 공동체의 신앙과 영성을 공유한 것으로 착각한다. 자신의 영적 정체성을 발견하지 못한 채 자신의 참된 자아로부터 멀리 떨어진 자신의 외부에서 살아간다. 그러기에 공동체는 영적 성숙의 토양인 동시에 하나님으로부터 숨는 영적 도피처가 될 수 있다. 공동체는 하나님 앞에 자신의 정체성과 개별성을 잃어버린 채 다수의 무리에 의해 획일화된 복제품 영성을 양산할 수 있다.

그러므로 형제들과 '함께'하는 삶은 하나님과 '홀로' 있는 삶을 전제한다. 본회퍼(Bonhoeffer)가 적절하게 지적했듯이, 이 둘은 영적인 성숙을 위해 꼭 필요하다. 하나님 앞에 홀로 있지 못하는 사람은 교제의 삶을 조심해야 하고, 교제의 삶을 누리지 못하는 이는 하나님 앞에 고립된 삶을 유의해야 한다. "공동생활과 홀로 있는 것은 각각 함정과 위험을 안고 있다. 홀로 있는 것이 없이 교제를 추구하는 사람은 공허한 대화와 감정에 빠진다. 반면에 교제 없이 홀로 있기를 추구하는 이는 자기도취와 절망의 깊은 수렁에 빠진다."[19]

하나님 앞에 홀로 있는 시간을 보내지 않는 이는 자신의 참된 영적 모습을 보지 못한 채 공동체 속에 묻혀 산다. 고독 속에서 하나님과 교제하는 신앙의 성숙 없이 교제에만 의존하여 공동체의 영성에 기생하는 존재로 전락한다. 그런 사람은 교제에 긍정적인 기여를 하기보다는 공허하고 피상적인 교제를 조장하는 데 일조한다. 하나님과 홀로 있는 시간을 보내지 않는 이는 진정한 교제를 나눌 자격이 없다. 사람들과 친밀하게 교제하면서도 자주 사람들로부터 금식(fast from people)하는 고독의 훈련이 교제의 질과 깊이를 심화시키며 공동체의 성장에 참으로 기여하는 비결이다.

한국교회에 만연하게 나타나는 성화의 부진은 단순히 개인의 문제만이 아니라 교회가 성화공동체의 역할을 하지 못하는 데서 기인한다고 볼 수 있다. 성령 안에서 성화가 다이내믹하게 진행될 수 있는 교제의 장을 제공해 주지 못하기 때문이다. 최근 급속히 확산되어 가고 있는 가정교회, 셀교회 운동은 여러 가지 신학적 문제를 안고 있음에도 불구하고 교회가 공동체를 시급히 회복해야 한다는 도전을 던져주고 있다. 그러나 가정교회나 셀교회가 교회의 공동체성을 회복할 수 있는 좋은 대안이 되지 못하는 것은 친밀한 교제가 소수의 무리들 안에만 국한될 뿐 전체 교인들이 함께 그리스도의 몸을 체험하는 교제공동체를 이루지 못하기 때문이다. 가정교회와 셀교회의 체제가 자주 대형교회를 유지하는 수단으로 이용된다. 그러나 친교는 소수의 인원들 안에서만 가능할 뿐 거대한 집단 속에서 개인은 여전히 대부분의 교인들과는 소외된 채 살아간다. 목사가 교인들을 알지 못하고 교인들이 서로 낯선 군중의 일원으로 존재하는 대형교회에서 어떻게 그리스도의 몸을 함께 체험하는 성령 안의 교제가 가능하겠는가?

대형교회는 큰일을 할 수 있는 장점을 가지고 있지만, 동시에 교회의 중요한 본질을 구현하기 어려운 심각한 한계도 안고 있다. 대형교회는 이 점을 겸허히 인정해야 하며, 교인들에게 참된 교회의 본질을 일깨워 주어 진정한 교제와 공동체가 체험될 수 있는 크기로 교회를 분립하는 것이 바람직하다. 더 이상 대형교회가 이상적이고 성공한 교회의 모델로 제시되어서는 안 된다. 대형화를 이루는 것이 목회 성공의 척도이며 능력 있는 사역의 표증이라는 인식은 바뀌어야 한다. "성경적이고 건강하며 정말 열매 맺는 성장인지 아닌지는 숫자가 아니라 관계로 판가름 난다." 그것은 "성령의 열매는 관계로 입증"되기 때문이다.[20] 하나님께서 인정해 주시는 성공은 성령 안에서 삼위 하나님이 충만히 임재하시며 나와 너의 진정한 교제가 회복되는 하나님 나라의 공동체를 세우는 데 있다. 이렇게 교회가 성령충만한 공동체가 될 때 만물을 새롭게 하는 그리스도의 임재와 활동이 세상 속에 확장되어 해체되고 붕괴되어 가는 세상공동체를 회복하는 원천이 될 것이다.

16. 은사의 재발견

　　그동안 한국교회의 성령운동은 많은 경우 은사운동이라고 불릴 정도로 성령의 은사에 치중하는 경향을 나타냈다. 성령의 윤리적인 사역보다는 주로 방언이나 예언, 신유와 같은 신비적이고 초자연적인 은사들이 더 강조되었다.[1] 이러한 현상은 은사를 무시하고 카리스마적인 관심과 열정을 광신적인 것으로 평가절하 하는 또 다른 극단적인 반응을 불러일으켰다. 은사를 지나치게 강조하는 것도 문제이지만, 열매만을 중요시한 나머지 은사를 간과하는 것도 잘못이다. 참된 성령운동에는 열매와 은사가 함께 나타나야 한다. 지금 한국교회는 은사와 열매, 카리스마와 윤리의 괴리를 극복하고 성령사역의 두 측면을 조화롭게 연결하여 한쪽으로 치우쳐 왜곡된 영성개념을 바로잡고, 올바른 성령 이해의 바탕 위에 균형 잡힌 신앙관을 정립해야 한다.

성령충만의 증거는 은사인가, 열매인가?

진정한 영성의 표식은 무엇인가? 특별한 은사인가, 아니면 인격적이고 윤리적인 열매인가? 여기에 답하기 위해서는 우선 열매와 은사의 관계와 그 차이에 관한 바른 이해가 필요하다. 은사와 열매는 모두 성령의 은혜에서 비롯된다는 점에서 성령의 산물이라고 볼 수 있다. 하지만 이 둘은 특성상 구별된다. 열매는 보편적인 특성을 가진 반면, 은사는 좀 더 개별화의 성격을 띤다. 교인들에게 주어지는 은사는 다양하다. 따라서 은사의 획일화를 기대하거나 요구할 수 없다. 특정한 은사가 모든 신자들에게 꼭 있어야 한다고 주장할 수 없다. 이에 반해 사랑의 열매는 모든 신자들에게 반드시 있어야 할 것으로 요구된다.

사랑의 열매를 맺는 것은 그리스도 안의 구속의 목적이 실현되는 것과 관련된다. 하나님께서 우리를 구속하신 목적은 그리스도의 형상이 우리 안에 이루어지게 하시기 위함이다. 바울의 가르침에서 사랑은 그리스도의 형상을 본받는 새 사람의 구체적인 표현이다.[2] 사랑의 열매는 종말론적 인간상이 선취됨을 의미한다. 바울은 열매를 '이미'와 '아직'의 종말론적 긴장의 관점에서 고찰하였다. 다시 말하면, 사랑의 열매를 옛 사람과 새 사람의 존재 방식의 대립과 갈등 속에서 배양되는 덕목으로 이해하였다(고전12-13장; 갈5:16-24; cf. 엡4:22-5:14). 이 열매를 맺기 위해서는 옛 사람의 소욕을 거부하고 성령의 뜻을 따르는 지속적인 결단과 순종이 요구된다. 열매는 매일의 삶 속에서 성령의 인도하심을 온전히 따르는 순종의 결과로 나타난다.

반면에 성령의 은사는 이런 순종의 삶이 현저히 결여된 이에게도 나타날 수 있다. 성령을 거스르는 육신의 소욕을 따라 살면서도 여러 가지 은사를 발휘하기도 한다. 이것이 고린도교회에 나타난 문제였다. 바울은 그들을 '신령한 자'가 아니라 '육신에 속한 자'와 같이 행한다고 꾸짖었다(고전3:1-3). 주님도 이러한 불행한 사태가 발생할 수 있는 가능성에 대해 경고하셨다(마7:12-23). 주의 이름으로 큰 기사와 능력을 행했어도 열매가 없으면 그들은 "불법을 행한" 거짓 선지자라고 말씀하셨다. 이는 주의 일을 하면서도 은밀한 삶 속에서는 성령을 거스르는 영적 불법을 행하며 살 수 있음을 지적하신 것이다.

따라서 어떤 이가 특정한 은사를 소유했다고 해서 그가 반드시 영적이고 거룩한 사람이라고 볼 수는 없다. 진정한 영성의 확실한 징표는 우선적으로 은사가 아니라 열매라고 보아야 한다. 이런 관점에서 "성령의 은사를 그 열매보다 더 중요하게 생각하는 것은 영적으로 잘못된 인식이며 교정이 필요하다."라는 패커(J. I. Packer)의 주장은 타당하다.[3] 그러나 열매만을 강조한 나머지 은사를 평가절하 하는 것도 바람직하지 못하다. 후크마(Anthony A. Hoekema)가 잘 지적했듯이, "우리가 성령의 은사들보다 성령의 열매가 더 필요하다고 말하는 것은 성령의 은사의 가치를 간과하는 것이다. 우리는 둘 다 필요하다."[4]

성령충만의 증거는 우선적으로 은사가 아니라 열매이지만, 그렇다고 은사를 배제한 열매만은 아니다. 열매+은사이다. 왜냐하면 열매와 은사는 구별되면서도 동시에 긴밀하게 연결되기 때문이다. 성령의 은사는 사랑을 구체적이고 실질적인 방식으로 실현하는 수단이며, 사랑의 봉사를 가능케 하는 영적 에너지이고 능력이다. 목사에게 설교와 가르침의 은사가 있어야 교인들을 잘 섬길 수 있다. 만약 이런 은사가 없어 교인들을 영적으로 잘 양육하지 못한다면 아무리 좋은 성품의 소유자라 할지라도 그는 교인들을 진정으로 사랑하는 목사라고 할 수 없다. 은사를 통해서만 사랑의 소원과 목표가 구체적으로 실현되기 때문이다. 깊은 영성의 목회자가 되기 위해서는 말씀과 섬김의 은사가 풍성해야 한다. 이런 목회의 은사를 사랑의 원리를 따라 겸손하게 활용하는 삶 속에서 성령의 열매가 맺히는 것이다.

더욱 큰 은사를 사모하라

그러므로 개인과 공동체의 영적 성숙을 위해 은사를 사모해야 한다. 어떤 이는 은사가 하나님의 주권적인 뜻에 따라 주어지는 것이기에 인간이 원한다고 받을 수 있는 것이 아니라고 말한다. 물론 은사는 하나님의 주권적인 은혜이다. 그렇지만 하나님은 그 수혜자의 원함과 기도를 무시하고 배제하시기보다 오히려 그것을 통해 그 은혜를 수여하신다. 그래서 바울 사도는 고린도교인들에게 "너희는 더욱 큰 은사를 사모하라"고 권했다(고전12:31). 이 명령은 은사로 인해 심한 분쟁과 혼란이 야기된 고린도교회의 상황에 매우 부적절한 권면으로 들린다. 고린도교회가 안고 있었던 문제는 소위 "더욱 큰 은사들"을 사모하고 갈구하는 그들의 야망이 결국 서로 간에 다툼과 분열을 조장하게 된 것이었다. 그런데 바울이 이 문제를 수습하기 위해 글을 쓰면서 오히려 그들 안의 분쟁의 근원인 야심을 부추기는 명령을 한다는 것은 앞뒤 문맥에서 바울의 의도와 정면으로 배치되는 것같이 보인다.

이 미묘한 문제를 해결하기 위해 어떤 학자들은 "사모하라"는 동사를 직설법으로 해석할 것을 제안한다.[5] 이베르(Gerhard Iber)는 본문에서 바울이 "신령한 것을 사모하는"(14:12) 고린도교인들의 현재 모습을 묘사한 것으로 보았다.[6] "너희가 모두 큰 은사를 사모하는군, 그렇지?"라는 식으로 바울이 말하고 있다는 것이다. 바울의 이 말은 단순히 그들의 야망에 찬 모습을 대변할 뿐 아니라 어느 정도 그런 모습에 대해 질타하는 뉘앙스를 담고 있다. 그렇다면 이 말에는 "너희가 큰 은사들을 사모하는데 내가 보니 너희는 더 큰 은사가 무엇인지 잘 모르는 것 같아. 내가 그것을 알려주지."라는 의미가 함축되었다는 것이다.[7] 이렇게 "사모하라"를 직설법으로 읽어야 12장 31절이 앞뒤 문맥과 매끄럽게 연결될 뿐 아니라, 고린도전서 13장은 별도로 첨가된 부분이 아니라 원래 고린도전서 12-14장을 구성하고 있는 한 부분이라는 주장을 정당화할 수 있다고 말한다.[8]

이러한 견해는 상당히 설득력이 있지만, 이 문장을 명령문으로 보는 입장이 더 타당하다. 그 이유는 "사모하라"는 동일한 동사가 명령형으로 14장 1절과 39절에 사용되고 있는데,[9] 이는 12장 31절 상반부와 긴밀히 연결되는 동시에 분명한 평행을 이루고 있기 때문이다. 12장 31절 상반부는 14장의 내용을 예비하는 서언적인 성격을 띠고 있다고 볼 수 있다. "더 큰 은사를 사모하라"는 바울의 권면은 14장에서 방언보다 예언을 구하라는 말로 좀 더 압축되어 구체화되고 있다. 그렇다면 "더 큰 은사"는 예언을 의미한다고 이해할 수 있다. 대부분의 학자들이 이 견해를 지지한다. 그러나 "더 큰 은사"를 꼭 예언에만 국한시킬 필요는 없다고 본다. 좀 더 광범위하게는 이해할 수 없는 방언과는 다르게 이성적이고 이해 가능한 언어로 역사하는 은사들을 포괄한다고 볼 수 있다(14:3, 6, 9, 13, 19).[10]

바울은 방언의 은사를 지나치게 과대평가하여 다른 은사에 대해 배타적인 우월성을 주장하는 일부 고린도교인들의 왜곡된 은사관을 바로잡아 주기 위해 방언의 위치를 상대화해서 바르게 자리매김한다. 즉 방언은 많은 은사들 중 하나이며 통역이 없으면 공동체에 유익이 되지 못하고 오히려 폐해가 될 수 있다는 것이다. 바울이 방언의 은사를 마지막에 위치시킨 것은 방언의 가치가 가장 열등하기 때문이 아니라 방언으로 인해 고린도교회에 발생한 문제 때문이었다고 볼 수 있다. 하나님께서 은사를 주신 목적은 교회를 유익하게 하기 위함인데(12:7), 교회의 덕을 세운다는 관점에서 볼 때 방언은 다른 은사에 비해 열등한 위치에 놓일 수 있다. 왜냐하면 방언은 그 자체만으로는 공동체에 도움이 되지 못하고 오히려 혼란을 야기할 수 있기 때문이다.

그래서 "더 큰 은사를 사모하라"는 권면은 교회에 덕을 세우는 데 요긴한 은사를 더 우선적으로 구하라는 말이다. 이 명령은 일차적으로 개인에게 적용되는 말씀이 아니다.[11] 개개인에게 더 큰 은사가 주어지기를 간절히 바라는 개인적인 야망을 가지라고 부추기는 권면이 아니다. 이 말씀은 공동체적으로 적용되어야 한다. 개인만의 유익보다 공동의 유익을 앞세우는 지체의식을 가지고 나에게만이 아니라 교회 전체에 더 큰 은사들이 나타나기를 사모하라는 말이다.

바울은 고린도교인들이 가진 더 큰 은사에 대한 열망을 꼭 부정적으로 보지는 않았다.[12] "보다 더 큰 은혜"에 대한 열정 자체는 생산적일 수 있으며 그러기에 그 자체로서 선한 것이고 칭찬할만한 것이다. 그리스도인들은 모두 더 큰 은혜를 사모하는 열정이 있어야 한다. 그러나 고린도교인들의 문제는 그들의 열정이 개인의 영광과 유익을 갈구하는 육적이고 이기적인 동인에 의해 자극되고 있다는 것이었다. 그 결과 그러한 열정이 교회의 성장에 도움이 되기보다는 오히려 손해를 끼치는 비생산적이고 파괴적인 통로로 분출되었다. 이 때문에 바울은 13장에서 그러한 열정이 지향해야 할 보다 바람직한 방향, 곧 사랑의 길을 소개한 것이다.

사랑이 제일 큰 은사인가?

은사는 사랑의 길을 따라 구해야 한다. 사랑이 은사를 추구하는 동기요 목적이며, 은사를 사용하는 방법이며 기본 원리이다. 그런데 지금까지 사랑을 '최고의 은사' 또는 '가장 큰 은사'로 가르쳐 온 경우가 많았다.[13] 이런 견해는 특별히 고린도전서 12-14장에서의 바울의 가르침을 피상적으로 해석한 데서 기인한다. 고린도전서 12장 31절에서 바울 사도는 "너희는 더욱 큰 은사를 사모하라 내가 또한 가장 좋은 길을 너희에게 보이리라"고 말하고서 바로 이어 13장에서 사랑을 논한다. 이런 문맥의 흐름에서 볼 때, 바울 사도가 여기서 사랑을 "더 큰 은사", 또는 "가장 좋은 은사"로 제시하고 있는 것으로 생각하기 쉽다. 만약 그런 식으로 이 구절을 해석하게 되면 바울이 본문에서 본래 의도했던 의미를 제대로 파악하지 못할 뿐 아니라 그 의미를 심각하게 왜곡하게 된다.

고린도전서 12장 31절 하반부의 "내가 또한 가장 좋은 길을 보이리라"는 말은 13장의 서언과 같은 역할을 한다. 바울은 이제 사랑을 가장 좋은 길로 제시하고 있다. 여기서 '더 좋은 길'은 은사들보다 더 월등한 어떤 것을 의미하는 것이 아니라 더 큰 은사를 추구하는 더 나은 방식을 의미한다. 만약 전자로 이해하게 되면 '더 좋은 길', 즉 사랑은 더 큰 은사 또는 은사들보다 더 우월한 것을 의미하게 된다.[14] 간혹 이런 식으로 본문을 곡해하여 사랑과 은사를 구별하는 동시에 긴밀하게 연결시키고 있는 바울의 관점을 포착하지 못하는 경우가 있다.

바울은 사랑과 은사를 혼합하여 사랑을 최고의 은사로 보거나 그 둘을 서로 대치시킴으로 사랑을 은사보다 더 우월한 것으로 보지 않는다. 그러한 해석은 사랑에 의해 은사를 열등한 자리로 밀려나게 하고, 은사를 사모하는 것이 사랑을 구하는 것으로 대체됨으로써 "더 큰 은사를 사모하라"는 명령의 의미를 상실하게 한다.

그러나 바울의 의도는 결코 사랑을 제시하여 상대적으로 은사의 중요성을 약화시키거나 은사에 대한 추구를 위축시키려는 것이 아니다. 그리고 사랑과 은사를 비교하여 사랑의 우월성을 말하려는 것도 아니다. 여기서 대조되는 것은 사랑과 은사가 아니라 은사를 추구하고 사용하는 서로 다른 두 방식들이다. 곧 은사가 이기적으로 사용될 수 있는 반면에 그것이 사랑을 따라 활용될 수도 있다. 전자는 고린도교회에서와 같이 공동체 안의 분열과 갈등을 조장하지만, 후자는 공동체의 덕과 유익을 도모한다. 사랑 없이 자기중심적으로 은사를 추구하면 교회에 덕을 세우지 못할 뿐 아니라 자신에게도 아무 유익이 없다.

13장 1-3절은 이러한 사실을 절묘한 수사학적인 표현을 통해 효과적으로 일깨워 주고 있다. 또한 그 안에는 고린도교회에 대한 간접적인 책망의 메시지를 담고 있다. 13장 4-7절은 아름다운 시적인 문구로 고린도교회가 앞으로 지향해야 할 더 좋은 길을 제시하고 있다. 이 부분에서 은사를 사용하는 두 가지 방식이 그래픽하게 대조되어 그 차이가 선명하게 드러난다. 은사를 자기중심적으로 사용하면 교회에 혼란과 분쟁을 야기한다. 그러나 사랑의 길을 따라 은사를 사용할 때 자신뿐 아니라 공동체 전체를 유익하고 풍요롭게 한다. 그것은 하나님 나라에서 영원한 가치가 있는 것이다(13:8-13). 따라서 사랑은 은사를 추구하고 사용하는 더 탁월한(par excellence) 길이며 방식이다.

사랑이 없는 은사는 무용지물인가?

그렇다면 사랑이 없는 은사 활용이나 봉사는 아무 소용이 없는 일인가? 간혹 그런 식으로 말하는 것을 듣는다. "사랑의 송가"라는 제목으로 널리 알려진 복음성가에 이런 가사가 나온다. "하나님 말씀을 전한다 해도 그 무슨 소용이 있나 …… 사랑 없으면 아무것도 아닙니다." 이 가사는 고린도전서 13장 1-3절의 의미를 잘 전달하고 있는 것 같지만 실은 그것을 심각하게 왜곡시키고 있다. 이 구절에서 바울은 사랑이 없으면 모든 은사는 무용지물에 불과하다고 말하지는 않는다.[15] 본문을 주의 깊게 살펴보면 사랑이 없는 은사의 무용성이 어느 정도 제한적으로 규정되고 있음을 발견할 수 있다. 사랑이 없으면 방언은 다른 이에게 무익한 반면, 방언 외의 다른 은사들은 자기에게 유익이 없다고 하였다.

13장 2절과 3절에 각각 "내가 아무것도 아니요", "내게 유익이 없느니라"는 문구가 이것을 말해 준다. 내가 가진 모든 것으로 구제하고 내 몸을 불사르게 내어주는 열심으로 봉사하면 다른 이에게는 유익이 된다. 그러나 본인 자신에게는 유익이 없다는 것이다. 은사를 사랑을 따라 활용하지 않고 자기 과시와 영광을 위해 사용했다면, 그것은 성령을 따라 행하지 않고 육신의 소욕을 좇아 봉사한 것이니 하나님께 인정받지 못한다(마7:15-23). 하나님 나라의 원리를 따라 그 영광을 위해 일한 것이 아니기에 그 나라에서의 상급도 없다.

한편 사랑 없이 이기적이고 육적인 동기와 목적을 가지고 주의 일을 한다고 해도 교회에 유익이 되고 다른 이들에게 도움이 될 수는 있다. 왜냐하면 주님은 그릇된 욕망을 가지고 하나님 나라의 일을 하는 이들의 은사와 열심과 수고를 통해서도 그분의 교회와 백성들을 유익하게 하시기 때문이다. 바울은 본문에서 사랑이 없는 모든 은사는 무용지물이라고 말함으로써 그 제한적인 유용성까지 무시하는 우를 범하지 않도록 그 언어 선택에 있어서도 각별한 주의를 기울이고 있다. 그는 13장 2절과 3절에서와는 달리, 1절에서는 내게 유익이 없다는 말을 하지 않았다.

그것은 사랑이 없는 방언은 다른 은사와는 달리 다른 이에게 유익이 되지 못하기 때문이다. 이런 의미를 "소리 나는 구리와 울리는 꽹과리가 되고"라는 수사학적인 표현을 통해 아주 효과적으로 전달하고 있다. 방언의 경우에는 그 무용성의 대상이 공동체 전체로 확대된다. 그런 면에서 모든 은사들 중에서 방언이 교회에 가장 무익한 것이 될 수 있다. 자기 과시와 만족을 위해 교회에서 이해할 수 없는 방언을 무질서하게 하는 것은 교회에 아무런 도움이 되지 않을 뿐 아니라 혼란과 갈등만 조장한다. 이런 이유 때문에 바울은 방언을 은사 목록에서 가장 마지막에 위치시키고 있으며, 방언이 잘못 사용되는 문제를 심각하게 다루고 있다.[16]

이런 바울의 관점에서 볼 때, 오직 방언에 국한해서만 사랑이 없는 은사가 교회에 무용지물이라는 말이 어느 정도 적용될 수 있다.[17] 그런데 위에서 언급한 "사랑의 송가"의 가사는 이 점을 간과하고 있다. 하나님 말씀을 전하는 것이 왜 아무것도 아니며 아무 소용이 없는가? 비록 사랑의 동기와 자세가 결여되었을지라도 복음을 전하는 일 자체는 매우 중요한 일이며 다른 많은 사람들에게 큰 유익이 되는 것이다. 그래서 바울은 빌립보교회에 보내는 서신에서 어떤 이들은 "순수하지 못하게 다툼으로" 복음을 전파할지라도 그리스도가 전파되니 자신은 기뻐한다고 하였다(빌1:17-18). 하나님은 진실하지 못한 복음 사역자를 사용하셔서도 다른 이를 구원하고 유익하게 하신다. 그러나 남에게 전파한 후에 자신은 하나님께 인정받지 못하고 버림받을 수 있다. 이런 의미에서 다른 이들에게는 유익이 되지만 나에게는 무익하다는 말이다.

따라서 그 복음성가의 가사는 수정이 필요하다. 거기에는 '나에게는'이란 문구가 첨가되어야 한다. 이 어휘가 빠진 사랑의 송가는 사랑장에서 바울의 메시지를 왜곡시킨다. 복음 전파, 가르침, 봉사도 사랑이 없으면 아무 소용과 유익이 없는 것이라고 오해하게 만든다. 그러나 그것은 바울의 가르침이 아니다. 바울은 오직 방언만이 사랑이 없이 사용될 때 교회에 아무 소용이 없는 것이라고 말한다. 그러나 그 외에 다른 은사들은 비록 사랑으로 사용되지 않을지라도(그것이 바람직한 것은 아니며 또 교회에 갈등과 분쟁을 조장할 수 있으나) 다른 이들에게는 유익이 되는 가능성을 인정하며, 다만 그럴 경우 자신에게는 무익하다는 점을 지적한 것이다.

바울은 13장 1-3절에서 자기 사랑의 중요성을 간접적으로 강조한다. "내가 아무것도 아니요"(2절), "내게 아무 유익이 없느니라"(3절)라는 말에는 나의 은사를 열심히 활용하여 큰일을 성취하고 다른 이를 유익하게 하고도 나 자신을 잃으면 무슨 소용이 있겠는가라는 의미가 내포되었다고 볼 수 있다. 여기에 "천하를 얻고도 자기 생명을 잃으면 무슨 소용이 있으리요"라고 하신 주님의 말씀이 반향되고 있다. 동시에 자신을 바르게 사랑하고 자기의 참 생명을 발견하는 자가 되어야 한다는 메시지가 암묵적으로 전제되어 있다.

아이러니하게도 자기부인의 아가페를 예찬하는 사랑장이 자기사랑에 대한 특이한 강조로 시작하고 있다. 바울이 소개하고 있는 아가페의 사랑은 자기사랑을 배제하는 사랑이 아니라 자기에 대한 바른 사랑을 포함한 폭넓은 사랑이다. 인생의 가장 큰 불행은 자기를 바로 사랑하지 못한다는 것이다. 자기중심적인 육신의 소욕을 따라 사는 것은 결국 자기를 불행하게 하고 자기파멸에 이르게 한다.[18] 그러나 옛 자아를 부인하고 성령을 따라 사랑으로 행하면 오히려 자아가 새로워지고 풍요로워짐으로써 참된 자기완성에 도달하게 된다.

은사는 윤리와 무관한가?

이러한 바울의 교회론적인 전망에서 성령의 열매와 은사는 항상 병행되어 나타나는 것이 정상이다. 성령의 은사는 결국 성령의 열매로 귀결되어야 한다. 은사를 주신 목적은 그리스도의 몸을 세우기 위함이며, 이는 곧 그리스도의 형상을 본받는 집합적인 성령의 열매를 맺기 위함이다. 하지만 이 성령의 은사가 그 본래의 목적에 역행하여 사용되는 변칙적인 사례가 발생할 수 있다. 성령의 은사가 성령의 열매를 동반하지 못하고 오히려 육신의 일들을 조장하는 요인으로 작용하기도 한다.

교회 안에서 은사와 열매, 카리스마와 윤리가 괴리되는 현상이 자주 나타나기에 은사와 윤리는 서로 무관한 것으로 생각하기 쉽다. 어떤 교수는 성령의 열매는 육체와의 투쟁을 전제하지만 성령의 은사는 그렇지 않다는 점에서 둘이 서로 구별된다고 주장한다.[19] 물론 성령의 열매는 육체의 소욕을 거부하고 성령의 인도하심에 순응한 결과로 산출되는 반면에 성령의 은사는 이러한 순종에 근거하여 주어지는 것이 아니라는 점에서 이 주장은 옳다. 그러나 성령의 은사가 교회에서 구체적으로 현현될 때는 언제나 영적인 투쟁과 선택을 통하여 나타난다. 교회 안에서 모든 은사의 나타남에는 육체의 소욕을 따르거나 아니면 성령을 따르는 윤리적인 선택이 내포되어 있다.

고린도교회에 나타난 은사의 현상 저변에도 육체를 따르는 잘못된 윤리적 선택이 깔려 있었다. 고린도교인들이 아무런 영적 투쟁 없이 은사를 나타낸 것 같으나, 실은 싸우려는 노력도 없이 육신에게 져서 육신의 소욕을 따라 은사를 발휘한 것이다. 따라서 은사는 열매와 마찬가지로 육체와 성령 사이의 종말론적인 갈등의 구조 속에서 이해되어야 한다. 성령의 은사가 교회에서 구체적으로 현현할 때는 언제나 윤리적인 선택을 통해 나타난다. 은사는 윤리적인 선택과 무관한 중립적인 입장에서 발휘되는 것이 아니다. 성령의 은사가 근본적으로 육체와 성령 사이의 갈등의 문맥과 분리될 수 없다는 점을 바로 이해할 때 은사와 열매, 카리스마적 차원과 윤리적 차원의 긴밀한 연결성을 볼 수 있다.

고린도교회에서와 같이 은사와 열매, 카리스마와 윤리가 괴리되어 나타나는 것은 성령께서 하나 되게 하신 것을 나누는 인간의 부패성에서 비롯된 변칙적인 현상이다. 바울은 이런 고린도교회의 상황을 신속하게 교정되어야 할 것으로 보았다. 그래서 그는 고린도전서 13장에 사랑의 길을 제시하여 성령의 은사가 바른 윤리적인 바탕 위에서 사용되어야 한다는 점을 강조함으로써 은사와 열매를 재결합시키고 있다. 동시에 그는 은사와 윤리가 분리되는 불행한 사태를 발생케 하는 육신의 소욕을 제어하는 영적 투쟁을 요구한다.

13장 4-7절에는 고린도교인들이 부인해야 할 옛 사람의 속성들(조급함, 투기, 교만, 자기자랑, 무례함, 자기 유익을 구함, 성냄, 악의, 참지 못함 등)이 명시되거나 암시되어 있다. 여기서 바울은 그의 은사에 대한 논의를 좀 더 색다른 방식으로(갈5:16-25와 비교할 때) 성령과 육체 사이의 갈등의 콘텍스트로 끌어들이고 있음을 볼 수 있다. 바울에 의하면, 은사 활동에 있어서 옛 사람과의 싸움이 가장 절실히 요구되며, 또한 거기서 육신과의 영적 투쟁의 구체적인 모습과 성격이 선명하게 나타난다. 하워드 스나이더(Howard Snyder)가 말했듯이, "그리스도인들은 은사를 활용하기 시작할 때부터 십자가의 참된 의미를 발견하게 된다. 신실한 은사 사역을 통해 그는 전에 결코 가능하리라고 생각지 못했던 깊은 자기희생적 사랑의 경지에까지 이르게 된다."[20]

은사의 성화론적인 기능

바울은 사랑과 자기부인을 전통적인 성화론에서처럼 개인 경건생활의 좁은 범주에서 논의하지 않는다. 사랑과 자기부인을 서로 섬기는 공동체적 삶의 배경 속에서 논하지 않을 때, 이러한 덕목들은 종종 개인주의적 경건의 산물로 이해되기 쉽다. 그러나 이러한 품성들은 서로의 은사를 활용하는 다이내믹한 상호교류와 섬김의 삶 속에서 산출된다. 바울은 섬김의 장을 공동체적인 성화를 이해하는 일차적인 콘텍스트로 삼고 있다. 성화는 은사를 통하여 사랑을 실천하는 공동체적 삶 속에서 이루어진다. 은사의 활용을 통해 사랑이 구체적으로 실현되며 그리스도의 성품이 형성된다. 따라서 카리스마는 개인과 공동체의 성화에 필수적인 요소이다.

안타깝게도 이러한 은사와 성화의 긴밀한 관련성이 제대로 이해되지 못하고 있다. 보통 열매는 교인들의 성화에 목적을 둔 반면, 은사는 교회 사역과 관련된 것으로 본다. 한 예로 어떤 교수는 이렇게 말한다. "성령의 열매가 우리의 행위와 성품의 성화를 나타내는 것이라면, 성령의 은사들은 사역의 능력과 효력을 나타내는 것이다. …… 성령의 열매는 우리 자신의 영적 생명과 불가분리이지만, 성령의 은사들은 기능적이어서 생명과 불가분리적이 아닌 것으로 나타난다."[21]

그러나 열매는 성화론적인 반면 은사는 사역적인 것으로 구분하는 것은 무리가 있다. 물론 은사가 잘못 사용될 때 은사는 성화론적으로 기여하지 못하며, 은사와 성화(윤리)의 연결성은 잠정적으로 와해된다. 이럴 경우 은사는 성화를 목적으로 한 열매와는 다른 기능을 가지며 다른 수준에서 작용하는 것으로 보인다. 그러나 정상적인 성화의 진전은 은사와 열매의 상호작용과 연합의 바탕 위에서만 가능하다. 열매 없이 은사만이 나타나는 괴리 현상이 발생할 수 있으나, 역으로 은사 없이 열매만을 경험하는 것은 불가능하다. 은사가 그 성화론적인 기능을 잘 발휘하여 열매로 귀결될 때 참된 영적 성숙이 이루어진다.

따라서 성령의 은사는 기능적인 것만이 아니라 영적 생명의 성장과 불가분의 관계가 있다. 교회에 설교와 가르침과 같은 은사가 없다면, 교인들이 정상적으로 성숙할 수 없다. 은사는 교회 안에서 단순히 사역적인 기능만을 수행하는 것이 아니라 그러한 사역을 통하여 결국 공동체적 성숙과 성화에 기여한다. 말씀과 가르침의 은사와 사역을 통해 교회의 구성원들이 변화되고 영적으로 새롭게 되는 성화가 진행된다. 교회 안에 다양한 은사들의 역동적인 역사가 없이 진정한 성화를 기대하기 힘들다. 전통적으로 성화가 지나치게 개인주의적 관점에서 이해되었기에 은사의 성화론적 중요성이 지금까지 바로 인식되지 못하였다. 그러나 신약성경에 의하면, 성화는 우선적으로 집합적인(corporate) 특성을 띠며, 성령의 은사는 이 공동체적 성화에 핵심적인 역할을 한다.

성령사역의 개인적인 차원과 집합적인 차원이 유기적으로 연합되어 있기에 성화론은 근본적으로 교회론의 맥락 속에서 논의되어야 한다. 개신교는 성화의 은혜가 교회의 제도와 예식을 통해 기계적이고 자동적으로 수여된다는 로마 가톨릭의 입장을 배격한다. 그러나 동시에 개신교는 성화의 개인주의적 이해를 탈피하고, 성화의 은혜가 개인 신자 안에서만이 아니라 우선적으로 교회 안에서 성령의 교제와 은사 활용을 통해 다이내믹하게 역사한다는 사실을 새롭게 인식해야 한다.

카리스마적인 차원과 제도적인 차원

많은 교인들이 영적 미성숙의 문제를 안고 있는 것은 교회가 제도적으로 경직되어 성화의 은혜가 활발하게 역사할 수 있는 카리스마적 채널을 제공해 주지 못하기 때문이다. 프린스턴의 사회학자 우스노우(Robert Wuthnow)는 전통적인 교회의 예배와 제도는 "평신도의 피동성(lay-passivity)"을 조장하고 있다고 분석하였다.[22] 패커(J. I. Packer)가 지적했듯이, 대부분의 교인들은 단순히 청중이나 관람객과 같은 피동적인 역할에 익숙해 있다.[23] 그 결과 평신도들이 가진 무한한 잠재력과 다양한 은사들이 사장되어 버린 채, 그리스도의 몸의 기능은 심각하게 마비되고 있다.[24]

이런 면에서 종교개혁이 만인제사장의 원리를 재발견했지만, 그 함의는 아직 개신교회 안에 온전히 실현되지 못했다는 점이 자주 지적되고 있다.[25] 만인제사장의 원리를 단순히 개인이 인간적인 중재의 필요 없이 직접 하나님과 교통할 수 있다는 차원에서만 이해해서는 안 된다.[26] 만인제사장이란 모든 하나님의 백성들이 왕 같은 제사장으로서 하나님 나라의 일꾼이며 서로 섬기는 작은 목자들이라는 것을 의미한다. 따라서 교회의 모든 신자들이 각자의 은사를 활용하여 서로 섬기는 사역 속에서 만인제사장의 원리가 구체적으로 실현된다고 볼 수 있다. 이렇게 교회의 카리스마적 측면을 새롭게 강조하는 것은 성경적 가르침은 물론 종교개혁의 기본 입장을 충실하게 따르는 것이다.

그러므로 개신교는 그리스도 몸의 지체를 이루고 있는 모든 신자들이 각자에게 주어진 은사를 개발하여 공동의 유익을 위해 올바르게 사용하도록 적극 권장해야 한다. 그와 더불어 카리스마적인 차원을 교회론의 유기적인 구성 요소로 통합하는 신학적인 작업을 시도해야 한다. 이 시점에서 우리는 케제만(Ernst Käsemann)이 질문했듯이, "왜 개신교는 여태까지 이 바울의 카리스마에 대한 가르침을 잘 반영하는 교회 제도를 만들어 보려는 심각한 노력 없이 이런 것을 광신적인 집단에게만 맡겨 버렸는가?"[27]라는 자기 비판적인 질문을 우리 자신에게 던져 보아야 한다.

이러한 인식이 새로워짐에도 불구하고 전통적인 교회에서 바울의 이 가르침을 교회 안에 적용하기를 꺼려하는 이유는 그동안 성령의 은사에 대한 관심과 강조가 많은 경우 광신적이고 불건전한 형태로 표출되어 왔기 때문이다. 지금도 평신도들의 은사 활용과 목회사역에의 참여가 적극적으로 장려되고 있는 현대 카리스마적 운동에서는 자주 교회의 제도와 목사의 역할의 중요성이 무시되며, 그로 인해 무질서와 혼돈이 야기되는 현상이 나타난다.

이런 문제를 극복하기 위해서 전통적인 교회의 제도적인 측면과 카리스마적인 차원의 적절한 균형과 조화가 필요하다. 평신도의 은사 활용은 목사의 설교 사역과 감독의 직무를 약화시키거나 대체하는 것이 아니라, 오히려 서로의 사역을 보완하고 더 효력 있게 하는 유기적인 연결성 속에서 이해되어야 한다. 이는 은사의 다양성이 소수의 특정인들에게만이 아니라 모든 신자들에게 개방되어야 한다는 주장과 설교 사역의 우선성을 강조하는 개혁교회의 전통적인 입장이 모두 성경적인 지지기반을 가지고 있기 때문이다.[28]

하나님께서 성령의 은사를 주신 목적은 그리스도의 몸이 정상적으로 성장하게 하기 위함이다. 은사가 이 목적을 따라 사용될 때 개인과 교회에 사랑의 열매가 맺히는 성화가 진행된다. 따라서 성령의 은사는 개인과 공동체의 성화에 핵심적인 역할을 한다. 이러한 바울의 관점이 전통적인 교회에 새롭게 반영되어야 한다. 교회에 성화의 은혜가 활발하게 역사할 수 있는 카리스마적인 채널이 제공되어야 한다. 그렇게 할 때 교회에 만인제사장의 원리가 구체적으로 실현되며, 성령 안에서 역동적인 성화의 은혜가 충만히 나타날 것이다.

17. 순수한 목회의 회복

어떤 학자는 목사가 곧 교회라는 말을 했다. 많은 오해를 불러올 수 있는 말이긴 하지만, 바른 교회를 세우는 데 목사의 역할이 그만큼 중요하다는 점을 역설하는 말이다. 목사가 어떤 교회관과 목회철학을 가지고 교회를 이끌어가는가에 따라 그 교회의 모습과 특성, 그리고 진로가 결정된다. 목사의 신앙과 경건이 교회 전체의 영적인 분위기와 성숙에 지대한 영향을 미친다. 성령에 의해 인도함을 받지 못하는 육적인 목사가 결코 성령으로 충만한 교회를 세워 갈 수 없을 것이다. 그러므로 교회의 영적 침체와 타락은 우선적으로 목사에게서 기인된다고 볼 수 있다. 목사가 교회라고 한다면 타락한 교회는 곧 목사의 산물이라고 말할 수 있을 것이다. 한국교회의 타락과 세속화의 근본 원인은 종교지도자들인 목사들의 부패에 있다고 보아야 한다. 특별히 주님을 섬기는 그들의 욕망이 세속화된 데에 있다. 거룩한 명분으로 교묘히 위장된 목회 성공에 대한 야망이 한국교회를 세속의 물결로 범람케 한 근원이다.

욕망의 위력

러브호텔이 전 국토의 구석구석에 창궐했다. 신도시에까지 무섭게 번져가면서 이를 저지하려는 시민들의 시위가 연이어진다. 그러나 이미 공권력으로도 제어가 불가능한 상황이다. 소설가 김훈은 이러한 현상을 예리하게 분석했다. "행정력뿐 아니라 군사력이나 경찰력을 동원해도 러브를 막을 수 없다. 종교나 교육의 힘도 러브 앞에서는 무력해 보인다. '종말이 가까워 왔다'고 겁주어서 될 일도 아니다. 욕망에는 종말이 없고, 욕망에는 회개가 없다."[1] 욕망의 걷잡을 수 없는 충동과 통제할 수 없는 마력을 다시 한 번 일깨워 주는 말이다.

플라톤에서부터 칸트와 헤겔에 이르기까지 서구의 전통적인 인간 이해는 인간을 본질적으로 이성적인 존재로 보았다. 인간이 이성으로 육신의 충동과 욕구를 제어하고 다스릴 수 있다고 낙관한 것이다. 그러나 인간이 그렇게 이성적으로 자유롭고 고상한 존재인가? 라인홀드 니버(Reinhold Niebuhr)가 그의 저서 『인간의 본성과 운명(The Nature and Destiny of Man)』에서 지적했듯이, 인간은 이성보다 육적인 욕망에 의해 주관된다고 보는 견해가 더욱 사실적인 인간 이해일 것이다.[2] 인간은 이성보다 그 저변에 도사리고 있는 권력에 대한 욕망, 성에 대한 욕망, 물질에 대한 욕망에 의해 더 은밀히 자극되고 주관된다고 볼 수 있다. 인간은 이 욕망을 성취하는 수단으로 또는 합리화하는 방편으로 이성을 활용한다. 이성이 욕망의 시녀 역할을 하는 것이다. 이 시대의 교육도 권력과 물질의 욕망을 성취하기 위한 수단이 되어가고 있다. 사람들은 권력의 욕망을 합리화하기 위해 이데올로기와 이념을 만들어 낸다.

세속적 욕망이 가장 교묘하면서도 무섭게 위장되고 합리화될 수 있는 영역이 종교이다. 성스러운 명분과 슬로건 아래 속된 욕망이 흉측스럽게 꿈틀거리는 모습을 감쪽같이 은폐할 수 있다. 사람들의 이기적인 욕망이 근본적으로 변화되지 않은 채 종교로 걸포장 될 수 있다. 기독교도 세속적인 성공주의와 은밀히 결합하여 물질적 풍요와 정신적 평안, 세상에서의 형통함을 갈구하는 사람들의 이기적 목적을 위해 봉사하는 도구가 되기 쉽다. 이것이 한국 기독교에 여실히 나타나는 현상이다. 축복 신학, 번영 신학, 성공주의 메시지가 이를 부추기는 동시에 합리화한다.

성령의 은사와 능력을 열심히 추구하는 성령운동은 영적인 에너지와 힘을 끌어당겨 이기적 자기실현의 원동력으로 삼으려는 욕망의 분출구 역할을 한다. 결국 목회자의 세속적 야망이 교인들의 그런 욕심과 하나로 맞물려 대형화와 물량주의, 성장제일주의의 폐단을 불러왔다. 한국사회가 온통 물질과 권력과 쾌락의 욕망에 사로잡혀 휘청거리고 있는데, 세상을 헛된 욕심에서 해방시켜야 할 책무를 띤 교회마저 그 욕망의 광적 질주에 합세하고 있는 형국이 벌어지고 있는 것이다. 그리하여 이 시대는 성속이 함께 뒤엉켜 뿜어내는 욕망의 열기로 가득한 정욕의 분화구와 같은 모습을 방불케 한다.

한국교회의 세속화 문제는 심층적 분석을 요한다. 한국교회의 부패는 '욕망의 세속화'에서부터 그 원인을 찾아야 할 것이다. 특별히 목회자들이 성령의 소욕으로 교묘히 위장된 육신의 소욕, 즉 힘과 성공과 명예에 대한 욕망에 이끌려 성직을 수행하고 영적인 일을 해온 것이 한국교회의 신앙과 영성을 세속에 오염시켜 혼탁하게 하고 뒤틀리게 하는 근본 요인 중 하나라고 볼 수 있다.

영적 명분으로 위장된 육적 욕망

욕심이 사람의 눈을 멀게 한다. 그의 판단을 흐리게 한다. 신앙의 세계에서도 육적인 욕심은 영안을 멀게 하여 영적 분별력을 둔화시킨다. 그래서 신자가 육신의 소욕을 따라 살수록 그 사실을 바르게 인식하기가 힘들어진다. 더욱이 육신의 욕망을 따라 거룩한 일을 하는 성직자의 경우에 있어서 이 사태는 훨씬 더 심각한 양상을 띤다. 육신의 간교함이 성스러운 명분으로 인해 보강되고 이중적으로 위장되면 그 '미혹의 힘'은 배가되어 영적 분별을 더욱 어렵게 만든다. 그래서 이기적 욕망을 따라 목회하는 이들이 자신의 영적인 진상을 올바르게 파악하고 솔직하게 인정하기가 가장 힘들다. 그런 사람일수록 하나님의 영광을 위해서 일한다는 투철한 명분론에 빠져서 그러한 구호를 더욱 힘차게 외치곤 한다. 그러나 존 오웬(John Owen)이 지적했듯이, 육신의 세력은 "가장 잘 느끼지 못하는 곳에서 가장 강력하다."[3] 오늘날 목회자들이 안고 있는 영적 문제는 자신 안에 얼마나 육신이 강하게 역사하는지를 알지 못하는 데서 비롯된다.

목회자는 힐라리(Hilary)가 말한 "하나님을 위한 불경건한 열심", 즉 자기 자신을 위해 하나님의 일을 하려는 "신성모독적인 열망"[4]을 부단히 경계해야 한다. 하나님을 향한 그의 열심이 얼마나 자신의 영광과 명성과 성공에 대한 욕망에서 자극될 수 있는지에 대해 민감해야 한다. 그리고 이러한 욕망이 하나님 앞에 얼마나 가증하며, 심각한 결과를 초래할 수 있는지를 알아야 한다. 존 화이트(John White)는 사람들에게 영광과 찬양을 받고 싶은 갈망은 자신이 경배 받고 싶은 마귀적 욕망이라고 했다. 사람들의 인기와 명성에 대한 욕망은 곧 자기숭배를 향한 열망이라는 것이다. 목회자가 선 자리가 바로 하나님의 영광을 가로채고 자기를 숭배하는 무서운 죄에 빠질 수 있는 매우 위태로운 곳이다. 목회자가 주의 일을 하면서도 은밀히 자신의 이름 내기, 업적 쌓기와 명성 얻기에 집착하게 될 때 이런 위험은 극대화된다.

더욱이 우리가 사는 이 시대의 자기중심적인 문화는 목회자의 이런 이기적 야망을 부추기고 고조시킨다. 목회자마저 자기도 모르게 성공 지향적인 경쟁사회의 논리와 가치관에 젖어 성장제일주의에 매몰되기 쉽다. 또한 교회 성장은 수적 증가라는 가시적인 증거로 나타나야 한다는 인식이 교인들 안에 보편화되면서 목사는 보이지 않는 압력과 스트레스에 쫓기며 강박적으로 성장을 추구한다. '교인수가 목사의 계급장'이라는 자조적인 말까지 생길 정도로 대형교회를 이루는 것이 목회성공의 척도라는 은연중의 암시가 교계 안에 편만해지면서, 이것이 젊은 목회자들 안에 무서운 영향력으로 작용하여 '성공 마니아'를 배태하였다.[5] 사무엘 리마(Samuel Rima)는 이렇게 자신의 경험을 토로한다.

나는 노골적으로 영적인 스타의 지위에 오르려고 노력하지는 않았지만, 잠재적으로 성공하고자하는 무의식적인 욕구가 내 모든 사역의 은밀한 동기가 되었다. 그것은 나에게는 완벽하게 정당한 것처럼 보였다. …… 수 년 동안 나의 사역의 노력은 미묘하게 나 자신의 개인적인 성공에 의해 운전되고 있었다. 그러나 나는 항상 천국의 언어로 그러한 의도를 위장했고, 나와 함께 사역한 대부분의 사역자들이 비슷한 성공관을 가지고 있었다.[6]

그동안 한국교회의 양적 팽창과 대형화를 위한 열심이 영적 명분으로 포장된 목회자들의 세속적 욕망에서 상당 부분 자극되었다고 해도 과언은 아닐 것이다. "복음 전파라는 미명으로 섬긴 우상, 교회성장"[7] 이라는 손봉호 교수의 비판은 교회성장을 위한 과도한 열심 속에 감추 어진 목회자들의 헛된 욕망을 간파한 데서 나온 날카로운 지적이라고 하겠다.

헛된 욕망의 열매들

이러한 목회자의 육적인 욕망은 그의 인격과 영성, 그리고 모든 사 역을 부패하게 한다. 목회자가 개인적인 야망에 이끌려 목회하고 있다 는 분명한 증거 중의 하나는 교인들을 진정으로 사랑하고 섬겨야 할 대 상이 아니라 자신의 목적을 달성하는 데 필요한 도구들로 은밀히 이용 하려는 것이다. 마르틴 부버(Martin Buber)는 그의 책 『나와 너』에서 사람 들을 "너" 아닌 "그것"으로 취급하는 것이 세상에 보편화된 인간관계 임을 지적했는데, 목회자가 이런 세속적인 원리를 따라 교회를 운영함 으로써 새로운 인간관계가 형성되어야 할 하나님 나라의 공동체를 비 인간적인 집단으로 변질시키는 데 주역을 담당할 수 있다.[8] 사람과 인 격 중심의 목회가 아니라 일과 업적 중심의 목회로 치우치는 것이다.

이러한 위험에 대해서 찰스 스윈돌(Charles Swindoll)은 이렇게 말한다. "나는 나의 동기를 감추고 교묘한 수법으로 교인들을 내가 원하는 것 을 행하도록 이용할 수 있다. 그리고 그것을 감쪽같이 위장해 교인들이 그 일을 하나님의 목적을 위해서 하나님의 방법으로 하고 있다고 생각 하게 만들 수 있다. 사실은 그들이 내 뜻을 행하여, 내가 영광을 받는데도 말이다."[9] 육신을 따르는 목회자는 교인들의 에너지와 자원을 하나님께서 원하시는 교회를 세우고 그들의 신앙 인격 성숙과 하나님 나라 확장을 위해 사용하기보다, 목회자의 성공적인 업적을 증진시키기 위한 목적을 위해 활용하도록 교묘히 유도한다. 그래서 불필요하게 거대한 건물을 건축하는 것과 숫자를 늘리기 위한 전도와 프로그램 확장에 그 힘을 소진하게 한다.

또한 목회자의 이기적인 욕망은 목회자 자신의 인격과 기도와 영성에 매우 파괴적인 영향을 미친다. 기도는 순수성을 잃고 겸손과 거룩을 구하는 기도마저도 경건 자체보다 경건의 유익과 명성에 더 집착하는 육적인 마음에서 촉발된다. 야고보는 우리가 "구하여도 받지 못함은 정욕으로 쓰려고 잘못 구하기 때문"이라고 하였다(약4:3). 육적인 목회자의 기도가 많은 경우에 이런 기도의 범주를 벗어나지 못한다. 기도가 하나님을 위해 일한다는 미명으로 치장된 '목회자의 은밀한 종교적 정욕'을 채우기 위한 방편이 되어버린다.

하나님이 때로 욕망에 사로잡힌 목회자의 이기적인 기도에 응답하시는 것은 그의 기도를 기뻐하셔서가 아니라, 그가 섬기는 교인들과 교회를 사랑하시기 때문이다. 그런데도 목회자는 그것이 자신의 기도에 대한 응답인 줄 알고 더욱 자신의 욕심을 부추기며, 거룩한 성령을 자신의 이기적인 목적을 실현하는 데 필요한 동력으로 이용하는 함정에 빠진다. 이런 욕망이 강할수록 하나님의 은혜와 능력을 구하는 기도가 더욱 간절해진다. 기도라는 욕망의 탱크로 천국을 침노하여 하나님 나라의 영적 보화들을 자신의 육적 목적을 달성하기 위한 도구로 삼으려 한다. 그러므로 '성령의 능력'은 육적인 목회자에게 매우 위험한 것이 될 수 있다. 거룩한 하나님의 은혜가 부패한 인간의 육신을 섬기는 '색

욕거리'로 변질된다.

　육적인 소욕을 따르는 목회에서 나타나는 또 다른 현상은 목회자의 영성이 현저히 퇴화된다는 것이다. 육적인 욕망은 목회자를 영적으로 무력하게 한다. 외적으로 많은 것을 성취하고 있는 것 같지만 내적으로는 공허하며, 말씀을 전하고 나서도 마음에 허탈함을 느낀다. 결국 그는 지치고 탈진하여 영적인 고갈상태에 빠진다. 이런 상태가 지속되면 죄에 대한 저항력은 약화되고 유혹에 대한 면역은 저하되어 자극적인 죄, 음란과 같은 죄에 빠지기 쉽다.

　그래서 이기적 야망과 음란은 비례하는 경우가 많다. 대개 욕심이 많고 이기적 야심이 클수록 음욕이 커진다. 육신의 소욕을 따라 목회하는 이는 결국 여러 가지 부도덕하고 음란한 죄에 연루되기 십상이다. 슈네이즈(Robert Schnase)가 지적했듯이, "목회사역에 있어서 목회자 자신들이 당하는 가장 고통스러운 대다수의 비극은 목회자의 타락한 욕망에서 초래한 것들이다."[10]

참자아를 잃은 목회자

　또 다른 치명적인 결과는 목회자의 이기적인 욕망이 진정한 자아형성을 심각하게 저해한다는 점이다. 목회자가 육적 소욕을 따라 사역하면 진정한 자아를 실현하는 데 사용되어야 할 정신적인 힘과 영적인 에너지가 자기중심적 추구를 위해 소모된다. 그래서 외적으로 많은 것을 성취함에도 불구하고 그의 내면세계는 황폐해진다. 목회자가 성령의 뜻을 거스르는 자아중심적인 뜻과 욕망을 좇을 때, 그의 내면세계는 그 안에 계신 성령과 날카로운 긴장과 대립 관계에 놓이게 된다. 그렇게 되면 성령이 부여하는 풍성한 영적 생명력의 공급이 차단되고, 그리스도 안에서 새로운 자아를 형성해 가는 데 필요한 영적 자원이 고갈된다. 자연히 그리스도의 형상을 이루어가는 성화는 진행되지 않고, 성령의 열매도 산출되지 않는다. 결국 은사는 있으나 열매는 없는 목사가 되는 것이다.

그래서 뛰어난 설교의 은사는 있지만 좋은 인격의 열매는 없는 목회자가 될 수 있다. 설교와 영성은 꼭 비례하지 않는다. 특별한 말씀의 은사를 가졌다고 해서 그 사람이 참된 영성을 소유했다는 보장은 없다. 오히려 설교의 은사가 남다르게 뛰어날수록 그 은사의 탁월함과 위력 때문에 더 고차원적으로 자신을 깊은 영성을 소유한 사람으로 가장할 수 있는 위험이 커진다. 물론 영성과 설교는 긴밀히 연결되어 있다. 깊은 영성에서 우러나온 말씀이 감동적이고 은혜롭다. 이렇게 영성과 설교는 함께 가는 것이 정상이지만 목회자의 죄성 때문에 이것이 괴리되는 변칙적인 상황이 발생하게 된다.

그러므로 목사의 진정한 영성의 증거는 우선적으로 설교의 은사가 아니라 인격의 열매에서 찾아야 한다. 물론 인격만을 중시한 나머지 은사를 평가절하 하는 것은 바람직하지 못하다. 목회자의 참된 영성을 위해서는 인격의 열매와 설교의 은사 두 가지가 다 필요하다. 영적 성숙과 성화의 진전은 은사와 열매의 상호작용과 연합의 바탕 위에서만 가능하다. 목사가 설교의 은사를 성령을 따라 겸손히 교인들을 섬기는 사역을 위해 활용할 때 성령의 열매를 맺고 사랑의 인격자로 성숙하게 된다.

반면에 설교의 은사를 육신의 소욕, 즉 이기적 야망을 따라 사용하면 그 은사는 영적 성숙에 기여하는 성화론적 기능을 발휘하지 못하고 열매로 귀결되지 못하는 은사로 전락하고 만다. 결국 목회자의 육신적 욕망은 하나님이 주시는 은사와 은혜가 자신의 인격개발과 자아성숙에 사용될 수 없게 한다. 육신적 목회자는 성화보다 사역과 업적 성취를 위해 성령의 은혜를 더 열심히 구한다. 강단 위에서는 성령충만하기를 간절히 원하지만 강단 밑에서는 성령충만하기를 그렇게 원치 않는다. 그러나 목회자의 참된 영성은 강단 밑에서의 그의 모습에서 더 확실하게 나타난다.

이와 같이 은사와 열매, 사역과 성화가 조화롭게 통합되지 않으면 목회자의 진정한 자아 성숙은 불가능하다. 설교는 잘하지만 인격에 문제가 있고, 강단 위에서와 아래에서의 모습이 다른 이중적 자아를 형성하게 된다. 그렇게 되면 목회자에게 가식의 무거운 짐이 가중된다. 그는 거의 무의식적으로 자신의 모순된 모습을 최대한 감추고 자신을 좀더 괜찮은 사람으로 보이려고 필사적인 노력을 기울인다. 교인들이 기대하는 목회자상에 자신을 맞추거나, 사람들의 인정을 받을 수 있는 모습을 자아내려고 애쓴다. 이렇게 사람들에게 자신의 진정한 인격과 욕망을 숨기고, 자신이 아닌 다른 사람의 모습을 보이려 하는 데는 엄청난 에너지가 소모되고 스트레스가 쌓인다. 그리고 그가 애써 창출해낸 경건의 모습은 성령의 은혜로만 가능한 자율성과 창의성이 결여되었기에 자연스럽지 못하고 경직되고 가식적이다.

목회자가 이런 가식에 익숙해져서 점차 자신의 외양을 실제로 착각하여 가면을 참 자아와 동일시하게 되면 진정한 자아를 상실할 위기에 봉착한다. 그의 열심과 헌신은 그 가면을 보강하여 참된 자신의 모습을 직면하기 더욱 힘들게 한다. 이렇게 종교적인 가면으로 완고해진 자아는 깨어지기가 가장 힘들다.

진정한 자아를 찾아서

그러므로 목회자에게는 그 무엇보다도 자신의 내면세계를 깊이 살펴보는 자기성찰이 있어야 한다. 리처드 백스터(Richard Baxter)는 『참 목자상(Reformed Pastor)』에서 목회자의 가장 우선적이고 중요한 임무는 자기성찰이라는 점을 역설하였다. 지금은 이 고전적 영성훈련의 부활이 절실히 요구되는 때이다. 목회자들이 외적 성취에 너무 분주하여 자신의 내면세계를 돌아볼만한 여유가 없다. 자신 안에 깊은 마음의 동기와 욕망을 살피는 것을 소홀히 할 뿐 아니라 그것을 매우 꺼려하고 두려워한다. 자신의 마음 깊은 곳에 꿈틀거리고 있는 흉한 "파충류"[11]와 같은 더럽고 추한 욕망의 용솟음침을 예민하고 솔직하게 직시하는 고통스러운 자기성찰을 최대한 회피하려고 한다.

그러나 사람은 대개 점검되지 않은 욕망에 의해 주관된다. 자신 안에 측량할 수 없이 간교하고 거짓된 육신의 소욕이 무섭게 역사하며, 이를 자신의 힘으로 도저히 감당할 수 없다는 통절한 깨달음이 없는 사람은 이 욕망의 희생물이 될 가능성이 많다.

그러므로 성령의 조명을 통해서 자신 안의 욕망의 움직임, 은밀한 동기의 복합성을 판독할 수 있는 예리한 영적 투시력이 목회자의 영성 계발에 꼭 필요하다. 시편 기자와 같이 "나를 살피소서"라는 기도를 통해 하나님 앞에서 자신을 돌아보며 정직한 영을 새롭게 하는 것이 참된 영성으로 나아가는 첩경이다. 자신의 영적 상태를 점검하기 위해서는 내가 무엇을 가장 원하는지, 무엇이 나를 어떤 일에 매진하도록 몰아가는지, 내 마음이 지속적으로 애착하며 지향하고 있는 바가 무엇인지를 살펴보아야 한다. 성령의 은혜와 능력을 구할 때도 내가 진정으로 원하는 것이 무엇이며, 왜 그 은혜를 구하는지를 자신에게 물어보아야 한다. 또한 우리는 정기적으로 "내가 왜 이 일을 하고 있는가?", "내가 이 일을 과연 하나님의 영광을 위해서 하고 있는가, 아니면 나의 영광을 위해서 하고 있는가?"라는 질문을 자신에게 던져야 한다. 그리고 이 질문 앞에 자신을 정직하게 돌아보는 자세를 가져야 한다.

목회자 안에는 항상 개인적인 야망과 주님을 위한 열망 사이에 날카로운 긴장이 존재하며, 육신의 소욕과 성령의 소욕 사이에 맹렬한 싸움이 계속된다. 목회자의 심령이 가장 격렬한 영적 전쟁터일 것이다. 사탄은 지옥의 권세를 총동원하여 공격하며, 그의 탁월한 위장술로 목회자를 미혹해 자신의 욕망, 즉 육신의 소욕을 따라 주의 일을 하게 한다. 교회의 영적 성쇠는 이 싸움의 결과에 달려 있다. 목회자가 육신의 소욕에 굴복해서 마음의 순수성을 잃어버릴 때, 교회의 타락과 세속화는 시작된다. 역으로 목회자가 육신을 쳐서 복종시킬 때, 그의 영혼은 성령의 충만한 은혜의 통로가 되어 온 교회에 풍성한 생명력을 공급하게 된다. 그러므로 목사가 살면 교회가 죽고 목사가 죽으면 교회가 산다.

한국교회가 사는 길은 먼저 목회자들이 자신의 이기적 욕심, 자기 영광을 추구하는 욕망에 대해 죽는 것이다. 하나님의 영광이라는 미명하에 은밀히 간직하고 있는 우리의 우상들, 성공과 명예와 인기라는 우상들을 쳐부수는 것이다. 칼빈이 강조했듯이, 자기를 철저히 부인할 때만 하나님께 영광이 돌아간다. 목회자가 자아 중심성을 포기할 때, 그의 자아는 내면세계에 거하시는 성령께 다시 사로잡힘으로써 좁은 자아의 굴레에서 벗어나 더 큰 자아, 하나님께 지배받는 새로운 자아로 거듭난다. 그렇게 되면 지금까지 거짓된 외면을 계속 지탱하기 위해 허비했던 영적 에너지를 성령 안에서 참된 자아의 성숙을 위해 사용할 수 있게 된다. 유진 피터슨(Eugene Peterson)의 말대로, 이렇게 "목회자들이 자신의 진정한 자아를 분명히 드러낼 수 있다면 목회사역은 훨씬 수월해질 것이다."[12]

새로운 욕망으로의 초대

이기적 욕망을 제어한다는 것은 결코 욕망 자체를 아예 죽이거나 그것을 최소한도로 억제해 버리는 것을 의미하지 않는다. 이기적 욕심이 많은 것뿐 아니라 욕망이 없거나 적은 것도 영성의 무서운 적이다. 이기적 동기부여가 없으면 도무지 하나님에 대한 열심이 자극되지 않는 영적 냉담함과 나태는 거짓된 육신의 또 다른 얼굴이다. 자신에게 크게 성공할 만한 잠재력과 은사가 없거나 그럴만한 현실적 가능성이 희박하면 성공에 대한 열망을 잃어버리고 현 상태에 안주하려는 무사안일주의에 빠진다.

뛰어난 설교의 은사를 가진 사람은 그것을 잘 개발하여 성공과 명성을 얻으려는 이기적인 야망에 사로잡힐 확률이 높은 반면, 설교의 은사가 그다지 탁월하지 못한 이들은 그런 야망이 없는 대신 말씀사역에 성의와 열정 없이 임하는 적당주의로 치우치기 쉽다. 이와 같이 육신적인 욕망으로 주의 일을 하는 이들뿐만 아니라 열정을 의무감으로 죽이고 직업적 타성에 젖어 안일하게 목회하는 이들이 많은 것이 한국교회의 큰 문제이다.

따라서 목회자는 육적인 욕망을 비운 마음의 공백을 새로운 욕망, 더 고귀한 욕망으로 가득 채워야 한다. 기독교는 결코 욕망을 죽이는 종교가 아니다. 오히려 우리를 욕망으로 초대하며, 우리 안에 새로운 욕망을 불러일으킨다. 기독교는 성공을 위한 욕망과 훌륭한 업적을 이루려는 열심 자체를 본질적으로 죄악시하지 않는다. 하나님은 그분을 위해 위대한 것을 성취하려는 열망을 우리 안에 심어 주시고, 그분의 나라와 영광을 위한 원대한 꿈과 포부와 비전을 갖게 하신다.

성령이 우리를 갱신하시는 사역은 먼저 우리 마음의 깊은 욕망을 변화시키는 것에서 시작한다. 성령은 우리 마음의 근본적 지향성, 추구, 애착이 획기적으로 전환되게 하신다. 육신의 일에 집착하고 몰두했던 생각이 성령의 일에 집중되고 이끌리게 하신다. 우리 안에 육신의 소욕을 죽이고 성령의 소욕을 소생시키신다. 이기적인 욕망은 소멸되고 거룩한 열망이 타오르게 하신다. 이런 거룩한 욕망이 없이 성화가 이루어질 수 없다. 키르케고르(Kierkegaard)가 "마음의 성결은 오직 한 가지만을 원하는 것"이라고 했듯이,[13] 하나님 앞에 순결함은 우리의 욕망이 오직 하나의 대상을 향해서만 온전히 집중될 때 가능하다.

우리에게 영적 성숙이 없는 것은 우리의 마음이 두 방향으로 나뉘어져 있기 때문이다. 스탠리 하우어워스(Stanley Hauerwas)는 이렇게 분열되어 통합된 욕망의 위력을 발휘하지 못하는 마음이 다시 하나로 모아져 하나님의 뜻만을 '전심'으로 추구할 수 있게 되는 것이 진정한 영적 자유로움이며, 이러한 자유로움 속에서만 성화와 인격의 성숙이 이루어질 수 있다고 하였다.[14]

거룩한 욕망이 참된 영성의 핵심이다. 이 욕망이 영성의 질을 결정하며, 그 강도가 영성의 깊이를 말해 준다. 이런 욕망 없이 성령을 따라 살 수 없으며 성령으로 충만할 수 없다. 또한 이런 욕망 없이는 진정한 기도도 있을 수 없다. 하나님을 위해 어떤 위대한 일도 성취할 수 없다.

교회사에 길이 빛나는 신앙의 본과 자취를 남긴 주의 종들은 모두 그리스도를 위한 불타는 야망을 가진 사람들이었다. 이 욕망을 죽이는 것은 영적 자살 행위이며, 영적인 거장이 되게 하는 원동력을 말살해 버리는 것이다. 이 욕망 없이 하나님에 대한 사랑도 있을 수 없다. 죄에 대한 사랑이 그에 대한 욕망으로 표현되듯이, 하나님에 대한 사랑도 하나님에 대한 뜨거운 욕망으로 나타난다.

이 시대의 목회자들이 진정한 영성의 소유자가 되기 위해 꼭 필요한 욕망은 주님께 최상의 존귀함과 영광이 돌아가게 하기 위해 나의 최선을(My Utmost for His Highest)[15] 다하려는 열정이며, 주님을 본받아 최대한 성결하게 살기를 소원하는 거룩에 대한 열망이다. 그리고 이 땅 위에서 성공한 목회자로 알려지기보다 오직 하나님께만 영광이 돌아가고 자신은 잊힐 때 행복해하는 주의 종이 되기를 전심으로 원하는 것이다. 그런 이가 성령에 사로잡힌 사역자이다.

18. 기도를 통한 성령충만

개혁의 대상인 기도

어떻게 성령충만을 회복할 수 있을까? 하나님께서 성령의 부으심을 통해 그분의 백성을 축복하실 때는 먼저 그들로 하여금 열렬히 기도하게 하신다. 부흥은 하나님의 주권적인 은혜이지만 그 축복을 간절히 구하는 이들에게 주어진다. 조나단 에드워즈가 말했듯이, "하나님이 교회를 위해 큰일을 행하실 때, 먼저 자기 백성으로 하여금 특별히 기도하게 하시는 것이 그분의 뜻이다."[1] 열렬한 기도가 바로 부흥의 사실인 것이다.

교회역사 속에서 일어난 모든 영적인 부흥은 기도의 회복에서부터 시작했다. 오순절에 성령이 강림하시기 전 주님의 제자들은 기도에 전념했다. 오순절 후에도 초대교회는 계속 기도하는 공동체로 존재하였다. 이것이 바로 성령충만한 교회의 특징이었다. 사도행전에는 복음의 확산과 교회의 부흥에 절대적으로 기여한 기도의 역할이 특별히 부각되었다. 제자들이 죽음의 위협과 핍박 앞에서도 담대하게 복음을 전할 수 있도록 성령으로 충만하게 된 것은 기도의 응답이었다(행4:31-33). 사도들이 복음 사역을 온전히 감당할 수 있었던 것도 그들이 기도에 전념하였기 때문이다(행6:5). 이처럼 부흥이 기도에 대한 각성과 헌신으로부터 시작되는 것이 교회사 전반에 걸쳐 나타나는 일관된 패턴이다.

이 시대의 교회가 직면한 가장 긴급한 과제는 점점 사그라져가는 기도의 불길을 다시 타오르게 하는 것이다. 기도의 열심과 끈질김을 회복하게 하는 것이다. 그러나 기도를 열심히 하기만 해서는 안 되고, 기도를 바르게 하는 것이 중요하다. 열렬하면서도 바르게 드리는 기도의 불길이 확산될 때 교회는 다시 부흥할 것이다.

서구교회에 비해 한국교회는 그래도 기도의 열심이 있는 편이다. 그러나 한국인들의 심성에 내재되어 있는 무속적이고도 기복적인 요소가 기도에 스며들어와 기도의 본질이 변질되는 경우가 많다. "공을 쌓고 정성을 들이면 하늘도 감복한다."라는 무속적 신앙과, 인간의 열심과 공로로 하나님의 축복을 따내려는 율법주의적 성향이 맞물려 아주 비성경적이고 비기독교적인 기도의 양태를 자아내고 있다.

한국교회 안에는 오래 전부터 '일천번제' 기도와 헌금이 유행해 왔다. 이는 참된 기도의 본질을 심각하게 훼손하는 행태이다. 이런 모습을 볼 때 한국교회에서 가장 개혁되어야 할 대상이 기도이며, 가장 시급하게 기독교적으로 개종해야 할 부분이 기도인 것 같다. 비록 그러한 사례들이 교인들의 열심을 독려하는 의도에서 비롯되었다고 할지라도, 그들의 마음속에 도사리고 있는 무속적이며 율법적인 성향을 부추겨 신앙의 열심을 자극하는 것은 복음의 진리를 역행하는 행위이다.

우리는 시간이 오래 걸리고 교회의 부흥이 지체될지라도 교인들을 기도의 정도(正道)로 인도해야 한다. 교인들이 기도를 열심히 하게 해서만은 안 된다. 그들이 기도의 본질에 대해 각성케 해야 한다. 삼위 하나님께 드리는 기도의 영광스러운 특권과 부요한 축복에 눈뜨게 하여 교인들 영혼의 깊은 곳에서부터 기도의 불꽃이 타오르게 하는 것이 급선무이다.

기도는 삼위 하나님의 위대한 선물

참된 기도란 무엇인가? 기도는 은혜받기 위해 어쩔 수 없이 해야 하는 고역스러운 종교적 행위가 아니라 기도 자체가 삼위 하나님의 위대한 선물이다. 성부 하나님이 그리스도 안에서 친히 우리 아버지가 되어 주셨기에 기도할 수 있는 것이다. 더불어 성자 하나님이 십자가의 고난을 통해 거룩하신 하나님의 보좌로 나아갈 수 있는 길을 열어주셨기에 기도할 수 있게 되었다. 또한 성령 하나님이 우리 안에 내주하셔서 '아빠 아버지'라 부르짖게 하시니 그 은혜로 기도할 수 있다. 그러므로 기도는 삼위 하나님께서 이루신 위대한 구속 사역의 열매이다. 기도는 성부께서 성자를 통해 성령 안에서 우리에게 내려주신 보배로운 선물이다. 동시에 기도는 우리가 성령 안에서 성자를 통하여 성부께 올려드리는 최고의 감사이다.

하나님의 선물(gift)은 그 선물을 주시는 이(giver), 곧 하나님 자신이다. 하나님의 자기 증여인 것이다. 기도 속에서 하나님은 자신을 우리에게 내어 주신다. 이 선물에 대한 우리의 감사 또한 우리 자신이다. 기도 속에서 우리는 우리 자신을 하나님께 내어드린다. 기도를 통해 하나님이 궁극적으로 원하시는 것은 우리 자신이다. 우리와의 교제이며 연합이다. 기도를 통해 우리들이 받는 최고의 응답 역시 하나님 자신이다. 하나님과 하나가 되는 것이다. 우리는 기도할 때마다 어김없이 최고의 응답을 받는다. 만복의 근원이신 삼위 하나님이 언제나 우리와 함께하시기 때문이다. 그런 의미에서 기도 자체는 응답이며 가장 큰 축복이다.

기도는 하나님의 거룩한 임재에 대한 우리의 반응이다. 필립 얀시의 말대로, 기도는 우리의 "속사람을 거룩한 세계로 들여보내는 작업이다."[2] 우리 영혼을 지성소에 들어가게 하는 일이다. 우리의 기도하는 자리가 우리의 전 존재를 휘 감싸는 신비로운 임재로 가득한 거룩한 성소가 된다. 이것이 곧 성령 안에서 기도함을 의미한다. 성령 안에 성자와 성부 하나님이 인격적으로 임재하신다. 성령 안에서 우리는 삼위 하나님의 임재 속으로 들어가는 것이다. 거기서 우리 영혼이 하나님과 독대한다. 우리는 미지의 세계에 멀리 떨어져 있는 분이 아니라 바로 우리 앞에 계신 분에게 기도한다. 우리가 "하늘에 계신 우리 아버지여"하고 부를 때, 우리는 하늘의 보좌가 놓여 있는 지성소로 들어가는 것이다. 거기서 우리 영혼이 사랑의 신비로운 임재에 감싸일 때, 우리는 지극히 사랑받는 아바의 자녀라는 의식에 사로잡힌다.

그러므로 "자신이 사랑받는 자라는 인식을 키우고 지키는 필수조건은 하나님과 단둘이 보내는 시간이다."[3] 우리는 기도를 통해서만 하나님의 사랑을 바로 알 수 있다. 우리의 신학이 하나님의 실체에 접하지 못한 채 감격이 없는 지식, 열정이 없는 사변에 그치지 않기 위해서는 기도의 바탕 위에 세워져야 한다. 포사이스(P. T. Forsyth)가 말했듯이, "기도는 학문이 스스로 도달할 수 없는 실재에 접촉하게 하는 까닭에, 모든 학문의 마지막 단어이다."[4] 신학은 기도로 시작하여 그 전 과정은 기도의 호흡으로 얼룩져야 하며, 결국에는 더 깊고 열렬한 기도로 열매

맺어야 한다. 그럴 때만이 하나님 아버지의 크신 사랑과 예수 그리스도의 놀라운 은혜와 성령의 충만한 교통하심을 온전히 증거하는 삼위일체적 신학이 될 것이다.

원래 기독교의 삼위일체적 신앙은 기도와 예배의 토양 속에서 싹튼 것이다. 초대교회는 오순절에 임한 성령을 통하여 삼위 하나님과 교통하는 기도의 특권을 누렸다. 그들에게는 기도가 삼위일체의 신비 속으로 들어가는 관문이었다. 그들은 이론적으로 잘 정리된 삼위일체 교리는 없었으나, 그들의 기도생활 속에서 삼위 하나님의 임재와 축복을 풍성히 누렸다. 그들에게 삼위일체의 신비는 단순히 교리에 불과한 것이 아니라 삶 속에서 누리는 진리이며, 기도와 예배 속에서 체험하는 송영의 신학이었다. 오늘날의 교회는 초대교회에 비해 훨씬 더 발전된 삼위일체 교리를 가지고 있지만, 삶 속에서 그 진리의 부요한 생명력은 누리지 못하고 있다.

오늘날 기독교의 근간인 삼위일체 신앙은 심각한 위기에 직면하였다. 교인들은 여전히 이론적으로 삼위일체 교리를 인정하며 삼위일체 신앙을 고백한다. 그러나 이 교리가 자신들의 삶과 실제적으로 무슨 상관이 있는지는 별로 의식하지 못하고 사는 것 같다. 어떤 신학자는 대부분의 그리스도인들이 입으로는 전통적인 삼위일체 신앙을 고백하지만, 실제 삶 속에서는 거의 단일신론자(monotheists)들처럼 살고 있다고 했다.[5] 이 말은 다소 과장된 표현이긴 하지만 근거 없는 말은 아니다. 많은 그리스도인들은 자신들이 믿는 하나님이 삼위이든, 이위이든, 아니면 일위이든 별 상관이 없는 것같이 살아간다. 만약 하나님이 삼위가 아니라 이위라면 형식적 신앙고백은 달라지겠지만, 실제 삶에는 별 차이가 없을지 모른다. 삼위일체가 잊혀져가고 있다는 지적은 이렇게 삼위일체의 교리와 실천, 고백과 삶이 서로 유리된 현상에 대한 비판의 음성이다.

　최근 신학계에서는 삶의 자리에서 분리되어 먼 나라, 이론의 영역으로 이주해 버린 삼위일체 교리를 다시 본연의 위치로 복귀시켜야 한다는 목소리가 높아지고 있다. 이는 아주 바람직한 일이다. 그러나 이러한 신학적 작업과 함께 우리 교회에 삼위 하나님의 임재와 은혜를 체험하는 기도의 불길이 다시 일어나야 한다. 그것은 기도를 통해서만 삼위일체 교리의 실체를 맛볼 수 있기 때문이다.

아빠에게

　우리의 기도생활에서부터 삼위일체적 신앙이 회복되어야 한다. 교인들 중에는 주로 예수님께 기도하는 이들이 있는 반면에 성령께 자주 기도하는 성령파 교인들도 있다. 물론 예수님과 성령님께도 기도할 수 있다. 삼위 하나님은 모두 우리 기도의 대상이시기 때문이다.[6] 그럼에도 성경이 가르치고 있는 기도의 주 대상은 성부 하나님이시다. 성령 안에서 예수님을 통해 하나님 아버지께 기도하는 것이 기도의 정석이다.

　이렇게 기도하는 것은 곧 삼위 하나님의 구속의 경륜적 패턴(성부-성자-성령)을 따라 기도하는 것이다. 그렇게 함으로써 우리는 삼위 하나님의 구속 사역을 항상 기억하여 그 혜택과 은혜를 맛보며 감사하게 된다. 우리는 기도 속에서 거룩하신 하나님을 '아빠'라고 부를 수 있는 아들의 명분을 누린다. 이는 바로 예수님이 누리셨던 특권이다.

　주님은 아람어를 일상용어로 사용하셨다. 아람어로 아버지는 '아바'

이고, 한글 성경은 '아빠'로 번역했다. 이에 대해 논란이 많다. 이런 논란은 신약학자 요아킴 예레미아스(J. Jeremias)의 주장으로 거슬러 올라간다. 그는 아바라는 소논문에서 예수님이 하나님과 독특한 관계를 향유하셨다는 사실이 이 '아빠'라는 호칭에 잘 반영되어 있다고 했다.[7] 그는 아람어 아바가 유아들의 옹알거림에서 나온 표현으로서 영어로 대디(daddy), 우리말로 아빠와 같은 호칭이라고 했다. 예레미아스는 나중에 그런 주장을 철회하고 아바는 어린아이뿐 아니라 남녀노소를 막론하고 아버지를 친밀하게 부르는 가족언어였다고 했다. 예레미아스의 주장을 반박하며 제임스 바(James Barr)가 "아바는 아빠(대디)가 아니다"라는 논문을 발표해서 논란이 계속되었다. 최근에는 아빠 연구로 권위를 인정받은 엘케 탱게스(Elke Tönges)가 고대 문헌을 치밀하게 연구한 그의 논문에서 제임스 바의 견해를 배격하고 예레미아스의 주장이 약간 수정할 부분 외에는 기본적으로 옳다는 점을 밝혔다.

예레미아스는 유대교에서 하나님을 아바로 부른 예는 단 한 번도 없지만, 예수님은 항상 기도 중에 하나님을 그렇게 부르셨다고 했다. 제임스 던(James Dunn)을 비롯한 많은 학자들이 이런 주장을 반박했다. 그러나 그들이 제시한 여러 증거들 중 비슷한 표현이 있지만, 기도 중에 예수님처럼 아바라는 호칭을 2인칭으로 사용한 확실한 예는 아직 발견되지 않았다.

아빠라는 우리말 번역을 어떻게 보아야 할까? 하나님을 아빠라고 부르는 것을 매우 경박하다고 느끼는 이들이 있다. 그러나 .오늘날 한국사회에서는 어릴 때 뿐 아니라 자라서 어른이 된 후에도 아빠라고 부르는 이들이 많다. 언어는 변천하는 그 사회의 문화와 관습을 따라 새로운 옷을 갈아입으며 발전한다. 아빠라는 말은 이제 과거 아바라는 아람어와 같이 어린아이와 어른이 모두 친근감을 느끼게 하는 가족언어가 되었다. 아버지라는 호칭이 무겁고 엄격한 가부장적인 이미지를 수반하는데 비해 하나님을 아빠라고 부르는 것은 하나님을 더 친근하게 접근할 수 있는 분으로 느끼게 하는 장점이 있다고 본다.

아브라함과 모세, 다윗과 엘리야 등 구약의 기라성 같은 신앙의 인물들도 예수님같이 하나님을 일상적으로 아빠라고 부르는 특권을 누리지 못했다. 예수님만이 하나님을 항상 아빠라고 부르셨는데, 이제 아들의 영이 우리 안에 거하시므로 우리도 아빠 아버지라 부르짖게 되었다. 그래서 바울 사도는 "너희가 아들이므로 하나님이 그 아들의 영을 우리 마음 가운데 보내사 아빠 아버지라 부르게 하셨느니라"고 했다(갈4:6).

성령이 우리의 영과 더불어 아빠 아버지라고 부르짖지만, 여기서 그렇게 부르는 주체는 성령이시다. 성령은 쌍방향으로 역사하신다. 우리를 향해 '아들아' 하고 부르시고, 하나님을 향해 '아버지여' 하고 부르신다. 더 엄밀히 말하자면 성령을 통해 하나님 아버지가 우리를 부르시고 성령을 통해 우리가 하나님 아버지께 응답하는 것이다. 우리가 하나님을 향해 '아빠 아버지'라고 부르짖는 것은 하나님이 먼저 우리를 '사랑하는 아들아' 하고 불러주신 것에 대한 반응이며 응답이다. 우리는 기도 속에서 지존하신 하나님이 우리에게 한없이 자애롭고 친밀한 아버지가 되심과 우리가 지극히 사랑받는 '아빠의 자녀'임을 확인하며 체험한다.

예수님의 이름으로

우리가 예수님의 이름으로 기도하는 것은 우리를 이같이 하나님께 사랑받는 자녀가 되게 하시기 위해 영원 전부터 사랑받던 아버지로부터 버림받으신 예수 그리스도의 대속의 은혜를 감사하고 찬양하며 그 은혜만을 의존하여 하나님의 보좌 앞에 나가기 위함이다. 예수님의 이름으로 기도하는 것은 예수님의 대속의 공로와 희생의 중재 없이 우리의 기도가 아무런 가치와 효력이 없으며 하나님의 심판대를 통과하지 못한다는 것을 뜻한다. 더 적극적인 의미에서 예수님의 이름으로 기도하는 것은 그리스도의 대속으로 말미암아 허락된 모든 혜택과 은총을 그분의 이름을 빌려 청구하는 것이다. 그래서 주님께서는 "너희가 무엇이든지 아버지께 구하는 것을 내 이름으로 주시리라"고 하셨다(요16:23). 예수님의 이름은 기도의 끝에 붙이는 상투적인 문구 정도가 아니라 그리스도 안에서 허락하신 모든 복을 누리는 유일한 비결이다.

예수님의 이름으로 드리는 기도가 이같이 효력이 있는 것은 그 기도에서 우리 자신이 예수님과 동일시되기 때문이다. 우리가 예수님과 연합한 자로서 기도한다는 것은 예수님과 동일한 자격을 가진 자로서 기도함을 뜻한다. 예수님과 같은 의인의 자리에서 아들의 신분과 권세를 가지고 기도하는 것이다. 하나님이 예수님의 기도를 거절하지 못하셨듯이 우리가 만약 하나님의 뜻대로 무엇을 구하면 우리의 기도도 거절하지 못하신다.

예수님의 이름으로 기도하면 우리의 기도가 점점 예수님의 기도를 닮아간다. 자기의 뜻대로가 아니라 하나님의 뜻대로 구하게 된다. 우리의 순수하지 못한 기도는 오직 예수님의 이름으로 드리는 기도로만 순수해질 수 있다. 그 기도는 기도하는 사람을 변화시키는 효력이 있다. 그 기도 속에 역사하는 아들의 영이 기도하는 이를 아들과 같이 변화시키며, 그가 소원하는 것이 주님이 원하시는 것과 같게 한다. 아들의 영이 우리와 주님을 연합시키듯이, 우리의 기도와 주님의 기도를 결국 하나로 결합시킨다. 그래서 예수님은 우리를 위해서 기도하실 뿐 아니라 우리 안에서 중보자로서 우리와 함께 하나님 아버지께 간구하신다. 주님과 함께 우리가 올려드리는 기도의 코러스가 하늘의 보좌를 움직이고 이 땅 위에 하나님의 뜻을 이룬다.

성령 안에서

성령은 이렇게 예수님의 이름과 공로만을 의존해서 예수님이 누린 아버지와의 친밀한 교제를 누리게 하신다. 성령이 우리 기도의 유일한 주관적 가능성이다. 우리는 성령 안에서만 기도할 수 있다. 기독교의 기도가 다른 종교의 기도와 근본적으로 구별되는 것은 그것이 인간의 생래적 종교성이나 영성의 산물이 아니라 내주하시는 성령의 열매라는 것이다. 인간의 영의 상승작용이나 자기초월의 능력에 의한 것이 아니라 인간의 영이 하나님의 영에 의해 고무되고 사로잡혀서 빚어낸 영적 산물이라는 점이다.

성령은 우리 기도의 원천이며 다이내믹이다. 성령은 우리 심령에 기도의 갈망과 소원과 부르짖음을 불러일으키고 끈질기게 기도하며 견인하도록 우리를 도우신다. 성령은 하나님의 소원을 우리 마음속에 전달하여 그것이 우리의 소원과 갈망이 되게 하시고, 그 소원을 기도를 통해 하나님께 다시 올려 보내신다. 하나님이 그 소원에 응답하심으로써 결국 하늘의 뜻이 이 땅 위에 이루어지게 하신다.

기도는 성령을 통하여 하나님의 소원이 우리에게 내려왔다가 다시 하나님께로 되돌아가는 일종의 신적인 순환운동(The Cycle of Divine Movement in Man)과도 같다. 그래서 혹자는 기도를 우리 안에서 이루어지는 하나님의 독백이라고 했다. "우리가 기도한다. 그러나 실제로 기도하는 것은 우리가 아니라 우리 안에서 기도하시는 위대한 하나님이시다."[8] 우리 안에서 성령 하나님이 성부 하나님께 기도하신다. "우리가 하나님께 기도하는 것은 사실상 우리 안에 계신 하나님께서 우리를 통해 자신에게 말씀하시는 것이다." 이는 아주 멋진 말이긴 하지만 오해를 불러올 수 있는 표현이다. 기도는 우리 안에서 하나님의 독백이 아니라 우리와 하나님 사이의 분명한 인격적인 대화이다.

그럼에도 불구하고 우리는 우리 안에 계신 성령만이 우리를 위해 하나님과 가장 효과적으로 대화하실 수 있다는 사실을 기억해야 할 것이다. 우리의 제한된 이해로 하나님께 마땅히 구해야 할 것이 무엇인지 파악하지 못할 때가 많다. 우리의 언어와 표현의 모호함과 한계 때문에 우리의 구하는 바를 하나님께 올바르게 이해시킬 길이 없다. 그래서 우리에게는 대언자, 즉 성령의 도우심이 필요하다. "우리는 마땅히 기도할 바를 알지 못하나 오직 성령이 말할 수 없는 탄식으로 우리를 위하여 친히 간구"하신다(롬8:26).

성령은 우리 입술의 모호하고 비천한 언어를 하나님의 귀에 확실하게 들리는 천상의 언어로 바꾸신다. "성령의 도우심을 힘입어 우리는 인간의 언어에서 들림을 받아 하나님의 말씀이 거하시는 곳, 말씀이 그대로 이루어지는 곳으로 옮겨간다."[9] 우리는 우리 자신에게 꼭 필요한 것이 무엇인지, 하나님의 뜻이 무엇인지 잘 알지 못해 잘못 구할 때가 많다. 그러나 감사한 것은 "하나님은 우리의 기도가 올라가는 길에서 그것을 수정해 주신다."라는 사실이다.[10] 이것이 바로 성령의 은혜로운 사역이다. 허점투성이인 우리의 기도가 천상을 가르고 하늘의 보좌에까지 상달되며 이 세상을 하늘의 뜻대로 빚어가는 놀라운 위력이 있는 것은 그 기도가 성령의 효과적인 사역 안에서 예수님의 권세 있는 이름으로 아빠 아버지께 드리는 간구이기 때문이다.

간구하는 기도

기도는 단순히 '구하는 것'이라고 말할 수 있다. 우리의 기도는 주로 간구하는 것으로 구성되어 있다. 어떤 이들은 무엇인가를 끊임없이 구하는 것은 자기중심적이고 미성숙한 기도가 아니냐고 의문을 제기한다. 이런 기도는 참된 기도라기보다는 무속적이고 원시적인 기원에 가까운 것이 아닌지 의심한다. 많은 사람들이 하나님께 무엇인가를 계속 달라는 기도는 유치하고 미숙한 기도인 반면, 하나님을 찬양하고 감사하는 기도는 더 영적이고 성숙한 기도라고 생각한다.

현대의 진보주의 신학자, 리츨(A. Ritschl)이나 헤르만(W. Herrmann) 같은 이는 감사를 기도의 본질로 보았다.[11] 이에 대한 반발로 마르틴 켈러(M. Kähler)는 "바리새인은 감사하나 세리는 구한다."라고 일침을 가했다.[12] 바르트(Karl Barth)도 그의 선배 진보주의자들의 견해에 대항하여 간구가 기도의 핵심임을 강조하였다.[13] 그는 켈러가 언급했듯이, 감사의 기도는 바리새인과 같이 자기 의와 자기만족에 빠진 이들이 드리는 기도일

수가 있다고 했다. 반면에 간구는 자신의 전적인 빈곤과 무가치함을 고백하는 세리의 기도라는 것이다. 동시에 이 간구는 하나님이 유일한 선과 복의 근원이며 공급자이심을 인정하는 행위이다. 그러므로 간구는 인간으로 인간이 되게 하고, 하나님으로 하나님이 되시게 한다. 이렇게 간구하는 행위에서 인간의 모든 망상과 교만이 산산이 깨어지고, 하나님과 인간 사이의 무한한 질적 차이(infinitely qualitative distinction)가 극명하게 드러난다는 것이다. 이런 기도의 견해에도 바르트 신학의 핵심사상이 반영되어 있다.

그러나 우리는 이것 아니면 저것이라는 입장을 취하기보다 감사와 간구가 둘 다 기도의 중요한 특징이라고 보는 관점을 택해야 한다. 기도는 감사인 동시에 구하는 것이다. 하이델베르크 요리문답은 암묵적으로 기도를 최고의 감사 표현으로 보았다.[14] 이런 전통을 따라 개혁교회는 기도를 감사의 표현인 동시에 은혜의 방편으로 보아 왔다. 기도가 삼위 하나님의 선물이라는 점에서, 기도는 이 선물을 누리며 감사하는 것이다. 동시에 기도를 통해 삼위 하나님의 구원의 은총을 받는다는 측면에서 기도는 은혜의 방편이다. 우리의 기도에서 어느 한 쪽이 간과되어서는 안 될 것이다. 우리의 기도에서 감사의 요소가 결핍되면, 기도는 축복을 끌어내기 위한 수단으로만 취급되기 쉽다. 반면에 기도가 은혜의 방편이라는 점이 간과되면, 기도는 자신의 결핍을 보지 못한 채 거짓된 자기만족에 도취된 이들의 종교적 자기 과시가 될 수 있다.

감사하는 기도

우리는 받은 은혜에 감사해서 기도하기보다 우리의 필요에 쫓겨 기도하기에 급급하다. 감사의 결여는 영적 미숙함의 사인이다. 반면에 감사가 넘치는 기도는 성숙한 신앙의 구체적인 표현이다. 감사는 우리의 영이 깨어 있다는 증거이다. 우리의 영안이 밝아져 그리스도와 함께 모든 것을 내어주신 하나님의 놀라운 은혜를 밝히 보아 아는 것이다. 그래서 바울 사도는 감사로 깨어 있으라고 했다(골4:2). 또한 "너희 구할 것을 감사함으로 하나님께 아뢰라"고도 했다(빌4:6). 감사의 바탕 위에서 구해야 한다는 것이다.

참된 믿음은 하나님께서 우리가 구하는 것을 거절하지 않으신다는 확신 속에서 우리가 구한 것을 이미 받은 것처럼 미리 감사하게 한다. 그래서 주님께서 "무엇이든지 기도하고 구하는 것은 받은 줄로 믿으라 그리하면 너희에게 그대로 되리라"고 말씀하셨다(막11:24). 하나님께서 그분의 약속을 반드시 지키신다는 것을 굳게 믿는 이에게는 응답의 지체가 크게 문제되지 않는다. 비록 구하는 은총이 아직 손에 쥐어지지 않았을지라도 이미 받은 것같이 감사하며 응답의 때까지 믿음 안에서 안식하며 기다린다. 이런 믿음과 감사의 기도가 하나님을 기쁘시게 하며 응답받는 비결이다. 감사하는 이에게 은혜를 더하셔서 감사가 더 넘치게 하신다.

감사는 은혜를 부르고 은혜는 더 큰 감사를 낳는다. 선순환이 계속되는 것이다. 감사가 기도의 출발점인 동시에 귀착점이다. 역으로 불신앙은 믿음 안에서 안식하지 못한다. 열심히 기도하지만 그것이 믿음 없는 열심인 경우가 많다. 하나님께서 응답하실 때까지 믿음으로 기다리지 못하고 안절부절 하며 불평하고 보채는 기도를 계속한다. 이런 불신앙의 악순환이 끝없이 계속된다. 가차 없는 신뢰와 감사만이 이 악순환의 고리를 끊는다.

이와 같이 감사와 간구는 긴밀하게 연합되어 있다. 감사로 구할수록 은혜를 받고, 은혜를 받을수록 더욱 감사하게 된다. 감사와 간구는 영혼의 숨쉬기운동과 같다. 우리의 영혼은 간구로 은혜를 들이마시고, 감사로 찬미를 내쉰다. 들이마시지 않으면 내쉴 것이 없듯이 구하기를 그치면 감사하는 것도 그친다. 그릇된 영적 만족은 감사의 적이다. 자신의 영적 상태에 만족해 버린 사람에게는 더 이상 은혜가 들어갈 자리가 없다. 그러면 그 마음에서 더 이상 새로운 찬양과 감사가 솟아나지 않는다.

우리와 하나님 사이에 끊임없이 계속되는 갈등은 하나님은 항상 더 크고 충만한 은혜를 주시려 하지만, 우리는 조금 채워진 은혜로 만족해 버리는 것이다. 우리의 문제는 영적인 것에 있어서는 너무 쉽게 만족해 버린다는 것이다. 하나님께서는 입을 크게 열면 채우시겠다고 말씀하시지만, 우리는 가능한 한 입을 적게 열려고 한다. 그래서 주님께서는 구하라고 명령하신다. 이는 주님께서 기꺼이 주시고자 하는 것들을 다 받기 위해 우리의 입을 크게 열라는 말씀이다. 하나님께서 우리를 충만케 하심을 체험하도록 우리를 초청하시는 것이다. 그러므로 구하는 것은 우리의 특권일 뿐 아니라 의무이다.

왜 구해야 하는가?

주님께서는 "구하기 전에 너희에게 있어야 할 것을 하나님 너희 아버지께서 아신다"라고 말씀하셨다(마6:7-9). 하나님께서 우리의 필요를 다 아신다면 왜 수고스럽고 번거롭게 구해야 하는가? 여기서 주님은 하나님이 우리의 필요를 아신다는 사실이 우리의 기도를 필요 없게 하는 것이 아니라 오히려 우리가 기도해야 할 근거가 된다고 말씀하신 것이다. 하나님은 우리에게 꼭 있어야 할 것이 무엇인지 잘 아신다. 그러나 문제는 우리가 그것을 모른다는 것이다. 그래서 우리가 기도하는 것은 하나님께 우리의 필요를 알려드려야 하기 때문이 아니라 오히려 우리 자신에게 그것을 깨우쳐 주기 위함이다.

우리는 구하는 과정에서 우리가 진정으로 원하는 것이 무엇이며 우리에게 꼭 필요한 것이 무엇인지를 스스로 터득해간다. 우리가 처음 기도할 때는 마음에 떠오르는 대로 이것저것을 구하기 일쑤이다. 그러다가 분별력이 생기면서 많은 혼합물을 걸러낸다. 그런 과정을 통하여 우리가 정말 원하는 것이 무엇인지를 알게 된다. 그와 함께 우리가 간절히 원하는 것이 과연 우리에게 꼭 필요한 것이며 주님이 원하시는 것인지를 깨닫게 된다.

결국 간구하는 것은 우리의 뜻을 주님의 뜻과 조율하며 우리의 추구하는 바를 주님의 목적에 맞추는 작업이다. 구하는 과정에서 우리는 마음과 뜻이 하나님과 하나가 되어간다. 하나님과 사랑의 연합과 교제가 이루어진다. 포사이스가 말했듯이, "사랑은 이미 알고 있는 것이라도 다시 듣기를 좋아한다. 사랑을 해 본 사람이라면 그것을 안다. 주고자 갈망하는 것을 상대가 간절히 구하기를 바란다."[15] 하나님은 우리의 필요를 다 알고 계신다. 그러나 하나님은 그것을 우리에게 알게 하셔서 우리가 그 필요를 채워달라고 요청하는 것을 좋아하신다. 이런 간구를 통해 그분이 우리의 필요를 풍성히 공급해 주시는 은혜로운 우리의 아버지이심을 깨닫게 하시는 것이다. 우리는 간구를 통해 하나님과의 사귐이 깊어진다. 하나님의 선하심을 맛보아 아는 체험적 신앙을 갖게 된다.

또한 우리는 간구하는 기도를 통하여 하나님 아버지를 전적으로 의존하는 삶을 배운다. 즉 간구하는 기도는 우리 자신이 하나님을 전적으로 의존하고 있다는 사실을 인정하는 것이다. 그럼으로써 우리가 그 사실을 인정하지 않을 경우 받을 수 없는 것을 하나님이 우리에게 주실 수 있게 만드는 것이다.[16] 우리의 의존과 하나님의 역사하심은 깊은 상관관계가 있다. 우리가 독립성을 주장하는 오만을 내려놓지 않는 한 하나님은 우리의 삶 속에서 역사하시지 않을 것이다.

우리가 더 이상 우리의 힘으로 살 수 없다는 사실을 확실히 깨닫고 인정할 때까지 하나님은 우리 곁에서 가만히 물러서 계실 것이다. 간구하는 기도는 우리가 이런 교만에서 돌이켜 하나님을 전적으로 의존한다는 고백의 구체적인 표현이다. 우리의 의존이 하나님으로 하나님이 되시게 하며, 그분의 능력이 나타날 기회를 제공한다. 조나단 에드워즈가 말했듯이, 하나님은 우리의 의존을 통해서 가장 영광을 받으신다.[17] 우리의 빈곤함이 하나님의 부요하심이 나타날 절호의 기회이며, 우리의 무력함이 하나님의 강력함이 드러날 최적의 상황이다. 오 할레스비 (O. Hallesby)는 "무력한 자만이 참으로 기도할 수 있다."라고 했다. "왜냐하면 우리가 예수님께 문을 열고 그의 풍성하신 은혜와 긍휼을 따라 우리의 괴로움 안에 들어와서 역사하게 함은 우리가 무력할 때만이 가능하기 때문이다."[18]

간구는 자신의 영적 빈곤과 무력함을 절감하는 가난한 사람들이 절박한 심정으로 하나님이 내려주시는 은총을 받을 수 있도록 빈손을 내미는 것이다. 곧 영적 구걸 행위이다. 그래서 패커(J. I. Packer)는 이렇게 말했다. "하나님의 보좌 앞에서 우리는 모두 거지들이며, 하나님께 좋은 선물을 구걸하는 것이 바로 간구기도이다."[19] 바운즈(E. M. Bounds)가 적절히 표현했듯이, 기도는 바로 거지의 언어이다. 기도는 자신의 처절한 궁핍을 알고 자신에게 필요한 것을 다른 사람에게 요청하는 거지의 말이다.[20]

끈질긴 기도

영적 구걸함의 기본자세는 끈질김이다. 우리의 간절함이 끈질긴 것이 되기까지는 하나님을 움직일 호소력이 없다. 예수님은 여러 예화(눅 11:5-8, 11-13; 18:2-15)를 통해 끈질기게 구하는 것이 모든 기도의 원리라는 중요한 교훈을 일깨워 주셨다.

기도생활에서 우리가 겪는 대부분의 어려움은 끈기 있게 인내하지 못하는 데서 비롯된다. 우리는 대개 즉각적인 응답을 원한다. 우리 나름대로 응답의 때와 방식을 정해 놓고는 하나님께서 거기에 맞추어 우리의 기도에 응답해 주시길 바란다. 그 기대가 어긋날 때 우리는 낙심하고 불평한다. 하나님과의 싸움이 계속된다.

오 할레스비는 이것이 우리의 기도가 안고 있는 문제의 근원이라고 지적했다.

우리는 아주 분명하게 우리 자신의 응답을 미리 계획하고 있습니다. 그래서 그런 계획대로 응답을 받지 못했을 때 도무지 응답을 받지 못하는 것으로 생각해 버리는 것입니다. …… 우리의 기도가 언제 어떻게 응답되어야 할 것인가에 대해 우리는 주님보다 더 잘 아는 것처럼 생각하고 있습니다. 또한 그렇게 생각하지 않는다 해도 우리의 기도는 하나님과의 싸움이 되고 맙니다. 우리는 기도를 이용해서 우리가 문제를 바르게 보고 있으며, 응답이 즉시 우리가 계획한 대로 주어져야 한다고 하나님께 납득시키려 하는 것입니다.[21]

인스턴트 문화에 젖어 사는 현대인들에게 가장 결여된 것이 끈기와 기다림이다. 그러나 이런 인내 없이 하나님과의 동행은 불가능하다. 첨단기계문명 속에 모든 것의 템포가 빨라지고 있으나 유독 하나님의 속도만은 변화가 없다. 하나님은 여전히 시속 3마일의 하나님이라는 말이 있다. 인간적인 관점에서 볼 때 하나님의 동작은 굼뜨고 그분의 응답은 무척 더디다. 그래서 우리를 지치고 낙심하게 만든다. 오래 응답되지 않는 기도 때문에 하나님을 섬기려는 의지마저 저버리고 싶은 시험에 빠진 교인들이 많다. 신앙생활에서 직면하는 가장 큰 위기는 바로 이 기도의 위기이다.

하나님께서 왜 이렇게 지체하시는가? 그것은 하나님이 우리의 기도가 응답되어야 할 최적의 시기를 잘 알고 계시기 때문이다. 그보다 더 일찍 우리의 기도가 응답되면, 우리 자신과 다른 사람들에게 최고의 축복이 되지 못함을 잘 아시기 때문이다. 하나님은 우리에게 가장 큰 축복을 안겨줄 때와 방식으로 우리의 기도에 응답하신다. 기도 응답을 지체하시는 것은 우리가 구하는 것이나 기대하는 것보다 더 많은 것을 주시기 위함이다. 우리는 끈질기게 기도하며 기다리는 동안 우리가 미처 생각하지 못한 여러 가지 유익과 축복을 누린다.

기다림의 유익

먼저 기다림 속에서 우리는 기도의 사람으로 훈련된다. 우리의 기도가 즉각적으로 응답된다면, 우리는 지속적으로 간절히 기도하지 않을 것이다. 우리 안에 끈기 있는 기도의 습관이 형성될 수 없다. 그래서 주님은 우리에게 절박한 필요와 아쉬움과 고난을 주셔서 끊임없이 부르짖게 하신다. 그런 기도 자체가 응답이며 축복이다. 사무엘 채드윅 (Samuel Chadwick)이 말했듯이, 가장 큰 기도의 응답은 "더 많이 기도하는 것"이다.[22]

또한 기다림 속에서 기도의 갈망이 깊어진다. 우리 기도의 끈질김은 우리의 간구가 얼마나 진지한지를 가늠하는 척도가 된다. 우리가 어떤 은혜를 온 마음을 다해 간절히 원한다는 확실한 증거는 우리가 그 은혜를 얼마나 지속적으로 추구하느냐에 있다. 흐릿한 원함을 가진 이는 그저 간헐적으로 그 은혜를 구할 것이다. 전심으로 드리는 기도의 특성이 지속성이라면, 분산된 마음의 증거는 간헐성이라고 할 수 있다. 마음이 나누인 사람들은 응답이 지체되면 그 열망이 곧 식어버리나, 전심으로 은혜를 원하는 이들은 기도할수록 더 간절해진다. 갈망의 사이즈는 우리가 받을 은혜의 크기와 비례한다. 우리는 진정으로 원하는 만큼 은혜로 채워진다. 우리는 우리가 참으로 갈망하는 만큼 성령으로 충만해질 수 있다. 하나님은 우리를 오래 기도케 하심으로 우리의 갈망이 점점 더 커지게 하신다. 하나님께서 내려 주실 한량없는 은혜를 최대한으로 담을 수 있는 큰 그릇을 예비하시는 것이다.

더 나아가 기다림은 우리의 감사를 심화시킨다. 즉각적으로 응답된 것은 그에 대한 감사도 오래 지속되지 못할 수 있다. 쉽게 얻은 것은 쉽게 잊혀질 수 있다. 그러나 오랜 기다림 끝에 받은 응답일수록 그에 대한 감사는 더 커진다. 받은 은혜를 더 소중히 여기며 올바르게 사용하게 된다. 쉽게 획득한 자유는 방종의 기회로 남용되기 쉽다. 하나님이 지체하시는 이유는 우리가 아직 은혜를 감당할 수 없기 때문이다. 영적인 준비가 되어 있지 않은 상태에서 은혜는 진정한 복이 되지 못하고 오히려 우리에게 화가 될 수 있다. 그래서 하나님은 그분의 스케줄을 우리의 갈망과 감사가 극대화되며 우리가 받는 은혜를 가장 안전하면서도 올바르게 사용할 수 있는 시점에 맞추어 조정하신다.

기다림은 동시에 우리의 갈망이 순화되는 기회를 제공한다. 우리는 응답이 지연되지 않았다면 주어질 수 없는 자기 점검의 시간을 갖게 된다. 우리가 순수하게 바라는 것이 무엇이며 우리가 구하는 것이 하나님의 뜻에 부합된 것인지를 성찰하게 된다. 결국 기다림은 혼합물에서 정금을 걸러내듯 순수하지 못한 우리의 기도를 정제하여 순화시키는 연단의 과정이다. 지속적인 기도는 우리 기도의 방향을 근본적으로 수정한다. 자기를 위해서가 아니라 하나님을 위해 구하게 한다. 기도 응답에 대한 갈망마저 자기 집착에서 비롯될 수 있다. 그래서 포사이스는 자신의 기도가 응답되었을 때는 그에 대한 열정이 다소 식었을 때라고 했다. "내가 그것을 소유하지 않은 것처럼 소유하게 될 때, 바로 그때가 하나님이 보시기에 가장 적절한 때이다. 만일 그 시점에 응답이 왔다면, 그것은 나를 만족시키려는 뜻이 아니고 하나님을 영화롭게 하고 그분을 섬기는 수단으로 삼게 하시려는 것이다."[23]

기다림을 통해 우리는 기도의 진정한 응답이 응답해 주시는 하나님 자신임을 깨닫게 되고, 그분과의 인격적인 교제를 더 우선적으로 갈망하게 된다. 끈질긴 기도 속에서 여러 가지 축복을 구하지만, 결국 모든 복의 근원이신 하나님 자신을 찾게 되고 "더 이상 구하지 않게 된 선물까지 덤으로 받게 된다."[24] 고난과 실패와 상실의 경험을 통해 우리의 삶 속에 모든 복락과 평안이 사라졌을 때, 우리가 그전에는 미처 보지 못했던 '최고의 복'이 우리에게 여전히 남아 있다는 사실을 발견한다. 우리가 구해온 것들이 하나도 응답되지 않은 것 같아 보일 때에도 우리는 최상의 응답을 받고 있었다는 것을 깨닫는다. 결국 우리는 이렇게 고백한다. "주님, 이제 나는 주님이 왜 대답을 하지 않으시는지 압니다. 주님 자신이 대답입니다. 주님 앞에서 질문들은 잠잠해집니다."[25]

기다림이 산출하는 보배

마지막으로 기다림을 통해 우리의 믿음이 연단되고 성숙한다. 응답의 지연은 우리의 믿음이 시험대 위에 오르게 한다. 거기서 우리가 얼마나 흔들림 없이 하나님의 신실하심과 능력을 신뢰하는지가 여실히 드러난다. 우리가 오랫동안 간절히 기도했는데도 하나님께서 도무지 우리의 기도에 귀를 기울이지 않고 침묵으로 일관하실 때, 우리의 믿음은 심한 흔들림을 경험한다. 그럴 때에 우리의 육신은 우리를 향한 하나님의 사랑과 신실하심에 의문을 제기하려는 강한 유혹을 느낀다. 믿음은 이런 유혹과 시험과의 치열한 싸움을 통해서 자라간다. 우리 삶의 현실이 하나님의 사랑과 능력을 의심하도록 우리를 시험할 때 기도하는 것은 이런 시험에 대항해 하나님의 신실하심을 인정하고 확신하려는 투쟁이 된다. 그런 지속적인 기도 자체가 실망스러운 상황에서도 하나님의 신실하심에 흔들리지 않고 매달리는 믿음의 행위이다.

하나님의 침묵과 외면과 냉담, 실망스럽고 낙심되는 현실, 기다림의 지겨운 과정이 바로 믿음이 성장하기에 가장 적합한 토양이다. 거기서 믿음은 그 끈기와 강단과 지구력을 키워내는 자양분을 한껏 빨아들인다. 위대한 믿음의 사람은 기도하는 대로 즉시 응답 받는 이가 아니라 오랫동안 아무 응답을 받지 못해도 포기하지 않고 꾸준히 기도하는 사람이다. 드리는 기도마다 놀랍게 응답되고 하나님의 도움의 손길이 확연히 나타날 때는 대단한 믿음을 필요로 하지 않는다.

그러나 아무리 부르짖어도 응답이 없고 고통의 문제가 전혀 해결되지 않는 것 같을 때에도 계속 기도하는 데는 상당한 믿음이 필요하다. 우리의 인생에 가혹하고 무정한 시련과 고난이 오래 계속될 때에도 하나님이 여전히 우리를 사랑하시며 우리를 구원하실 수 있는 전능하신 분이라는 것을 믿기는 매우 힘든 일이다. 그러나 인간적으로 가장 신뢰하기 힘든 상황에서 하나님을 신뢰하는 것은 하나님을 가장 기쁘시게 하는 놀라운 신앙이다. 하나님은 마지막 때에 이런 믿음을 보기 원하신다. 우리가 원하는 것은 우리의 기도가 속히 응답되고 우리 고통의 문제가 빨리 해결되는 것이다. 그러나 하나님께서 기다림과 고난의 긴 과정을 통해 최종적으로 산출해 내시려는 보배는 바로 믿음이다.

비록 우리의 필요가 채워지지 않고 우리의 고난이 가시지 않아 우리가 심히 곤고하고 괴로울지라도 그 속에서 하나님을 계속 신뢰하고 기도함이 하나님을 가장 기쁘시게 하고 영화롭게 한다면, 우리는 고통 속에서도 위로와 기쁨을 누릴 수 있을 것이다. 빌 존슨이 말했듯이, "슬픔과 혼란과 실망의 한가운데에서 하나님의 선하심과 신실하심을 찬양하는 제사"는 천국에서도 누리지 못하는 특권이다.[26] 천사에게도 허락되지 않은 영예이다.

기도는 인간의 가장 위대한 행위

기도는 감사의 표현과 은혜의 방편일 뿐 아니라 사역의 방편이기도하다. 기도는 곧 일이다. 고든(S. Gordon)의 말대로, 기도는 "가장 위대한일"이다. "물론 기도가 유일한 일은 아니다. 그러나 그 무엇보다 중요한일이다."[27] 기도하는 것이 하나님의 나라에 있어서는 다른 모든 것보다선행되어야 할 일이다. 기도는 이 땅의 고통스럽고 암울한 현실에 하나님의 나라가 임하게 하는 방편이다. 신약성경은 기도가 귀신의 세력을쫓아내고 하나님의 나라가 도래케 하는 데 얼마나 중요한 역할을 하는지를 밝히 증거하고 있다.

특별히 주님이 귀신들린 아이를 고쳐주신 사건이 기록된 마가복음 9장에서 이러한 사실이 선명하게 드러난다. 주님이 세 제자와 함께 변화산 위에 올라가 계신 동안 어떤 사람이 자신의 귀신들린 아들을 산밑에 남아 있는 제자들에게 데려왔으나, 제자들은 귀신을 쫓아내지 못했다. 나중에 제자들이 산에서 내려오신 주님께 자신들이 귀신을 쫓아내지 못한 이유를 묻자, 주님은 "기도 외에 다른 것으로는 이런 종류가나갈 수 없다"라고 말씀하셨다(막9:29). 이 말씀은 중요한 의미를 담고있다.

주님이 귀신을 쫓아내신 사건은 사람들을 사로잡고 있는 사탄의 세력이 쫓겨나고 하나님의 통치가 임했다는 구체적인 표증이었다. 그래서 주님께서 "내가 하나님의 성령을 힘입어 귀신을 쫓아내는 것이면 하나님의 나라가 이미 너희에게 임하였느니라"고 말씀하셨다(마12:28). 기도 외에 다른 것으로 귀신이 나갈 수 없다는 말씀은 오직 기도로만 사탄의 세력이 물러가고 하나님의 나라가 임한다는 의미를 내포한다. 즉 기도가 하나님의 나라가 임하는 데 결정적인 역할을 한다는 말씀이다. 그래서 하나님의 나라를 증거하고 확장하는 사명을 위임받은 제자들이 가장 힘쓴 것이 기도였다. 사도들은 "우리는 오로지 기도하는 일과 말씀 사역에 힘쓰리라"고 했다(행6:4). 인류역사 속에 신약교회와 그 선교사역이 출범하는 긴급하고 분주한 상황에서도 그들이 최우선 순위를 둔 것이 바로 기도였다. 말씀 사역마저 기도 없이는 효력이 없음을 그들은 절감했던 것이다.

하나님은 우리의 기도를 통해 이 땅 위에 하나님의 나라를 확장하기를 원하신다. 그분의 뜻을 이 땅 위에 이루어 가는 데 교회의 기도를 필요로 하신다. 이러한 진리를 일깨워 주시기 위해 주님께서는 이렇게 말씀하셨다. "진실로 너희에게 이르노니 무엇이든지 너희가 땅에서 매면 하늘에서도 매일 것이요 무엇이든지 땅에서 풀면 하늘에서도 풀리리라"(마18:18). 일반적으로 생각할 때 무엇이든지 하늘에서 풀려야 땅에서도 풀리는 것이 바른 이치인 듯한데, 주님께서는 거꾸로 땅에서 풀려야 하늘에서도 풀린다고 말씀하셨다. 이는 하늘의 뜻이 묶이고 풀어지는 것이 땅에 있는 우리의 기도에 달려있다는 말씀이다. 이같이 주님은 우리에게 놀라운 기도의 특권을 부여하셨다.

하나님은 무한히 자유로우시나 우리의 기도에 마치 속박된 것처럼 우리의 기도에 따라 일하시는 방식을 스스로 선택하셨다. 어떤 일을 우리의 기도 없이는 행하지 않기로 작정하신 것이다. 그래서 스탠리 존스(E. Stanley Jones)는 우리가 기도하지 않는다면 세상의 어떤 것들은 영원히 그대로 있을 것이라고 했다. "이 세상의 특정한 것들은 우리가 어떻게 하는지에 따라 변화될 수 있도록 개방되어 있다. 우리가 그것을 행하지 않는다면 그것들은 영원히 그대로 남아 있을 것이다. 하나님은 어떤 것들을(기도하지 않으면 이루어질 수 없는 것들) 기도에 열린 상태로 남겨 놓으셨다."[28] 한 걸음 더 나아가 바운즈는 이렇게까지 말한다. "기도하지 않는 것은 하나님을 세상의 모든 일에서 손을 떼게 만드는 것이요, 일하지 못하게 만드는 것이다."[29]

하나님과의 동역

그렌츠(S. Grenz)는 "하나님은 하나님의 계획을 이루기 위한 하나의 수단으로 우리의 기도를 사용하시겠다는 은혜로운 결정을 내리셨다."라고 말했다.[30] 하나님께서 이같이 작정하심은 우리를 하나님과 함께 일하는 동역자로 대우하시기 위함이다. 기도로써 세상을 위한 하나님의 계획과 뜻을 이루는 데 참여하도록 우리를 부르신 것이다. "세상에서 사역하시는 하나님과 파트너십"을 누리도록 우리를 초청하시는 것이다. 기도에서 우리는 하나님의 친구로 부름 받았다. 그러기에 우리는 믿음에 있어서는 하나님을 전적으로 의존하는 어린아이와 같이 되고, 순종에 있어서는 하나님의 뜻을 철저히 따르는 종과 같이 되어야 한다면, 기도에 있어서는 하나님의 친구가 되어야 한다.[31]

하나님이 기도로 우리를 초청하신 것은 하나님의 새 창조 사역에 동참하는 영광스러운 특권을 누리게 하심이다. 그러므로 기도는 고역스러운 의무가 아니라 무한한 영광이다. 하나님의 존귀한 자녀로서의 특권과 권세를 만끽하는 것이다. 아들의 권세를 가지고 아빠의 이름으로 드리는 기도에는 전능하신 하나님의 손을 움직이는 놀라운 위력이 있다. 그러므로 기도는 인간이 행할 수 있는 가장 위대한 행위이다.

교회는 기도로 세상이 할 수 없는 일을 하도록 보냄을 받았다. 죄와 사망의 권세에 매여 있는 이들을 자유롭게 하며, 죄로 오염되고 파괴된 세상을 새롭게 하는 일은 오직 기도로만 할 수 있다. 기도는 세상의 그 어떤 것도 해결할 수 없는 이 땅의 가장 긴급하고 중대한 문제, 즉 죄와 죽음과 비참의 문제를, 그것을 해결할 수 있는 유일한 자원인 하늘의 능력과 연결시켜 인간을 살리고, 이 땅을 치유하여 이 땅에 하나님의 뜻이 이루어지게 하는 위대한 행위이다. 하늘과 땅을 연결하여 이 땅의 빈곤을 하늘의 풍요함으로 채우는 사역이다.

결국 헬무트 틸리케(Helmut Thieliche)가 말했듯이, 이 세상은 아틀라스의 두 팔처럼 높이 쳐든 기도의 두 손에 의해 떠받쳐지고 유지되고 있다.[32] 하나님은 기도하는 교회에 세상을 지배하고 새롭게 하는 권능을 부여하신다. 사실 기도하는 교회는 현대 과학 문명보다도 세상에 더 큰 영향을 미친다. "하나님은 그분의 백성이 기도 외에는 소망이 없는 가운데 갇혀 있기를 원하신다. 세상을 향한 교회의 능력은 바로 거기서 나온다."[33]

하나님의 나라는 천지개벽적인 사건이나 인간의 거창하고 요란한 행사에 의해서가 아니라 은밀하고 조용한 방법, 겨자씨 한 알같이 미미해 보이는 기도의 사역을 통해서 다이내믹하게 진행된다. 우리 인간은 성취지향적인 성향이 강하기 때문에 자신의 힘과 지혜로 무언가를 이루어 업적을 쌓고 자기를 과시하려고 한다. 그러나 인간이 나타나지 않고 하나님께만 영광이 돌아가게 하는 봉사와 사역이 바로 기도이다. 기도는 하나님의 일을 성취케 하는 능력이 오직 하나님께만 있으며, 그러기에 모든 영광은 하나님께만 돌아가야 함을 고백하는 행위이다.

거룩한 전쟁

자신의 처절한 무력함을 아는 이만이 참으로 기도할 수 있다. 기도하기에는 아직 육신이 너무 강한 이들이 많다. 먼저 기도를 통해 자기 자신을 변화시킨 자만이 세상을 새롭게 하는 기도의 사역자가 될 수 있다. 기도의 첫 열매는 자아의 혁신이다. 키르케고르가 말했듯이, 기도는 하나님을 바꾸지 않고 기도하는 사람을 바꾼다. 기도는 새로운 걸작품이 만들어지는 하나님의 작업장이다. "기도는 하나님께 우리를 재건축할 수 있는 기회를 제공한다. 조각가처럼 정으로 대리석을 다듬고, 화가처럼 색깔을 입히며, 작가처럼 말을 다듬어 달라고 부탁하는 것이다."[34]

기도는 인간의 가장 위대한 행위이며 하나님 나라의 강력한 무기이지만, 이 기도가 변화되지 않은 옛 사람의 손에 들렸을 때에는 하나님을 조정해서 자신의 부패한 욕망을 성취하려는 가장 저급한 수단으로 전락한다. 그러므로 기도에서 우리 마음의 욕망이 하나님의 뜻과 목적에 온전히 조화를 이루도록 자기 자신과의 끊임없는 싸움이 있어야 한다.

기도는 자기와의 싸움인 동시에 하나님과의 싸움이다. 기도는 하나님의 뜻이 이 땅 위에 이루어지고 하나님의 나라가 임하기를 바라는 열망을 가지고 하나님을 붙잡고 씨름하듯이 끈질기게 간청하는 것이다. 천국은 침노를 당하고 있다. 오직 하나님의 뜻을 기도로 정복하는 이만이 천국을 차지할 수 있다. 바운즈는 이렇게 "하나님과 싸우는 씨름꾼의 자세를 가질 때만 우리는 가장 고귀한 기도를 드리고 가장 위대한 성공을 거둘 수 있다."라고 했다.[35]

야곱이 하나님과 겨루어 이김으로 하나님의 축복을 받았듯이, 끈질긴 기도의 씨름으로 하나님을 이겨 복을 얻어내는 것이 하나님의 기쁘신 뜻이다. 그래서 하나님은 우리에게 기도의 싸움을 걸어오신다. 결국에는 패배할 싸움을 청해 오시는 것이다. 그리고는 그분의 인자하심으로 우리의 강권에 굴복해 주신다.

교회는 이런 기도의 특권을 바로 인식하고 하나님과의 은혜로운 싸움을 다시 시작해야 한다. 교회가 기도로 하나님을 정복할 때 세상을 정복한다. 그때에야 참으로 우리 자신과 세상이 하나님께 정복된 하나님의 나라가 도래한다. 성령충만이란 이렇게 하나님께 정복(주관)되는 것을 의미한다. 하나님께 온전히 정복되기를 바라는 기도로 하나님을 정복할 때, 우리는 하나님을 정복한 성령충만한 이가 된다.

마지막 때를 맞이한 교회는 이 땅의 암울한 현실에 하늘의 비전이 속히 실현되게 하기 위해 하나님과의 최후의 한판 승부를 건 거룩한 전쟁을 치러야 한다. "이 땅의 황무함을 보소서, 이 땅을 고쳐주소서, 우리를 새롭게 하소서, 주의 일을 수년 내에 부흥케 하옵소서"라는 간절한 부르짖음이 하늘을 찌를 때 하늘이 열리고 하나님의 영광과 능력이 임하는 부흥이 이 땅에 도래할 것이다.

에필로그

인간적으로 보면 한국교회의 현실은 어둡다. 그럼에도 하나님 안에서 희망이 있는 것은 하나님의 놀라운 회복의 은혜가 우리가 깊은 침체의 나락으로 떨어져 회복의 소망이 없을 때 홀연히 임하기 때문이다. 성령의 충만한 은혜는 우리가 영적으로 처절하게 실패한 자리에 임한다. 이 은혜는 간혹 우리가 오랫동안 기다리던 바람이 이루어지지 않을 때, 오래된 결박이 우리를 사로잡고 놓아주지 않을 때, 절망이 모든 소망과 믿음을 삼킬 때 우리의 문을 두드린다. 성령충만의 은혜는 우리의 절망적인 상황을 극적으로 반전시킨다. 침체의 심연을 부흥의 정점으로 뒤집는다.

그러므로 한국교회여 이 회복의 역사를 기대하라! 임박한 부흥을 예비하라!

주(註)

제1부 성령충만이란 무엇인가?

1) 이재철, 『회복의 신앙』 (서울: 홍성사, 1999), 90.

1. 성령충만의 의미

2) 눅1:15, 41, 67; 4:1; 행2:4; 4:8, 31; 6:3, 5; 7:55; 9:17; 11:24; 13:9, 52; 엡5:18.

3) 출40:34-35; 왕상8:10-11; 대하5:13-14; 7:1-2; 겔10:4; 43:5; 44:4; 학2:7.

4) 출31:3-5; 35:31; 신34:9; 삿14:19; 겔3:24; 미3:8.

5) 눅1:15, 41, 67.

6) I. H. Marshall, "Luke and his Gospel" in *Das Evangelium und die Evangelien* (WUNT 28), ed. by P. Stuhlmacher, (Tübingen, 1983).

7) 교회를 통해 그리스도 안에서 우주적 통합이 이루어지는 것이 에베소서 전체 내용을 주관하는 핵심 주제라고 할 수 있다. 이런 대 주제의 틀 속에서 바울의 교회론이 형성되었다. 참고, 길성남, "에베소서에 나타난 만물의 통일", 『개혁신학과 교회』 제10호 (2000): 103-150.

8) 민14:21; 시72:19; 사6:3; 11:9; 겔43:5; 44:4; 합2:14.

9) 누가는 자주 '플레레스(πλήρης)' 형용사를 성령뿐 아니라 기쁨이나 믿음, 지혜, 은혜, 능력, 선행 등과 같은 명사와 함께 사용한다. 행6:3, 5, 8; 9:36; 13:10.

10) Daniel Young-don Park, "The Fullness of The Holy Spirit," Th.M. Thesis (Grand Rapids: Calvin Theological Seminary, 1988), 45f. "The whole sphere of our being and life, being pervaded with the Spirit's power and influence, is controlled and led by the spirit." 여기서 여러 학자들의 성령충만에 대한 정의를 소개했다. See, 46, foot note no. 31.

11) Gordon D. Fee, *God's Empowering Presence* (Peabody: Hendrickson, 1994), 721.

12) 이안 머레이, 『성경적 부흥관 바로 세우기』, 서창원 역 (서울: 부흥과 개혁사 2001), 177.

13) Bernard Ramm, *Rapping about the Spirit* (Waco. Tex.: Word Publishing co., 1974), 110.

14) 전통교회에서는 성령의 중생케 하는 사역을 매우 중요하게 생각하나 그 후의 성령사역은 간과하는 경향이 있는데, 오순절교회의 가르침은 중생 이상의 성령축복이 있다는 점을 상기시켜 준다. 도날드 블로쉬(Donald G. Bloesch)는 이 점이 오순절주의가 남긴 공헌이라고 했다.

Donald G. Bloesch, *The Holy Spirit* (Downers Grove, IL: InterVarsity, 2000), 204.

15) 사11:1-5; 61:1-3.

16) 누가복음 1장에 기록된 성령의 사역은 아직도 구시대의 범주에 속한 것이라 볼 수 있다. 구약 에서의 성령사역의 특색은 오실 예수 그리스도를 예언하는 것이다. 이 예언의 영이 마지막으 로 엘리사벳, 사가랴, 세례요한에게 임한 것이다.

17) 변종길, 『우리 안에 계신 성령』 (서울: 생명의 말씀사, 2003), 208.

18) James M. Hamilton Jr., *God's Indwelling Presence: The Holy Spirit in the Old and New Testaments* (U.S.A.: B&H Publishing Group, 2006), 191-202.

19) 이에 대해 오랫동안 격렬한 논쟁이 계속되었는데 지면의 한계상 여기서 그 문제를 다시 다 룰 수는 없다. 자세한 내용을 원하면 다음 책을 참조하라. Max Turner, *The Holy Spirit and Spiritual Gifts Then and Now* (Cumbria: Paternoster Press, 1996); 막스 터너, 『그리스도 인과 성령』, 이한수 역 (서울: 총신대학교출판부, 1991); 이한수, 『신약은 성령을 어떻게 말하 는가?』 (서울: 이레서원, 2001); 최갑종, 『예수, 교회, 성령』 (서울: 기독교문서선교회, 1992); 변종길, 『우리 안에 계신 성령』.

20) 그렇다고 해서 모든 신자들이 자동적으로 성령충만을 누릴 수 있는 것은 아니다. 신자는 불신 앙과 죄악으로 성령충만함을 상실할 수 있으며, 그때에는 회개로 이 은혜를 회복해야 한다.

21) 성령으로 충만하라는 말씀은 성령의 인도함을 받는다는 말의 강력한 비유적 표현이다. 따라 서 성령의 내주와 성령의 충만은 꼭 이단계적으로 분리될 필요가 없다.

22) Frederick Bruner, *A Theology of the Holy Spirit* (Grand Rapids: Eerdmans, 1985), 241.

2. 어떻게 성령으로 충만할 수 있는가?

1) John MacNeil, *The Spirit-filled Life* (Grand Rapids: Baker, 1896), 49-90; Billy Graham, Holy Spirit (Texas: Word, 1978), 109-122.

2) J. I. Packer, *Keep in Step with the Spirit* (New Jersey: Fleming H. Revell Company, 1984), 157-158.

3) 스토트와 후크마는 성령충만을 의미하는 세 가지 헬라 단어가 사용된 용법에 따라 성령충만 을 세 가지로 분류한다. John Stott, *Baptism and Fullness* (England: Inter Varsity Press, 1979), 48-49; Anthony A. Hoekema, *Holy Spirit Baptism* (Grand Rapids: Eerdmans, 1972), 81-84.

4) '핌플레미(πίμπλημι)' 아오리스트 시제가 나타나는 구절은 눅1:41, 67; 행2:4; 4:8, 31; 9:17; 13:9이며, '핌플레미(πίμπλημι)' 미래 수동의 시제가 사용된 곳은 눅1:15이다.

5) '플레로오(πληρόω)' 동사는 행13:52(미완료 시제), 엡5:18(현재 시제)에 나타난다.

6) 눅4:1; 행6:3, 5; 7:55; 11:24에 형용사 '플레레스(πλήρης)'가 도합 5번 사용되었다.

7) I. Howard Marshall, "The Significance of Pentecost," *Scottish Journal of Theology* 30 (1977) 4: 347-369, 355.

8) 그 좋은 예로 행2:4; 9:17을 들 수 있다.

9) 성령충만은 그것이 처음 임하는 시점에서는 즉각적으로 경험된다고 볼 수 있다. 오순절 날 제
   자들이 성령으로 충만한 것과 바울 사도가 처음으로 성령으로 충만한 것은 그들에게 획기적
   이고 즉각적인 사건이었다(행2:4; 9:17). 그러나 성령충만은 즉각적인 경험으로 끝나는 단회
   적인 것이 아니라 그 후에도 계속되고 되풀이되는 경험이다.

10) I. Howard Marshall, "The Significance of Pentecost," 355. 사도행전에는 베드로가 세 번
    (행2:4; 4:8, 31), 바울이 두 번, 성령충만 받은 것으로 기록되어 있다(행9:17; 13:9). 그들이 성
    령충만을 상실했기에 다시 성령으로 충만함을 받은 것이라 볼 수는 없다. 오히려 이미 성령
    으로 충만해진 이가 새롭게 충만해 질 수 있다는 것을 분명히 암시한다고 보아야 한다.

11) Millard J. Erickson, *Christian Theology*, vol. 3 (Grand Rapids: Baker, 1985), 881.

12) 막스 터너, 『그리스도인과 성령』, 102-133.

13) John White, *When the Spirit Comes with Power* (Downers Grove, IL.: InterVarsity,
    1988), 225-240.

14) Sinclair B. Ferguson, *The Holy Spirit* (Downers Grove, IL.: InterVarsity, 1966), 91.

제2부 성령충만으로 돌아가는 길

1) Hoekema, *Holy Spirit Baptism*, 79.
2) 앤드류 머레이, 『오순절 성령충만』, 임석남 역 (서울: 기독교문서선교회, 1990), 18ff.

3. 시들게 하는 성령의 사역

3) John Calvin, *Commentary on Isaiah* (Grand Rapids: Baker, 1984), 210-211.

4) Charles H. Spurgeon, *The Metropolitan Tabernacle Pulpit*, vol. 27 (Edinburgh: The
   Banner of Truth Trust, 1971), 197ff.

5) F. F. Bruce, *Paul, Apostle of the Heart Set Free* (Grand Rapids: Eerdmans, 1984), 204-
   205.

6) A. C. Thiselton, "Flesh", *NIDNTT*, vol. 1, 680.

7) 제2의 축복을 체험함으로써 육적 그리스도인에서 영적 그리스도인으로 변화되어야 한다는
   주장이 그들 메시지의 핵을 이루고 있다.

8) 김남준, 『육적 그리스도인 vs 영적 그리스도인』 (서울: 생명의말씀사, 2001), 13-56.

9) A. W. Tozer, *The Tozer Pulpit: Ten sermon on the Ministry of the Holy spirit*
   (Pennsylvania: Christian Pub., 1968), 49-50.

10) Christopher Wright, *The Message of Ezekiel* (England: IVP, 2001).

11) J. C. Ryle, *Holiness* (England: Evangelical Press, 1987), 283.

12) Richard Sibbes, *Works of Richard Sibbes*, vol. 6 (Edinburgh: The Banner of Truth Trust,
    1983), 238.

13) Watchman Nee, *The Release of the Spirit* (Cloverdale, Ind.: Ministry of Life, 1965), 60-61.

14) John Owen, "Temptation and Sin," *The Works of John Owen*, vol. 6 (Edinburgh: The Banner of Truth Trust, 1988), 287.

15) Jonathan Edwards, *The Works of Jonathan Edwards*, vol. 2 (The Banner of Truth Trust, 1988), 840f.

16) F. J. Huegel, *Bone of His Bone* (Grand Rapids: Zondervan, 1980), 43.

17) Spurgeon, *The Metropolitan Tabernacle Pulpit*, vol. 10, 526.

18) 토마스 굿윈, 『어둠속을 걷는 빛의 자녀들』, 박현덕 역 (서울: 지평서원, 2001), 188.

19) 15세기 신학자 Angelus Silesius의 말, 브레넌 매닝, 『신뢰』, 윤종석 역 (서울: 복 있는 사람, 2004), 26에서 인용함.

20) Sibbes, *Works of Richard Sibbes*, vol. 6, 244.

21) Edwards, *The Works of Jonathan Edwards*, vol. 2, 845.

22) Martin Lloyd-Jones, *Joy Unspeakable* (Illinois: Harold Shaw Pub., 1984), 240.

23) 유진 피터슨, 『한 길 가는 순례자』, 김유리 역 (서울: IVP, 2001), 102.

24) P. T. Forsyth, *The Cure of Souls* (Grand Rapids: Eerdmans, 1971), 128.

4. 실패한 이들을 위한 은혜

1) 에드리언 로저스, 『하나님의 임재의 능력』, 송준인 역 (서울: 두란노, 1997), 57.

2) 존 T. 시먼즈, 『성령의 충만을 받으라』, 홍성철 역 (서울: 세복, 1994), 34.

3) Martin Lloyd-Jones, *Joy Unspeakable* (Illinois: Harold Shaw Pub., 1984), 82.

4) 보브 더네트, 『우리의 심령을 충만케 하시는 하나님』, 배응준 역 (서울: 나침반, 2002), 231.

5) Roy Hession, *Be filled now* (Pennsylvania: Christian Literature, Crusade), 40.

6) 샘 스톰즈, 『나의 행복 하나님의 기쁨』, 윤종석 역 (서울: 가이드포스트, 2005), 69ff.

7) C. S. Lewis, *The Weight of Glory and Other Address* (Grand Rapids: Eerdmans, 1965), 1-2.

8) Spurgeon, *Metropolitan Tabernacle Pulpit*, vol. 57, 379.

9) 다음 책에서 인용함. 고든 맥도날드, 『하나님이 축복하시는 삶』, 윤종석 역 (서울: IVP, 1996), 297.

10) Oswald Chambers, *My Utmost for His Highest* (Westwood, NJ: Barbour and Company, 1963), 137.

11) Robert A. Guelich, *The Sermon on the Mount* (Waco, Texas: Word, 1982), 98.

12) Lloyd-Jones, *Joy Unspeakable*, 222ff.

13) A. W. Tozer, *The Counselor* (Chicago: Moody publishers, 1993), 80.

5. 애통하는 이들을 위한 은혜

1) William James, *The Varieties of Religious Experiences* (New York: Macmillan, 1961), 217.

2) 체스터턴(C. K. Chesterton)의 말. 필립 얀시, 『내 눈이 주의 영광을 보네』, 홍종락 역 (서울: 좋은씨앗, 2004), 123-124에서 인용함.

3) John Stott, *Baptism and Fullness*, 84.

4) 달라스 윌라드, 『하나님의 모략』, 윤종석 역 (서울: 복 있는 사람, 2000), 130.

5) Augustine of Hippo, "The Confessions of St. Augustin," in *The Confessions and Letters of St. Augustin with a Sketch of His Life and Work*, ed. Philip Schaff, trans. J. G. Pilkington, vol. 1 (Buffalo, NY: Christian Literature Company, 1886), 46.

6) Spurgeon, *Metropolitan Tabernacle Pulpit*, vol. 11, 177.

7) 샘 스톰즈, 『나의 행복 하나님의 기쁨』, 윤종석 역 (서울: 가이드포스트, 2005), 15.

8) C. S. Lewis, *Screwtape Letters* (New york: MacMillan pub., 1982), 56.

9) 존 뉴톤, 『존 뉴톤의 자서전』, 이영희 편역 (서울: 생명의말씀사, 1980), 169.

10) 성령이 우리를 그리스도와 연합하여 그로부터 모든 생명력을 공급해주신다. 우리에게 그리스도를 본받아 살려는 간절한 소원을 주시고 그렇게 행할 수 있는 자유의 능력을 주신다(빌 2:13). 성령의 생명의 법이 우리가 원하는 대로 행하지 못하게 하는 죄와 사망의 법에서 우리를 자유롭게 한다(롬 8:2).

제3부 성령충만의 체험

6. 하나님의 현존을 체험하는 것은 가능한가?

1) James Gilchrist Lawson, *Deeper Experiences of Famous Christians* (Anderson, Indianan: Warner Press, 1981), 179.

2) 멜 태리 & 노나 태리, 『급하고 강한 바람처럼 2』, 정운교 역 (서울: 하늘기획, 2005), 179.

3) James, *The Varieties of Religious Experiences*, 72ff.

4) Erling Jostard, *Bold in the Spirit* (Minneapolis, Minn.: Augusburg, 1974), 46-47: 오성춘, 『성령과 목회』 (서울: 한국장로교출판사, 1989), 41에서 재인용.

5) 오성춘, 『성령과 목회』, 42.

6) 하나님의 내재는 오직 죄 없으신 인간 예수 안에서만 온전히 나타났다. 예수 그리스도는 항상 하나님의 현존을 경험하며 끊임없이 그 임재를 의식하며 사셨다. 자유주의 신학의 시조라고 불리는 슐라이에르마허(Friedrich Schleiermacher)도 이 점을 예수 그리스도의 독특성으로 보았다. 그의 주장에 의하면, 예수 그리스도는 완전하고 순수한 신적 의식, 즉 하나님에 대한 절대 의존감을 가지고 사신 분이다. 예수님의 구원사역은 이 신 의식을 다른 이들에게 전달하는 중개자의 역할을 한 것이다.

최근 유행하는 현대 기독론은 슐라이에르마허의 입장을 따라 예수 그리스도의 유일성을 하나님의 임재의식의 모델인 동시에 중재자라는 관점에서 이해한다. 신학계에 센세이션을 일으켰던 성경신학자 램프(Geoffrey Lampe)는 성육신을 선재하신 제이위 하나님께서 그분의 인격체 안에 인성을 취하신 것이 아니라, 하나님께서 예수라는 인간 안에 충만히 내재하신 사건으로 이해해야 한다고 주장했다. Geoffrey W. H. Lampe, *God as Spirit* (Oxford: Oxford University Press, 1977), 125ff. 비슷한 맥락에서 대표적인 다원주의 신학자 존 힉(John Hick)도 성육신을 세상 속에 보편적으로 내재하시는 하나님이 예수라는 인간 안에 임재하시는 특별한 사례로 이해했다. 그의 주장에 의하면, 예수 안에 있는 신의식은 너무도 강렬하고 압도적인 것이어서 예수를 접촉하는 이들은 하나님을 의식하게 되었다. 이런 점에서 예수는 임재의식의 중개자 역할을 했다는 것이다. John Hick, *The Myth of God Incarnate* (London: MacMillan, 1973), 172ff.

이들은 모두 예수 그리스도의 '본질적 신성'을 인정하지 않는다. 즉 예수님은 본질적으로 하나님과 동등한 신적 인격체가 아니라는 것이다. 그보다 예수님은 본래 인간인데 하나님의 충만한 내주하심이 그로 하여금 신적인 역할을 담당하게 했다는 것이다. 이 견해에 의하면, 예수님은 단지 신적으로 기능할 수 있는 '기능적 신성(functional Diety)'만을 가진 셈이다.

그러나 만약 이들의 주장대로 예수님이 본질적인 신이 아니라면 그는 결코 기능적인 신의 역할도 할 수 없었을 것이다. 자신 안의 임재의식을 다른 이들에게 전달하는 중개자의 역할을 하기 위해서 예수님은 본질적으로 하나님이셔야만 했다. 예수님이 완전한 하나님인 동시에 인간이셔야만 우리의 죄를 대속하는 메시아가 될 수 있다. 본질적으로 하나님이신 예수님이 인간으로 오시고 죄인의 대리자가 되셔서 죄에 대한 형벌을 받아 죽으셔야만 하나님의 내재를 거스르는 죄의 문제가 해결되고 성령이 우리 안에 내주하시게 된다. 하나님의 임재의식은 우리 안에 내주하시는 성령의 산물이다. 성령이 임하시기 위해 꼭 선행되어야 할 것은 본질적인 하나님께서 인간으로 오셔서 대속의 피를 흘리시는 것이다. 하나님의 아들이 흘리신 보배로운 피만이 하나님의 진노를 멈추고 하나님의 성령이 비둘기같이 임하게 한다.

위에 언급한 현대 신학자들의 사상에는 이 '십자가의 신학'이 빠져 있다. 그들은 예수 그리스도의 성육신뿐 아니라 대속의 의미를 액면 그대로 믿지 않는다. 그들은 현대인들이 꺼려하는 십자가의 스캔들을 최대한 회피하려 했다. 그러나 십자가를 통하지 않고는 하나님의 임재는 불가능하다. 오직 십자가를 통해서만 성령이 임하신다. 예수님의 십자가를 부인하는 현대 기독론이 말하는 임재의식은 성령의 산물이 아니라 인간의 상대적 종교의식에 불과할 뿐이다. 그러므로 하나님의 임재는 기독론적으로 이해해야 한다. 다원주의자들은 하나님은 꼭 예수 그리스도를 통해서만이 아니라 다른 종교적 매개체를 통해서도 세상에 보편적으로 내재하신다고 주장한다. 물론 하나님은 어디에나 계신다. 그러나 누구에게나 똑같은 방식으로 내주하시지는 않는다. 신자 안에서 성령은 구원론적이고 성화론적으로 임재하고 역사하지만 불신자 안에서는 자연적 생명의 동인으로서 임재하신다.

7) 그리스피 토마스, 『성령론』, 신재구 역 (서울: 크리스챤다이제스트, 2003), 260.

8) T. F. Torrance, *The Christian Doctrine of God, One Being Three Persons* (Edinburgh:

T&T Clark, 1997), 149.

9) 하나님을 경험과 지식의 대상에서 제외시킨 칸트의 철학적인 전제나 그의 신학적 회의주의를 결코 받아들일 수 없다. 다만 하나님을 우리의 오감으로 경험할 수 없다는 그의 주장은 기본 상식으로 통하는 말이다.

10) Friedrich Schleiermacher, *The Christian Faith*, ed. H. R. MaCkintosh & J. S. Stewart (Edinburgh: T.&T. Clark, 1960).

11) Rudolf Otto, *The Idea of the Holy*, tr, by John W. Harrey (London: Oxford University, 1958).

12) Karl Barth, *Protestant Theology in the Nineteenth Century: Its Background and History* (London: SCM Press, 1972), 471-472.

13) Karl Barth, *The Holy Ghost and the Christian Life*, tr. R. B. Hoyle (London: Frederick Muller, 1938), 15ff; cf. Karl Barth, *Church dogmatics*, vol. I. 1. tr. G. W. Bromiley (Edinburg: T& T Clark, 1956), 450f.

7. 감동 체험의 위력과 함정

1) H. R. Niebuhr, *Coale Lectures* (Andover Library, Cambridge, Ma. Manuscript).

2) 조나단 에드워즈, 『영적 감각을 분별하라』, 김창영 역 (서울: 생명의말씀사, 1991), 140.

3) Jonathan Edwards, *Treatise concerning Religious Affections*, ed. John E. Smith (New Haven: Yale University Press, 1959), 101.

4) John Calvin, *Institutes of the Christian Religion*, v. 1, ed. John McNeil (Philadelphia: Westminster, 1987), III, ii, 33-36.

5) William James, *Varieties of Religious Experiences*, 213.

6) 에드워즈, 『영적 감각을 분별하라』, 27.

7) Herbert Hendin, *The Age of Sensation* (New York: W.w. Norton, 1975), 325.

8) 레너드 스윗, 『영성과 감성을 하나로 묶는 미래 교회』, 김영래 역 (서울: 좋은씨앗, 1999), 78.

9) 스윗, 『영성과 감성을 하나로 묶는 미래 교회』, 85.

10) 이문균, 『신앙과 삶 속에서 삼위일체 하나님 알아보기』 (서울: 한국장로교출판사, 2005), 45.

11) R. C. Sproul, *The Holiness of God* (Wheaton, IL.: Tyndale House Pub., 1985), 40-41.

12) Chip Brown, *Afterwards, You're a Genius: Faith, Medicine and The Metaphysics of Healing* (New York: Riverhead Books, 1998), 328-329.

13) James Torrance, *Worship, Community, and The Triune God of Grace* (U.K.: Paternoster Press, 1996), ix.

14) Torrance, *The Christian Doctrine of God, One Being Three Persons*, 37-39.

15) 달라스 윌라드, 『마음의 혁신』, 윤종석 역 (서울: 복 있는 사람, 2003), 201.

16) 윌라드, 『마음의 혁신』, 213.

17) Spurgeon, *Metropolitan Tabernacle Pulpit*, vol. 14, 317; cf. vol. 48, 595.

18) A. W. Tozer, *Jesus, The Author of Our Faith* (Camp Hill, Pennsylvania: Christian Pub. 1988), 27.

19) Lawson, *Deeper Experience of Famous Christians*, 79.

20) C. S. Lewis, *Letters to Malcolm: Chiefly on Prayer* (New York: Harrest Books, 1963), 82.

21) 에드워즈, 『영적 감정을 분별하라』, 112-213.

22) 에드워즈, 『영적 감정을 분별하라』, 49.

23) 에드워즈, 『영적 감정을 분별하라』, 60.

24) 에드워즈, 『영적 감정을 분별하라』, 51.

25) Martyn Lloyd-Jones, *Joy Unspeakable* (Wheaton, IL.:Harold Shaw Pub., 1984), 81-113.

26) Luke Tyerman, *Life of George Whitefield*, vol. 1 (London: Hodder & Stoughton, 1876), 422.

27) Lawson, *Deeper Experiences of Famous Christians*, 180.

28) Spurgeon, *Metropolitan Tabernacle Pulpit*, vol. 36, 329.

29) R. Bennet, *The Early Life of Hawell Harris* (London: Banner of Truth, 1962), 30-31.

30) Jonathan Edwards, *The Works of Jonathan Edwards*, vol.1 (The Banner of Truth, 1979), lxii-lxx.

31) 레이몬드 어드먼, 『그들은 비밀을 발견하고 변화된 삶을 살았다』, 이선봉 역 (서울: 생명의말씀사, 1994), 30-33.

32) Edwards, "Thoughts on the Revival of religion in New England," *The Works of Jonathan Edwards*, vol. 1, 376.

33) William Barry, *God's Passionate Desire and Our Response* (Notre Dame: Are Mario Press, 1993), 115.

8. 하나님의 임재를 의식하다.

1) 박용규, 『평양대부흥운동』 (서울: 생명의말씀사, 2000), 214.

2) 박용규, 『평양대부흥운동』, 224.

3) John MacPherson, *Life and Labours of Duncan Matheson*, 127-128.

4) 로버트 콜만, 『캠퍼스를 태운 하나님의 부흥을 말한다』, 백금산 역 (서울: 부흥과개혁사, 1995), 73.

5) Arthur Wallis, *Revival: The Rain from Heaven* (WJ: Revell, 1979), 17.

6) Lawson, *Deeper Experiences*, 221.

7) Gilbert Egerton, *Flame of God: Distinctives of revival* (Belfast, Northern Ireland: Ambassador prod., 1987), 57.

8) D. E. Jenkins, *The Life of Thomas Charles*, vol. 2 (Denbigh: Llewelyn Jenkins, 1910), 90-91.

9) Iain H. Murray, *D. Martyn Lloyd-Jones: The First Forty Years*, 1899-1939, 204.

10) Sibbes, *Complete Works of Richard Sibbes*, vol. 5, 443.

11) Edwards, "Thoughts on the Revival of religion in New england," *The Works of Jonathan Edwards*, vol. 1, 365-426.

12) Ian Murray, *The Forgotten Spurgeon* (Edinburgh: Banner of Truth, 1973), 41.

13) Francois Fénelon, *Christian Perfection* (Minneapolis, Minnesota: Bethany Fellowship, Inc., 1975), 24.

14) Brother Lawrence and Frank Laubach, *Practicing His Presence* (Goleta, CA: Christian Books, 1973) 『하나님의 임재 체험하기』, 생명의말씀사 출판부 역 (서울: 생명의말씀사, 1996), 19-57.

15) Scott Peck, *The Road less Traveled and Beyond* (New York: Touchstone, 1997)

16) John Stevenson, "Prayer: Degree of Baldness" (The Banner of Truth, June 1998), 21.

17) 짐 심발라, 『새바람 강한 불길』 정진환 역 (서울: 죠이선교회출판부, 1998), 58-59.

9. 일상 속에서 하나님의 임재에 눈뜨는 영성

1) A. W. Tozer, *Worship: The Missing Jewel of Evangelical Church* (Christian Publication).

2) 윌라드, 『하나님의 모략』, 128.

3) 마이클 프로스트, 『일상, 하나님의 신비』, 홍병룡 역 (서울: IVP, 2002), 59.

4) 래리 크리스텐슨, 『성령의 강을 타라』, 임종원 역 (서울: 미션월드라이브러리, 2002), 227.

5) Nee, *The Release of the Spirit*, 23-24.

6) Chambers, *My Utmost for His Highest*, 211.

7) Calvin Seerveld, *Christian Workers, Unit!* (Toronto: Christian Labour Association of Canada, 1964), 7-8: 폴 스티븐스, 『현대인을 위한 생활 영성』, 박영민 역 (서울: IVP, 1996), 35에서 재인용.

8) William E. Hulme, *The Dynamics of Sanctification* (Minneapolis: Augsburg, 1966), 104.

9) Helmut Thielicke, *The Trouble with the Church* (Grand Rapids: Baker, 1965), 76.

10) Robert Banks, *All the Business of Life* (Australia: Albatross, Book, 1987).

11) Oswald Chambers, *My Utmost for His Highest*, 188.

12) A. W. Tozer, *The Best of A. W. Tozer* (Grand Rapids: Baker, 1978), 45.

13) Charles Swindoll, *Growing strong in the Seasons of Life* (Portland: Multnomah, 1971), 85ff.

10. 어두운 밤을 지나며 깊어지는 신앙

1) Spurgeon, *The Metropolitan Tabernacle Pulpit*, vol. 27, 231.

2) C. S. Lewis, *The World's Last Night and Other Essays* (New York: Harcourt Brace Jovanorich, Inc., 1959), 11f.

3) William Johnston, ed., *The Cloud of Unknowing* (Garden City, New York: Image Books, 1973)

4) 토마스 굿윈, 『어둠 속을 걷는 빛의 자녀들』, 박현덕 역 (서울: 지평서원, 2001).

5) Joseph Symonds, *The Case and Cure of A Deserted Soul* (PA.: Soli Des Gloria Pub., 1671/1991)

6) Edwards, *The Works of Jonathan Edwards*, vol. 2, 838-849.

7) Martyn Lloyd-Jones, *Spiritual Depression* (Grand Rapids: Eerdmans, 1965).

8) Edwards, *The Works of Jonathan Edwards*, vol. 2, 838ff.

9) A. W. Tozer, *The Root of the Righteous* (Camp Hill, Pennsylvania: Christian Publication, 1955), 128.

10) John Newton, *The Works of John Newton*, vol.1 (Edinburgh: The Banner of Truth Trust, 1985), 676.

11) C. S. Lewis, *Surprised by Joy* (New York: Macmillan pub., 1955).

12) Samuel Rutherford, *Letters of Samuel Rutherford* (Edinburgh: The Banner of Truth Trust, 1973), 131.

13) 필립 얀시, 『하나님, 당신께 실망했습니다』, 최병채 역 (서울: 좋은씨앗, 2001), 261.

14) 월터 카이저, 『치유자 예수님』, 김진우 역 (서울: 횃불, 1995), 158.

15) 세실 미피, 『숨겨진 하나님의 얼굴』, 마영례 역 (서울: 이레서원, 2004), 20.

16) Spurgeon, *Metropolitan Tabernacle Pulpit*, vol. 44, 95-108.

17) Thomas W. Jenkyn, *Holy Spirit and the Church* (Boston: Gould, Kendall and Lincoln, 1846), 104.

18) Sibbes, *The Works of Richard Sibbes*, vol. 4, 136.

19) 굿윈, 『어둠 속을 걷는 빛의 자녀들』, 154.

제4부 성화를 위한 성령충만

1) 물론 한국교회 안에 다양한 영적 수준과 복합적인 신앙의 상태가 공존하기에 이런 식의 단순 논리로 평가하는 것은 무리가 있다. 또한 비교적 짧은 선교의 역사를 가진 한국교회는 비록 흡족한 성화의 열매를 맺지는 못했지만, 아직 성화의 과정 속에 있는 교회로 보아야 한다는 반론이 제기될 수도 있다.

2) Richard Lovelace, *Dynamics of Spiritual Life* (Downers Grove, IL.: InterVarsity, 1979), 229-237.

3) 윌라드, 『마음의 혁신』, 128.

11. 무율법주의와 율법주의를 넘어서

4) 찰스 프라이스, 『예수님 위해 살려고 하지 말라』, 허창범 역 (서울: 생명의말씀사, 2003).

5) Dietrich Bonhoeffer, *The Cost of Discipleship* (New York: Macmillan, 1959).

6) Calvin, *Institutes*, III, xvi, 1.

7) G. C. Berkouwer, *Faith and Sanctification* (Grand Rapids: Eerdmans, 1977), 38.

8) 폴 투르니에, 『죄책감과 은혜』, 추교석 역 (서울: IVP, 2001), 293.

9) 투르니에, 『죄책감과 은혜』, 289.

10) 투르니에, 『죄책감과 은혜』, 289.

11) 데이빗 A. 씨맨즈, 『치유하시는 은혜』, 윤종석 역 (서울: 두란노, 1990), 126-127.

12) Helmut Lehmann, *Luther Works, trans. John Doberstein* (Philadelphia: Fortregs, 1966), 285.

12. 성화도 복음이다

1) 필립 얀시, 『놀라운 하나님의 은혜』, 윤종석 역 (서울: IVP, 1999).

2) Archibald Alexander, *Thoughts on Religious Experience* (The Banner of Truth: 1967), 165-166.

3) 씨맨즈, 『치유하시는 은혜』, 127.

4) A. B. Simpson, *The Holy Spirit* (Pennsylvannia: Christian Pub., 2003), 69.

5) 헨리 나우웬, 『영성에의 길』, 김명희 역 (서울: IVP, 2002), 35.

6) Chambers, *My Utmost for His Highest*, 52.

7) John Murray, *Collected writing of John Murray*, vol. 2, Systematic Theology (Edinburgh: The Banner of Truth Trust, 1977), 279f.

8) Murray, *Collected writing of John Murray*, vol. 2, 277-286.

9) Murray, *Collected writing of John Murray*, vol. 2, 277.

10) Herman Ridderbos, *Paul* (Grand Rapids: Eerdmans, 1975), tr. John R. De Witt, 253ff.

11) Spurgeon, *The Metropolitan Tabernacle Pulpit*, vol. 10, 130.

12) Ryle, *Holiness*, 330.

13) 씨맨즈, 『치유하시는 은혜』, 28-42.

14) Augustine of Hippo, "Ten Homilies on the First Epistle of John," in *St. Augustin: Homilies on the Gospel of John, Homilies on the First Epistle of John, Soliloquies*, ed. Philip Schaff, trans. H. Browne and Joseph H. Myers, vol. 7 (New York: Christian Literature Company, 1888), 504.

15) Chambers, *My Utmost for His Highest*, 113.

13. 제2의 축복

1) 스티브 맥베이, 『내게 찾아오시는 하나님의 은혜』, 신호균 역 (서울: 예영, 2001), 15-48.

2) 맥베이, 『내게 찾아오시는 하나님의 은혜』, 34.

3) 맥베이, 『내게 찾아오시는 하나님의 은혜』, 89-90.

4) John Wesley, *The Letters of the Rev. John Wesley*, ed. John Telford (London: The Epworth Press, 1983), 221-222.

5) Klaude Kendrick, *The Promise Fulfilled* (Springfield: Gospel Pub. House, 1961), 33. 켄드릭(Klaude Kendrick)은 "성령세례"라는 표현은 성결운동에서 제2의 축복에 대한 명칭으로 대중화되기 시작했다는 것을 잘 지적하였다. "성결운동의 영향을 받은 사람들은 모두 성령세례와 익숙해지게 되었다."

6) 이에 대해 오랫동안 격렬한 논쟁이 계속되었는데, 지면의 한계상 여기서 그 문제를 다시 다룰 수는 없다. 자세한 내용을 원하면 다음 책을 참조하라. Max Turner, *The Holy Spirit and Spiritual Gifts Then and Now* (Cumbria: Paternoster Press, 1996); 막스 터너, 『그리스도인과 성령』, 이한수 역 (서울: 총신대학교출판부, 1991); 이한수, 『신약은 성령을 어떻게 말하는가?』 (서울: 이레서원, 2001); 최갑종, 『예수, 교회, 성령』 (서울: 기독교문서선교회, 1992); 변종길, 『우리 안에 계신 성령』.

7) Packer, *Keep in Step with the Spirit*, 157-158.

8) 씨맨즈, 『상한 감정의 치유』, 135.

9) John White, *The Fight* (Downers Grove: InterVarsity Press, 1976), 188f.

10) E. Stanley Jones, *Abundant Living* (Nashville: Abingdon, 1970), 158.

11) James, *The Varieties of Religious Experiences*, 101f, 150, 156f, 172, 176.

12) Spurgeon, *The Metropolitan Tabernacle Pulpit*, 345-348.

13) 로저스, 『하나님의 임재의 능력』, 66.

14) 후크마는 "우리는 신오순절파가 성령충만의 중요성을 절박하게 강조하는 것에 감사한다."라고 말한다. Hoekema, *Holy Spirit Baptism*, 79.

15) 오순절파의 주장에 의하면, 신자들의 죄에 대한 결정적인 죽음과 그리스도 안에서의 새로운 삶으로의 부활은 성령세례 혹은 성령충만의 체험을 통해서만이 주관적으로 실현된다. 성령운동과 오순절파의 가르침에서 "자아의 죽음" 혹은 "자기를 비움"과 같은 단어들이 성령충만과 관련해 자주 사용되고 있다. 성령으로 충만하게 될 때 자아는 죽게 된다고 한다. A. B. Simpson, *The Holy Spirit*, vol. 2 (Pennsylvania: Christian Pub., 1896), 97. 고든(A. J. Gordon), 마이어(F. B. Meyer), 머레이(Andrew Murray)와 더불어 심슨(A. B. Simpson)는 성령충만에 대한 오순절파의 교리에 지대한 영향을 미쳤다. 그러므로 브루너(F. Bruner)는 "이들 다섯 명은 오순절파의 성령신학이 자신의 입지를 굳히기 위해 끌어들인 일종의 신학적 기금을 마련해 주었다고 할 수 있다."라고 말했다. Bruner, *A Theology of the Holy Spirit*, 45. 비록 그들이 죄에 대한 신자들의 결정적 죽음에 대한 정교한 신학적 논지를 발전시키지는 못했지만, 신자들이 자기를 비우는 것과 죄에 대해 죽는 것은 성령충만에 꼭 선행

되거나 혹은 동시적으로 일어나야 하며, 옛 자아와 죄악에 대한 이러한 죽음은 지속적인 성령충만함을 위해서 계속 유지되어야 한다는 사실은 분명히 강조하고 있다. 그러므로 "성령충만한 삶은 옛 자아가 없는 삶이다(selfless life)." Lehman Strauss, *Be Filled with the Spirit* (Grand Rapids: Zondervan, 1976), 80.

16) B. B. Warfield, *Perfectionism* (Philadelphia: The Presbyterian & Reformed), 263ff.

17) Calvin, *Institutes*, III, iii, 10.

18) Calvin, *Commentary on Luke*, 16:13.

19) Calvin, *Commentary on Luke*, 7:19.

20) Calvin, *Institutes*, III, ii, 17.

21) Calvin, *Institutes*, III, xvii, 15.

22) Westminster Larger Catechism, Answer, 149.

23) Heidelberg Catechism, in Lord's Day 44, answer 114. "In this Life even the holiest have only a small beginning of this obedience."

24) Anthony A. Hoekema, *The Christian Looks at Himself* (Grand Rapids: Eerdmans, 1975), 41-44.

25) Murray, *Collected Writings of John Murray*, vol. 3, 307f.

26) W. E. Sangster, *The Path to Perfection: Wesley Doctrine of Christian Perfection* (Philadelphia: Trinity Press, 1943), 190.

27) John Wesley, *A Plain Account of Christian Perfection* (London: Ep North, 1970), 429.

28) Wesley, *A Plain Account of Christian Perfection*, 429.

29) John Wesley, *The Letters of John Wesley*, 5:23.

30) John Wesley, *Jounal*, vol. 14, 1765; Jaroslav Pelikan, *Christian Doctrine and Modern Culture* (Chicago: University of Chicago, 1989), 149.

31) Kendrick, *The Promise Fulfilled*, 33f; Bruner, *A Theology of Holy Spirit*, 43f.

32) Calvin, *Commentary on Psalm*, 32:1. 칼빈은 "거룩함에 있어 더 뛰어날수록 완전한 의로움으로부터 더 멀리 떨어져 있다고 느끼며, 하나님의 긍휼 외에는 의지할 것이 없음을 더욱 확실하게 인식하게 된다."라고 말한다.

33) Calvin, *Institutes*, III, iii, 3; III, xvii, 15.

34) T. F. Torrance, *Calvin Doctrine of Man* (Grand Rapids: Eerdmans, 1957), 20; Louis A. Vos, "Calvin and the Christian Image: God Noble Workmanship, a Wretched Worm, or a New Creature?," *Exploring the Heritage of John Calvin*, ed. David E, Holwerda (Grand Rapids: Baker, 1976), 76f.

35) Calvin, *Commentary on Romans*, 7:14-25.

36) Calvin, *Commentary on Romans*, 7:24.

37) Charles G. Finney, *Principles of Victory*, ed. Louis Gifford Parkhurst, Jr. (Minneapolis: Bethany, 1981), 92.

38) D. Martyn LLoyd-Jones, *Romans: Exposition of Chapters 7:1-8:4* (Grand Rapids: Zondervan, 1974), 176-256.

39) Andrew Murray, *Absolute Surrender* (Chicago: Moody), 73ff.

40) Packer, *Keep in Step with the Spirit*, 129.

41) Park, "The Fullness of The Holy Spirit," 149-158.

42) Park, "The Fullness of The Holy Spirit," 177-179.

제5부 성령충만한 교회의 회복

1) Wolfhart Pannenberg, *The Church* (Philadelphia: Westminster, 1983), 9-22.

14. 성령으로 충만한 교회

2) Leon Morris, *Spirit of the Living God* (London: Inter-varsity fellowship, 1967), 55.

3) Gordon D. Fee, *Paul, the Spirit, and the People of God* (Peabody: Hendrickson, 1996), 18.

4) 교회란 무엇인가에 대한 질문은 우선적으로 삼위일체적인 관점에서 숙고되어야 한다. 신약성경은 교회를 여러 가지 이미지와 상징으로 묘사하고 있는데, 폴 미니어(Paul Minear)는 그의 책 『신약성경 속에 교회의 이미지(*Images of the Church in the New Testament*)』에서 96가지 교회에 대한 이미지와 비유가 신약성경에 나타난다고 지적했다. 이 중에 가장 대표적인 이미지 셋을 든다면, 그것은 하나님의 백성, 그리스도의 몸, 그리고 성령의 전이라 할 수 있다. 이 세 가지 이미지를 통해 교회를 이해하는 것은 특별히 교회의 삼위일체적 특성과 본질을 파악하는 데 도움이 된다. Paul S. Minear, *Image of the Church in the New Testament* (Philadelphia: Westminster, 1960).

5) Spurgeon, *Metropolitan Tabernacle Pulpit*, vol. 30, 396.

6) Geerhardus Vos, *Pauline Eschatology* (Grand Rapids: Baker, 1979); "The Eschatological Aspect for the Pauline Conception of the Spirit," in *Redemptive History and Biblical Interpretation: The Shorter Writings of Geerhardus Vos*, ed. Richard B. Gaffin, Jr (Phillipsburg, NJ: Presbyterian & Reformed, 1980), 91-125.

7) Patrick Sherry, *Spirit and Beauty* (Oxford: Clarendon Press, 1992), 93.

8) Calvin, *Institutes*, I, ix, 1-3. 칼빈은 성령의 감화와 깨닫게 하심 없이 설교는 무익하다고 했다.

9) Carl F. Henry, *God, Revelation and Authority: vol. 4 God who Stands and Stays* (Waco: Word Books, 1983), 384.

10) 특별히 그의 *Church Dogmatics*, IV. 3에서 교회론 전체를 근본적으로 선교적 관점에서 논의하였다. 그러나 그의 선교론은 여러 가지 문제점을 안고 있다. 다음 글을 참고하기 바란다. 박영돈, "개혁신학의 성령론적 전망," 『신학정론』 제38집, 합동신학대학원대학교, 225-253.

11) Jürgen Moltmann, *The Church in the Power of the Spirit*, tr. Margaret Kohl (New York: Scribner's, 1969); *The Spirit of Life* (Minneapolis: Fortress, 1992); *The Trinity and the Kingdom: The Doctrine of God* (New York: Harper & Row, 1981); Wolfhart Pannenberg, *Theology and Kingdom of God*, ed. Neuhaus, Richard John (Philadelphia: Westminster, 1969); *Systematic Theology III*.

12) 레너드 스윗, 『나를 미치게 하는 예수』, 윤종석 역 (서울: IVP, 2003), 117.

13) 그리스도 안의 갱신의 우주적인 관점이 신약성경에서는 특별히 에베소서와 골로새서에 부각되었다.

15. 공동체성의 회복

1) 스윗, 『영성과 감성을 하나로 묶는 미래교회』, 168-169.

2) 하워드 스나이더, 『참으로 해방된 교회』, 권영석 역 (서울: IVP, 2005), 160.

3) 스윗, 『나를 미치게 하는 예수』, 123.

4) Ridderbos, *Paul*, 221ff.

5) Nikos Nissiotis, "Pneumatological Christology as a Presupposition of Ecclesiology," *Oecumenica* (Minneapolis: Augsburg, 1967), 244.

6) 브루너의 견해에 이러한 잠재적 위험성이 도사리고 있다. Emil Brunner, *The Christian Doctrine of the Faith and the Consummation*, Dogmatics, vol. 3 (Philadelphia: Westminster, 1962), 188f; 452.

7) Joseph Haroutunian, *God with us: A Theology of Transpersonal Life* (Pennsylvania: Pickwick Pub., 1965/1991), 9, 70.

8) Jean Paul Sartre, *No Exit, in No Exit and Three Other Plays* (New York: Vintage Books, 1949), 47.

9) John Zizioulas, *Being as Communion* (London: Longman and Todd, 1985), 60-72.

10) J. V. Taylor, *The Go-between God; The Holy Spirit and the Christian Mission* (London: SCM Press, 1972).

11) Alasdair I. C. Heron, *The Holy Spirit* (Philadelphia: westminster, 1983), 130.

12) Jim Wallis, *The Call to Conversion* (San Francisco: Harper & Row, 1981), 109.

13) John R. W. Stott, *Baptism and Fullness of the Holy Spirit* (Chicago: Inter-Varsity, 1964), 57.

14) Wheeler H. Robinson, *The Christian Experience of the Holy Spirit* (London: Nisbet, 1930), 128.

15) John Haroutunian, *God with Us*, 210.

16) Minear, *Image of the Church in the New Testament*, 139.

17) Emil Brunner, *The Divine Imperative* (Philadelphia: Westminster, 1937), 170-178.

18) Søren Kierkegaard, *The Sickness Unto Death*, ed. & tr. Howard V. Hong & Edna H.

Hong (New Jersey: Princeton University Press, 1983), 33-34.

19) Dietrich Bonhoeffer, *Life Together* (New York: Harper & Row, 1952), 77-78.

20) 레너드 스윗, 『의문을 벗고 신비 속으로』, 윤종석 역 (서울: IVP, 2007), 155.

16. 은사의 재발견

1) 이런 성령운동이 사람들의 신비적인 호기심을 자극하고 기복적인 욕구에 부응하여 교회 성장과 부흥이라는 미명 아래 사람들을 끌어 모으는 수단으로 자주 이용되고 있다. 한국인의 무속적인 종교심성이 이런 종교적 현상이 잘 번식할 수 있는 토양을 제공하였으며, 한국교회의 성공지향주의와 서로 맞물리면서 이 운동은 급속히 가속화되고 확산되었다.

2) Fee, *Paul, the Spirit, and the People of God*, 114.

3) Packer, *Keep in Step with the Spirit*, 33.

4) Hoekema, *Holy Spirit Baptism*, 77.

5) Gerhard Iber, "Zum Verstandnis von I Cor. 12, 31," *ZNW* (1963), 43-52; James D. G. Dunn, *Jesus and the Spirit* (Phladelphia: Westminster, 1975), 430; D. L. Baker, "The Interpretation of I Corinthian 12-14," EvQ46 (1974), 224-234; M. A. Chevallier, *Esprit de Dieu, Paroles d'Hommes* (Nerch tel: Delachaux and Niestl, 1966), 158-163; Ralph P. Martin, *The Spirit and the Congregation: Studies in I Cor. 12-15* (Grand Rapids: Eerdmans, 1984), 20-21.

6) Iber, "Zum Verstandnis von I Cor. 12, 31," 43.

7) O. Wischmeyer, *Der Höchste Weg. Das 13. Kapitel des 1. Korintherbriefes* (Gutersloh: Gutersloher Verlagshaus 1981), 32.

8) Johannes P. Louw, "The Function of Discourse in a Sociosemiotic Theory of Translation; Illustrated by the Translation of jjzhlwte in I Corinthians," *The Bible Translater*, 39:3 (July, 1988): 329-335. 유사한 맥락에서 Louw도 '제루테(ζηλοῦτε)'를 명령법으로 읽는 것은 12장에서 전개된 바울의 논점에 위배된다고 주장한다. "그러한 문맥 안에서의 논리전개를 살펴볼 때 바울이 고린도교회에게 더 큰 은사를 사모하라고 (명령법으로) 명령하는 것은 부적합한 일이다."(334).

9) "사랑을 따라 구하라 신령한 것을 사모하되 특별히 예언을 하려고 하라"(고전 14:1). "그런즉 내 형제들아 예언하기를 사모하며 방언 말하기를 금하지 말라"(고전 14:39).

10) Fee, *God Empowering Presence*, 196-197.

11) F. W. Grossheide, *The First Epistle to the Corinthians*, NICNT (Grand Rapids: Eerdmans, 1983), 301.

12) Martin, *The Spirit and the Congregation*, 35-36. 그는 바울이 고린도교인들의 야심을 인정할 뿐 아니라 어떤 면에서는 독려하고 있다고 주장한다.

13) 그 좋은 예로 Michael Green 같은 학자도 사랑을 가장 큰 은사로 보고 있다. Michael Green, *I Believe in the Holy Spirit* (Grand Rapids: Eerdmans, 1983), 120; William Barclay, *The*

Letters to the Corinthians (Philadelphia: Westminster, 1975), 116; 조병수, 『성령으로 사는 그리스도인』(서울: 여수룬, 1996), 193.

14) 바울은 사랑을 은사 중 하나로 보아 사랑이 더 큰 은사라고 말하거나, 아니면 사랑이 은사는 아니나 모든 은사들보다 더 뛰어난 것이라고 말하는 것이 아니다.

15) 김지철 교수는 "그 모든 은사들에게서 사랑이 없으면 그것들은 무용지물에 불과하다."라고 하였다 .김지철, 『성령과 교회』(서울: 장로회신학대학교출판부, 1998), 79.

16) 바울의 서열은 방언의 본질적인 가치에 근거한 것이 아니라 고린도교회에 나타난 방언으로 인한 문제를 그 배경으로 하고 있다. 바울은 방언이 바르게 사용될 때는 귀한 은사이지만, 잘 못 사용될 때는 은사들 중에서 교회에 가장 도움이 되지 않는 은사로 본다.

17) 방언 또한 자기에게 유용성이 있다고 보아야 한다. 방언하는 사람 자신에게는 영적으로 유익하다. 그러나 하나님 나라의 관점에서 볼 때, 방언을 사랑 없이 사용하면 다른 이들에게 아무런 도움이 되지 않고 자신에게도 진정한 영적인 유익이 없다.

18) 고린도전서 13장 1-3절에서 바울은 이 점을 비슷한 문구를 반복하여 강조하고 있다; "나는 울리는 꽹과리일 뿐이다"(1절), "나는 아무 것도 아니요"(2절), "내게 아무 유익이 없느니라."

19) 이한수, 『신약은 성령을 어떻게 말하는가』, 202-203. "성령의 열매는 신자가 성령으로 하여금 사역을 하도록 허용하는 생활에 나타나고, 이 생활은 불가피하게 성령과 육체 사이의 '투쟁' 또는 '갈등'을 내포한다(롬 8:13; 갈 5:16ff; 골 3:5ff). 그러나 우리는 은사가 투쟁이라기보다는 신자의 생활에 나타나는 '불가피한 은총의 현현'이라는 의미에서 성령의 이 현현들 속에서 투쟁이나 갈등을 기대할 수 없다. 따라서 은사는 신자가 은혜에 순종적 반응을 보임으로써 나오는 결과가 아닌 반면, 성령의 열매는 그가 은혜에 순종하는 데서 귀결되는 결과이다."

20) Howard Snyder, *The Problem of Wine Skins* (Downers Grove, IL.: InterVarsity, 1975), 136.

21) 현요한, 『성령, 그 다양한 얼굴』(서울: 장로회신학대학교출판부, 1998), 331.

22) Robert Wuthnow, *The Struggle for America Soul* (Grand Rapids: Eerdmans, 1989), 128.

23) J. I. Packer and A. M. Stabbs, *The Spirit within You* (Grand Rapids: Baker, 1974), 65.

24) David Mains, *Full Circle* (Waco, Tex.: Word, 1971), 63.

25) Hendrikus Berkhof, *Christian Faith* (Grand Rapids: Eerdmans, 1979), 401f; John H. Kromminga, "A Reformation Not Finished," in *Piety and Scholarships: Essays Presented to the Rev. Yun-Sun Park in honor of his fifty years of ministry* (Seoul, Korea: Yung Eum Sa, 1984), 354-388; Ernst Käsemann, *Essays on New Testament Themes* (Philadelphia: Fortress, 1964), 63-94. trs. from Exegetische Versucheund Besinnungen (Vandenhoeck und Reprecht, 1960), 123-134.

26) 케제만이 이점을 잘 지적하였다. Käsemann, *Essays on New Testament Themes*, 81f.

27) Käsemann, *Essays on New Testament Themes*, 93.

28) 사도행전에 의하면, 복음전파가 하나님 나라의 확장과 교회의 설립의 일차적인 방편이었다. 바울은 말씀을 전하는 사역과 관련된 은사를 은사 목록에서 항상 최상위권에 위치시키고 있

다(고전 12:8-10; 12:28; 롬 12:3-8; 엡 4:7-12).

17. 순수한 목회의 회복

1) 김훈, 『'너는 어느 쪽이냐'고 묻는 말들에 대하여』 (서울: 생각의 나무, 2002), 42.

2) Reinhold Niebuhr, *The Nature and Destiny of Man* (Prentice Hall, 1980).

3) Owen, "Temptation and Sin," 159.

4) Hilary of Tours의 말. 유진 피터슨, 『한길 가는 순례자』, 김유리 역 (서울: IVP, 2001), 113에 인용되었다.

5) 오덕호, 『목사를 갈망한다』 (서울: 규장, 2001), 26.

6) 사무엘 D. 리마, 『성공적인 교회를 다시 생각한다』, 황성철 역 (서울: 그리심, 2002), 56.

7) 손봉호, "복음 전파라는 미명으로 섬긴 우상, 교회성장"

8) Martin Buber, *I and Thou* (New York: Charles Scribner Sons, 1958).

9) Charles Swindoll, *Rise & Shine* (Portland: Multnomah, 1989), 30-31.

10) 로버트 슈네이즈, 『목회와 야망』, 황성철 역 (서울: 기독교문서선교회, 1995), 16.

11) Francois Fenelon, *Spiritual Letters to Women* (Grand Rapids, Zonderran, 1984), 21.

12) 유진 피터슨, 『껍데기 목회자는 가라』, 차성구 역 (서울: 좋은씨앗, 2000), 48.

13) Søren Kierkegaard, *The Purity of Heart is to Will One Thing* tr. Douglas V. steere (New York: Harper, 1956).

14) Stanley Hauerwas, *Character and the Christian Life* (San Antonio: Trinity University Press, 1985), 179-228.

15) Chambers, *My Utmost for His Highest*.

18. 기도를 통한 성령충만

1) Edwards, *The Works of Jonathan Edwards*, vol. 1, 426.

2) 필립 얀시, 『기도』, 최종훈 역 (서울: 청림출판, 2007), 301.

3) 브레넌 매닝, 『아바의 자녀』, 윤종석 역 (서울: 복 있는 사람, 2006), 61.

4) P. T. 포사이스, 『영혼의 기도』, 이길상 역 (서울: 복 있는 사람, 1998), 132.

5) Moltmann, *The Trinity and the Kingdom*, 1; Karl Rahner, *The Trinity* (New York: Herder and Herder, 1970), tr. by Joseph Donceel, 10.

6) 삼위 하나님 모두가 우리의 기도를 들으시고 받으신다고 볼 수 있다. 비록 기도에 있어서 삼위 하나님 각자의 역할이 구별되어 있지만, 각 위격이 자신의 독특한 사역을 수행할 때에도 그는 다른 두 위격과 상호 내재하는 가운데 그 일을 행하신다. 예수님을 통하여 성령 안에서 성부에게 드려지는 기도에서 성부는 성자와 성령과 구별되는 독특한 역할을 맡고 있지만, 그 사역 속에서도 성부는 성자와 성령과 함께하신다. 이런 의미에서 성자와 성령은 성부의 기도를 들으시는 역할에 동참한다고 볼 수 있다.

7) Joachim Jeremias, *The Central Message of the New Testament* (Philadelphia: Fortress, 1965), 9-30.

8) 리차드 포스터, 『기도』, 송준인 역 (서울: 두란노, 1992), 138.

9) 포사이스, 『영혼의 기도』, 42.

10) 제임스 패커, 『기도』, 정옥배 역 (서울: IVP, 2008), 269.

11) Perry LeFevre, *Understanding of Prayer* (Philadelphia: Westminster, 1981), 10-28.

12) Hendrikus Berkhof, *Christian Faith* (Grand Rapids: Eerdmans, 1979), 496에서 인용 "The Pharisee thanks, the tax collector asks."

13) Barth, *Church Dogmatics*, III. 3, 265-288.

14) Fred H. Klooster, *Our Only Comfort: A Comprehensive Commentary on the Heidelberg Catechism*, vol. 2 (Grand Rapids: Faith Alive, 2001), 1039-1064.

15) 포사이스, 『영혼의 기도』, 125.

16) Vincent Brümmer, *What Are We Doing When We Pray? A Philosophical Inquiry* (London: SCM, 1984), 46.

17) Jonathan Edwards, *The Works of Jonathan Edwards*, vol. 17 (New Heaven: Yale University Press, 1999), 196-216.

18) 오 할레스비, 『기도』, 편집부 역 (서울: 생명의말씀사, 2004), 13, 19.

19) 패커, 『기도』, 227.

20) 이 엠 바운즈, 『기도의 무장』, 한준수 역 (서울: 생명의말씀사, 1978), 114.

21) 할레스비, 『기도』, 50-51.

22) Jim Cymbala & Dean Merill, *Fresh Wind, Fresh Fire: What happens When God's Spirit Invades the Hearts of HIs people* (Grand Rapids: Zondervan), 29.

23) 포사이스, 『영혼의 기도』, 165.

24) 얀시, 『기도』, 276.

25) C. S. Lewis, *Till We Have Face* (London: Geoffrey Bles, 1956), 319.

26) 빌 존슨, 『능력의 영을 받는 법』, 배응준 역 (서울: 규장, 2007), 191.

27) S. D. Gordon, *Quiet Talks on Prayer* (London: Revell, 2004), 12.

28) E. Stanley Jones, *The Way to Power and Poise* (Nashville: Abingdon-Cokesbury Press, 1949), 325.

29) 바운즈, 『기도의 무장』, 22.

30) 스탠리 그렌츠, 『기도』, 마영례 역 (서울: SFC, 2007), 216.

31) Barth, *Church Dogmatics*, III. 3, 286.

32) Helmut Thieliche, *Our Heavenly Father* (New York: Harper & Brothers, 1960), 109.

33) Andrew A. Bonar, *Heavenly Springs* (Caolisle, P.A: Banner of Truth Trust, 1904), 16.

34) 얀시, 『기도』, 277.

35) E. M. Bounds, *The Complete Work of E. M. Bounds* (Grand Rapids: Baker, 1990), 322.